김미경의 마흔 수업 확장판

Life begins at

이미 늦었다고 생각하는 당신을 위한

김미경의 마흔 수업

김미경 지음

AWAKE
BOOKS

마흔의 성장과 치유, 미라클 루틴으로 시작하세요

"이 책을 10년 전에 읽었어야 했는데…."

『김미경의 마흔 수업』을 읽은 독자들에게 가장 많이 들은 얘기다. 책이 그만큼 좋았다는 얘기를 해주고 싶은 마음은 정말 고맙다. 그런데 솔직히 그런 말들이 내게는 마냥 덕담으로만 들리지 않았다. 마흔은 늦지 않았다고, 시작하기 너무 좋은 나이라고 책에 열심히 써놓았건만 많은 사람들이 여전히 마흔의 자신을 안타까워하는 것 같아서다. 자신에게 새로운 에너지를 주기보다는 이미 놓쳐버린 시간을 아쉬워하고 있을까 봐 걱정이다.

마흔에 자꾸 후회를 얘기하는 사람은 아마 서른에도 비슷한 얘기를 했을 것이다. 30대에도 늦은 것들은 얼마나 많은가. 연애도 늦고,

꿈을 찾기도 늦고, 새로운 도전을 하기도 애매한 나이라고 생각하는 서른들이 정말 많다. 그들이 마흔이 되면 그 안타까움이 10배 커진다.

그만큼 나이에 대한 우리의 고정관념은 생각보다 강력하다. 여전히 나이 마흔을 30년 전의 '안정되고 완성되는 나이'라는 프레임으로 바라본다. 아니, 어쩌면 자신도 모르게 과거의 마흔을 붙잡고 있는지도 모른다. 지금 당장 안전해 보이는 현실의 장벽을 벗어나는 것이 두렵기 때문이다. 그 두려움을 깨고 달라진 현실을 직시하게 할 수는 없을까. 마흔 수업을 출간한 뒤 또다시 내게 떨어진 숙제였다.

그때 내가 발견한 것이 바로 '중위연령'이라는 개념이다. 중위연령은 국내 인구를 출생연도별로 줄 세웠을 때 가운데 위치한 나이다. 1994년 통계청이 발표한 중위연령은 29세, 2023년의 중위연령은 46세다. 30년 만에 17년의 차이가 난다. 벌어진 17년만큼 우리는 인생의 후반전이 길어졌다. 이제 100세 사는 것이 자연스러운 시대를 살아간다. 그렇다면 당연히 생애주기에 대한 '재조정'이 이뤄져야 한다. 30년 전 옛날 생각만 하고 있으면 인생 후반전에 엇박자가 나면서 우왕좌왕하게 된다.

지금 88세인 엄마가 가장 후회하는 것도 바로 이 점이다. 엄마는 나이 60에 손주들을 둔 할머니가 됐다. 그리고 남들처럼 80세쯤 떠날 줄 아셨단다. 60세부터 집도 줄이고, 씀씀이도 줄이고 모든 것을 다 줄였다. 그런데 지금도 너무 정정해서 90까지는 충분히 살고도 남으실 것 같다. 엄마는 나를 볼 때마다 늘 이런 말을 한다.

"미경아, 너는 엄마처럼 살지 말고, 네 나이에 하고 싶은 거 다 해라. 나는 60에 운동을 시작 안 한 게 너무 후회된다. 하고 싶은 취미도 그때 마음껏 시작할걸. 곧 죽을 텐데 뭐 하러 배우나 싶었는데 이렇게 오래 살 줄 누가 알았니."

나이에 대한 오해와 착각으로 내 인생의 소중한 20년이 그냥 버려질 수 있다. 그런데 이런 '착각'은 엄마 세대만 하는 것이 아니다. 내 주변에도 나이 60인 자신을 할머니 취급하면서 자꾸 노후를 얘기하는 친구들이 있다. 하지만 겉모습과 라이프스타일은 요즘 40대와 별반 다르지가 않다. 그러니 여기도 속하지 못하고 저기도 속하지 못하고 어정쩡하다. 그 친구들에게 나는 벌어진 중위연령의 격차만큼 내 나이에서 17살을 빼라고 말한다. 지금 46세들은 29세처럼 역동적으로 살아야 100세까지 삶의 균형을 맞출 수 있다. 40대 이상은 무조건 지금 나이에서 17살을 빼야 감성과 라이프스타일 나이가 맞아 떨어진다. 실제로 강의에서 이 얘기를 하면 40~50대들이 격하게 공감한다.

'올해 47살인데 어쩐지 새로운 일을 하고 싶고 공부도 하고 싶고, 뭔가 새로 시작하고 싶었는데 나의 라이프스타일 나이가 30살이라서 그랬구나. 30살이면 뭐든지 할 수 있지!' 라고 고개를 끄덕인다. 내 나이에서 17살을 빼는 상상만으로도 다들 눈을 반짝거리며 표정이 엄청 밝아진다. 그 얼굴을 볼 때마다 마침내 마흔 수업이 준 숙제를 끝낸 기분이 들었다.

...

그러나 안타깝게도 숙제는 여기서 끝나지 않았다. 조금 지나자 다시 질문이 시작됐다.

'그럼 지금부터 뭘 어떻게 해야 돼요?'

마흔들은 갑자기 20~30대의 새로운 시공간으로 이동한 것은 좋은데, 여기서 어떻게 다시 시작해야 할지 막막해 했다. 당장 지금 해결해야 할 돈 문제, 건강 문제, 가족 간의 문제들이 너무 무겁다. 게다가 이제는 챙겨야 할 가족이 있는 상황이라 예전처럼 꿈만 보고 달릴 수는 없다. 나와 가족이 함께 행복하게 꿈을 성취하는 방법이 필요했다. 마흔 수업 책이 나에게 준 두 번째 숙제였다.

그런데 그 숙제는 의외로 가까운 곳에 해답이 있었다. 내가 매일 쓰는 '다이어리'다. 올해 5월부터 나는 5000여 명의 미모리안과 함께 일주일에 한 번씩 새벽 5시에 일어나는 '미라클 모닝' 프로그램을 운영하고 있다. 서른이 넘으면 사회적인 '강제 성장 시스템'이 멈춘다. 이제는 학교도 시험도 없고, 취업 면접도 없다. 그러다 보면 연료가 떨어진 자동차처럼 에너지 레벨이 떨어지고 두려움만 커지게 된다. 그래서 일주일에 한 번 동기부여 하면서 자존감을 불어넣어 주고 최신 트렌드 정보도 공급하는 미라클 모닝을 하게 됐는데, 내가 가장 많이 강조했던 것 중의 하나가 다이어리다.

내가 지난 30년간 강사로 지속적으로 성장할 수 있었던 이유, 인생 후반전에 조금 더 균형 잡힌 만족감과 행복을 느낄 수 있었던 원동력이 바로 다이어리 속에 있었다. 나는 거의 매일 새벽마다 다이어리를 쓴다. 스케줄과 투 두 리스트보다 훨씬 더 길게 쓰는 건 내가 나에게 던지는 질문, 빅 퀘스천들이다.

'이렇게 사는 게 맞니?'

'나답게 살고 있는 거 맞아?'

'내가 진짜 원하는 건 뭐지?'

반드시 대답해야 할 인생의 중요한 질문에 대해 매일 묻고 답했다. 그 과정에서 나는 스스로를 위로하고 치유했고, 호되게 야단치기도 하고 잘하고 있다고 응원도 했다. 그리고 그 과정에서 나온 실행 계획인 '미라클 리스트'들을 나의 하루 스케줄에 넣고 매일 실천했다. 그리고 이를 30년간 나만의 루틴으로 만들어왔던 것이다. 이것이 바로 '원하는 인생을 만드는 미라클 루틴 B.O.D'이다.

B.O.D는 일종의 인생 자율학습이다. 삶은 거대한 학교와 같다. 매일 우리는 일상으로 등교해 수많은 것들을 경험한다. 나의 실수에서 배우기도 하고, 타인의 잘못에서 배우며 간접 경험을 하기도 하고, 나의 비뚤어진 마음으로 고통을 겪기도 한다. 그러면서 인생 진도를 매일 나간다. 그런데 모든 공부가 그렇듯이 진도만 빼서는 내 것이 안 된다. 오늘 공부한 것을 복습하고 복기하고 성찰하는 자율학습 시간이 없으면 실력이 늘지 않는다. 나는 매일 1시간 이상 다이어리를 쓰면서 B.O.D를 내 삶 속에 녹여왔다.

마흔의 성장과 치유는 이래야 지속가능하다. 지난 30년간 수많은 특강으로 많은 이들에게 동기부여를 했지만 이를 기적 같은 터닝 포인트로 삼는 사람은 극소수다. 에너지를 받은 그날은 의욕이 넘치지만 일주일이면 꺾이는 게 정상이다. 친구와 스승의 다정한 위로도 오래 가기 힘들다. 스스로 자율학습해서 꾸준히 쌓아가는 루틴만이 마흔 넘은 어른을 성장시키고 치유할 수 있다.

매일 1시간 미라클 루틴이 아니었다면 강의를 망쳐서 포기하고 싶은 날, 누군가에게 상처를 받아서 분노하고 비뚤어지고 싶었던 날, 가족에게 상처를 주고 죄책감에 괴로웠던 날들을 어떻게 견딜 수 있었을까. 어떻게 나에게 가장 좋은 길을 찾아주고, 내가 원하는 삶을 원하는 방식대로 주도적으로 살아갈 수 있게 해줬을까. B.O.D를 정리하면서 바로 이것이야말로 사람들이 원하는 삶을 살 수 있는 최고의 방법이라는 확신이 들었다.

...

사실 이 모든 것은 마흔 수업 독자 여러분 덕분이다. 여러분이 내준 숙제를 풀다 보니 내가 일상적으로 해왔던 B.O.D 루틴을 체계적이고 분명하게 정리할 수 있었다. 마침 마흔 수업이 20만 부를 넘겼다고 하니 감사한 마음을 담아 B.O.D 루틴을 최대한 자세히 설명해 확장판에 담았다. 마흔에 대한 정의부터 마인드셋, 그리고 추가된

5부를 통해 디테일한 방법론까지 마흔이 어떻게 살아야 할지에 대한 모든 것을 담은 셈이다. 이렇게 쓰고 보니 독자 여러분이 내준 숙제를 풀어 조금은 홀가분하다.

물론, 이 책을 읽고 나면 더 궁금하고 묻고 싶은 질문들이 많아질 것이다. 그럴 때면 언제든 미라클 모닝으로 찾아와도 좋다. 그곳에서 당신은 더 이상 혼자가 아니다. 성실히 인생 자율학습 중인 수많은 미모리안들과 김미경이라는 든든한 멘토가 언제나 함께할 테니까.

마흔 수업 확장판을 통해 당신의 마흔도 한 뼘 더 편안해지고 충만해지기를 진심으로 바란다.

2023년 11월
늦가을에
김미경 드림

괜찮다, 이만하면 잘했다. 당신이 맞다

어느 날 우연히 옛날 사진을 발견했다. 마흔셋에 찍은 스냅사진이었다. 그때는 나이를 먹을 만큼 먹었다고 생각했는데 지금 보니 참 젊고 앳되다. 사무실에서 팔짱을 끼고 여유롭게 웃는 마흔셋의 김미경을 보니 감회가 새로웠다. 물끄러미 사진을 보다가 잊고 있던 기억하나가 떠올랐다.

"대표님, 사무실 인테리어 비용이 엄청 나왔어요. 이번 달 직원들 월급 줄 돈도 부족해서 대표님 강의료를 올릴까 싶은데, 정말 고민이에요."

당시 대리였던 지금의 부대표가 걱정스러운 얼굴로 말했다. 큰맘 먹고 사무실을 넓혀 이사를 했는데, 인테리어 비용이 만만치 않았다.

시간당 25만 원이었던 내 강의료로는 직원 세 명의 월급을 감당하기조차 쉽지 않았다.

"강의료를 갑자기 올릴 수도 없고, 어떡하지?"

"대표님이 더 유명해지시는 수밖에요. 기업 연수원에서나 잘 알지, 사람들은 김미경이 누구인지 모르잖아요."

왜 20년 가까이 지난 그때의 대화가 생생하게 기억났을까. 사진 속에서는 환하게 웃고 있었지만 사실 그때 나는 많이 초조하고 불안했던 것이다. 당시 나는 책을 쓴 적도, TV에 나간 적도 없는 평범한 기업 강사였으니 매일 전국을 뛰어다녔지만 손에 쥐는 돈은 턱없이 부족했다. 그래도 다른 강사들처럼 비용을 줄이기 위해 혼자 일하는 대신, 회사를 만들고 사무실을 얻고 직원들을 뽑았다. 전적으로 내가 만든 '꿈의 판'이었지만, 정작 나는 그곳에서 인테리어 비용과 직원들 월급을 걱정하고 있었다.

내 마흔의 장면들을 이렇게 스냅사진으로 한 장 한 장 찍어뒀다면 어땠을까. 중학생, 초등학생, 갓난쟁이 세 아이를 둔 워킹맘으로서 늘 부족함과 미안함에 시달렸던 하루하루, 맞벌이를 해도 도저히 모이지 않는 돈, 전 재산을 털어 간신히 이사했던 연희동 전셋집, 늘 내 도움을 필요로 하셨던 친정 부모님… 그 모든 장면이 지금도 사진처럼 생생하다. 이룬 것 하나 없이 벌려놓고 저질러놓은 일들로 나의 40대는 매일 불안하고 힘에 부쳤다.

미친 듯이 뛰다가 아주 가끔 틈이 나는 날에는 내가 해온 '선택들'

에 대한 고민이 머릿속을 비집고 들어왔다. 왜 나는 이런 고생스러운 선택을 했을까. 왜 남들은 다 하는 선택을 나만 굳이 안 했을까. 지금이라도 내가 만든 판에서 벗어날 수는 없을까.

...

30대까지 우리는 일, 결혼, 출산 등 인생의 중요한 선택을 해나간다. 그때는 선택에 집중하는 중이라 내가 어떤 '판'을 만들고 있는지 조망하거나 앞날을 제대로 내다볼 수 없다. 마흔이 넘어야 마침내 내가 만든 판, 내 인생의 배치도가 한눈에 들어오기 시작한다.

그런데 이 배치도가 생각보다 복잡하고 입체적이다. 내 선택과 상관없이 태어나면서부터 결정된 부모 형제의 배치도가 깔리고, 그 위에 내가 원해서 선택한 남편, 아이, 커리어, 돈의 배치도가 겹친다. 내가 선택한 적 없는 사건 사고도 갑작스럽게 배치된다. 아이가 갑자기 아프다든지, 부모님 사업이 갑자기 기울어 부채를 떠안는다든지, 배우자가 하루아침에 일자리를 잃는다든지… 예상조차 한 적 없는 일들이 느닷없이 다가온다. 고민할 여지조차 없이 운명처럼 받아들여야 하는 일들, 스스로 결정한 잘한 선택과 잘못한 선택들이 차곡차곡 쌓이며 인생 배치도가 완성된다.

살아내기 위해 혹은 꿈꾸기 위해 20~30대에 했던 수많은 선택이, 마흔이 되면 드디어 하나로 연결되면서 내 인생의 배치도가 되고 그

안에 자리 잡은 어설픈 나 자신이 보이기 시작한다. 그때부터 마흔의 우울과 슬픔이 본격적으로 시작된다.

어떻게 살아야 할지 분명하지 않지만 한 가지 확실하게 아는 것은 내 인생의 배치도에서 무엇 하나 함부로 뺄 수가 없다는 점이다. 이쪽을 빼면 저쪽이 기울고, 한쪽을 신경 쓰는 동안 다른 한쪽이 부실해진다. 돈과 일, 가족과 꿈 등 워낙 많은 것들이 각자의 명분을 가지고 입체적으로 얽혀 있으니 이것을 빼면 저것이 무너진다. 다 떠안고 가기에는 힘에 부치지만 줄일 것도, 뺄 것도 좀처럼 찾기가 어렵다. 40대가 되면 옴짝달싹할 수 없는 감옥에 갇힌 느낌이 드는 이유다. 내가 마흔에 스스로에게 가장 많이 했던 질문도 '이게 맞나?'였다. '남들도 나처럼 이렇게 힘들게 사나?', '지금 이렇게 고생하면 나중에 뭐라도 되는 게 맞나?'

그런데 이제 와 돌이켜 보니 나를 몰아세우며 숱하게 던졌던 이 질문들은 역설적으로 내 인생 배치도가 1차로 완성됐다는 뜻을 품고 있었다. 40대를 앞서 지나온 사람으로서 나는 분명히 말할 수 있다. '뭐라도 되려고' 만든 인생 배치도가 맞다. 그 배치도의 주인공이 나라는 사실도 맞고, 주인공 역할을 어떻게 해내느냐에 따라 내 인생의 미래 배치도가 달라진다는 사실 역시 맞다.

그러니 이제부터는 진짜 선택을 시작해야 한다. 마흔의 내 인생을 차갑게 비난하며 주저앉을지, 아니면 뜨겁게 인정하고 내가 원하는 방향으로 만들어나갈지. 많은 40대가 바로 이 지점에서 길을 잃는다.

나는 아직 작은데 내가 벌려놓은 판이 커서 버겁고, 내 그릇은 아직 작은데 내가 그려놓은 인생 배치도가 크니 무게에 짓눌린다. 그러니 내 선택을 후회하고 좌절하며 과거를 돌아보는 데 자꾸 시간을 쓰는 것이다.

그러나 중요한 것은 이 배치도를 만든 사람도, 이 판의 주인공도 다름 아닌 '나'라는 사실이다. 일이든 돈이든 가족이든 인생에서 하나라도 빼면 나도 함께 빠져버린다. 내 인생의 배치도 자체가 곧 '나'이기 때문이다. 내가 사라지지 않는 한, 내 인생의 문제 역시 줄어들지 않는다.

이러한 진실을 깨달은 마흔의 중반 즈음, 나는 결심했다. 끝까지 나를 사랑하듯 내 인생의 배치도 역시 뜨겁게 사랑하겠다고. '열정'이라는 단어를 처음 쓰기 시작한 것도 이 무렵부터다. 끌어다 쓸 재료가 나밖에 없으니 방법은 삶의 온도를 높이는 것뿐이었다. 30대의 온도가 60도 정도였다면 40대에는 100도까지 온도를 높여야 했다.

그때부터 나는 정말 24시간을 쪼개서 살기 시작했다. 무엇이든 도전하고 경험하고 작은 기회라도 놓치지 않으려 애썼다. 눈앞의 수많은 문제를 해결하며 스스로 나를 가르쳤다. 그 과정에서 나만의 성장 매뉴얼이 하나하나 만들어졌다. 이루고 싶은 목표가 있을 땐 새벽에 일어나고, 돈이 안 벌릴 때는 공부를 하며 미래를 벌고, 일단 도전을 시작하면 꾸준함으로 밀어붙이는 '김미경 성장 매뉴얼'의 대부분이 40대 때 만들어졌다. 몸으로 만들어낸 한 줄 한 줄의 매뉴얼은 꽤 쓸

만했고 그 힘으로 50대까지 이어서 살 수 있었다.

그렇게 마흔아홉이 되어 문득 뒤를 돌아봤을 때조차, 인생의 문제는 절반 정도만 풀려 있었다. 아이들도 반밖에 안 컸고 내 커리어도 절반만 자라 있었다. 100세까지 필요한 돈도 절반, 앞으로 당당하게 살아갈 자존감도 반밖에 안 컸다. 치열하게 40대를 살았음에도 내 인생 배치도에 쌓인 문제가 절반밖에 안 풀렸다니. 황당하지만 이게 정상이다. 그럴 수밖에 없다. 우리 인생의 수많은 문제들은 저마다 시간 차이를 두고 발생하기 때문이다. 마흔아홉이 되었다고 모든 일이 동시에 딱 해결되지 않는다.

하루 24시간 안에도 시시각각이 맡는 일과 역할이 있듯이 모든 것을 마흔에 다 욱여넣을 수 없다. 그러니 인생의 모든 문제를 마흔에 다 풀고 정점을 찍어야 한다는 생각 자체를 버려야 한다. 50대가 되면 오히려 더 잘 풀 수 있는 일이 많아진다. 나도 50이 되어서야 커리어를 한 단계 성장시키는 기쁨, 나다운 콘텐츠를 완성해가는 즐거움을 경험할 수 있었다. 돈이 모이기 시작한 것도 50대부터다. 만약 40대에 이 모든 문제를 해결하려고 했다면 반드시 문제가 생겼을 것이다. 없는 것을 있는 것처럼 포장하느라, 미래의 것을 억지로 당겨오느라 욕심 부리다가 실수하거나 좌절했을 것이다.

40대에 최선을 다해 '나만의 성장 매뉴얼'을 만들었다면 50대에는 훨씬 수월하고 세련되게 문제를 풀 수 있다. 한 뼘 더 성숙해진 50대의 나를 믿고 문제의 절반을 맡겨도 좋단 뜻이다.

'괜찮다. 이만하면 잘했다. 딱 절반만 해놓자. 그래도 된다.'

실제로 내가 마흔의 나에게 자주 했던 말이다. 살다 보면 내 인생을 향한 뜨거운 사랑과 열정보다 눈앞의 문제가 너무 커서 기대와 체념 사이를 오갈 때가 있다. 갑자기 멘탈이 흔들리거나 다 때려치우고 싶은 날도 있을 것이다. 그럴 때는 초조함과 욕심을 내려놓고 문제의 절반만 푼다고 생각하자. 내 문제를 너그럽게 대해야 작은 것도 칭찬하게 되고, 내 꿈에 여유를 줘야 다시 시작할 용기가 생긴다.

물론 마흔에는 이런 인생의 진실을 깨닫기 쉽지 않다. 50대가 되어서야 모든 것이 선명해진다. 바로 이것이 내가 이 책을 쓴 이유이다. 그 시간을 지나지 않고는 쉽게 깨달을 수 없는 것들에 대해 미리 알려주고, 어렴풋이 알고는 있지만 확신이 들지 않는 점들에 대해 '당신이 맞다, 잘하고 있다'고 말해주기 위해서다.

...

나에게 돌아가고 싶은 나이가 있다면 바로 40대다. 사느라 힘들어 미처 못 해준 위로와 칭찬을 마흔의 나에게 마음껏 해주고 싶어서다. 이 책은 그런 마흔들을 위해 썼다. 지쳐 있는 마흔은 따스하게 안아주고, 포기하고 싶은 마흔에게는 삶의 힌트를 주고, 모든 것을 다 그만두고 싶다는 마흔에게는 쓴소리를 마다하지 않았다. 내 마흔을 진심으로 대하듯 당신의 마흔을 뜨겁게 안아주고 싶었다.

이제 나를 위한 특별한 인생 수업을 시작하자. 한 번의 마흔 수업이 끝날 때마다 여러분은 스스로를 더 뜨겁게 사랑하게 될 것이다. 그리고 인생 절반의 문제를 풀어낸 실력으로 마흔 이후의 인생도 행복하게 만들어나갈 수 있을 것이다. 마흔은, 당신의 진짜 인생이 시작되는 시간이다.

차례

확장판 프롤로그 마흔의 성장과 치유, 미라클 루틴으로 시작하세요　　4

프롤로그 괜찮다, 이만하면 잘했다. 당신이 맞다　　11

1부 | 오늘도 불안에 지친 마흔에게

지금 당신이 불안하고 우울한 이유　　27

　마흔, 희망이 현실로 드러나는 나이 | 당신은 잘못 살지 않았다

마흔인데 이룬 게 없다고? 정상입니다　　35

　마흔 즈음의 내 인생 성적표 | 이룬 게 없어 보이는 것은 당연하다 | 함부로 인생을
　정산하지 마라 | 마흔은 잘못이 없다

두 번째 인생, 세컨드 라이프가 온다　　46

　다 내려놓으라는 거짓말 | 인생의 황금기를 언제로 정의할 것인가 | 당신의 마흔은
　아직 오전이다

내 인생 최고의 파트너를 만나는 법　　56

　어떻게 자존감과 품격을 지키며 살 것인가 | 단단한 철학을 만드는 연습 | 진짜 나
　를 만나는 시간, 리얼 미 리추얼

10년 후를 즐겁게 기대하는 법　　66

　기대가 없으면 현재를 열심히 살 수 없다 | 삶이 더 이상 가슴 뛰지 않는다면

마흔이 낀 세대? 갓생 1세대!　　74

　아래위를 끌어당기는 중심 | 늘 증명해야 하는 삶 | 실력과 내공으로 빛나는 시작을

2부 | 나를 단단하게 만드는 마음가짐

비교하는 마음 때문에 힘들어요   85

비교를 재해석하는 법 | 그 사람도 자기만의 밑바닥이 있음을 | 스스로 내는 상
처가 더 아프다 | 부러운 마음은 딱 10분만

마음이 크는 나이, 마흔   95

더는 이렇게 살고 싶지 않아서 | 죽어도 못 할 일은 없다

아이를 대하듯 나를 대하라   104

더 이상 나를 방치하지 않겠습니다 | 내 안의 어린아이를 보살피는 법 | 최선의
답은 나만이 안다

나만의 인생 해석집을 만들자   114

당연한 것들을 나답게 해석하기 | 기록하면 내가 된다 | 누구도 아닌, 나에게 정
직한 사람들의 특징

나를 끌어내리는 것들과 싸워라   123

가장 가까운 존재에게 상처받은 사람들 | 감히 그 누구도 끼어들지 못하게

내 공간과 시간을 반드시 확보하자   131

누구나 자기만의 책상을 가져야 한다 | 투자하지 않는데 성장하는 사람은 없다 |
내 꿈에 대한 권리를 주장하는 법

3부 | 인생의 균형을 유지하는 연습

이제라도 결혼해야 할까   143

　　나에게 최선일까 물어볼 기회 | 결혼이 해결해주지 않는 것 | 혼자여도 당당해야
　　둘일 때 행복하다

관계에도 밸런스가 필요해   152

　　네 가지 사랑, 네 가지 관계 | 사람에게 부지런한 좋은 사람

부부의 새로운 파트너십을 만들어라   160

　　마흔에 아내의 조력자가 된 남편 | 파트너십을 재조정하는 법 | 마흔 넘으면
　　50점이 만점이다

내 방식이 아이의 표준값이 된다   169

　　내 삶의 방식은 대물림된다 | 자녀교육의 필수 과목 'How' | 아이에게 태도의 선
　　물을 주자

마흔도 아직 인재다   178

　　끝나지 않는 뒷바라지의 함정 | 투자가 도박이 되지 않으려면 | 교육비 때문에
　　'흑자도산' 하지 마라 | 아이 말고 어른에게 투자하자

용돈 30만 원에 지친 남자들에게   188

　　허리끈을 조이는 40대 남자들 | 고독사로 내몰리는 50대 남자들 | 위기와 고립
　　감에서 탈출하는 법

평범한 사람이 비범해지는 유일한 방법   196

　　달라진 나를 발견하게 해주는 습관 | 좋은 습관을 '미라클'이라 부르는 이유 | 하
　　루 1시간만 진짜 나로 살아보자

4부 | 두 번째 세상과 나를 연결하는 법

퇴사하기 전에 반드시 알아야 할 것들 1   207

40대가 회사 밖을 대비하지 못하는 이유 | 도전 정신으로 무장한 가여운 퇴사 |
퇴사 전 '임대 마인드'를 갖자

퇴사하기 전에 반드시 알아야 할 것들 2   215

회사를 그만두면 잃는 일곱 가지 | 퇴사 준비란 축적의 시간을 버는 것 | 가치가
시키는 일을 하기 위하여

불황을 기회로 만드는 세 가지 힘   223

금리를 따라잡는 '나'라는 고금리 상품 | 씨종자를 버리는 농사꾼은 없다 | 줄이
는 대신 채우고 따라잡자 | 결국 버텨내는 사람들의 비밀

나는 오늘부터 1인 스타트업이다   233

슈퍼 프리랜서가 등장하자 달라진 것들 | 야생의 사자가 되려면 필요한 네 가지

나만의 '원씽'으로 성장 근육을 키워라   243

바람을 현실로 만들어줄 단 하나, 원씽 | 생활 근육 쓰지 말고 성장 근육 키우자
| 지금 내가 몰입할 원씽을 찾는 법 | 원씽이 에브리씽이 되는 기적

미래의 돈을 버는 유일한 방법   252

생계형 공부가 만들어준 놀라운 변화 | 세상의 작동법을 알아야 돈 벌기 쉬워진다
| 세상의 돈은 언제나 미래로 흐른다 | 마흔, 시작하기 딱 좋은 나이

자본금 없이 시작할 수 있는 최고의 직업   263

꾸준히 하면 브랜드가 된다 | 커뮤니티가 무한 확장되는 시대가 온다 | 나를 최
고의 전문가로 만드는 법

꼴찌를 두려워 말고 거침없이 연결하라　　　　　272

　　시작은 누구나 초라하다 | 확장의 씨앗을 뿌리기 | 당신을 두 번째 세상과 연결
　　하라

5부 | 원하는 인생을 만드는 최고의 방법

내 나이에서 17살을 빼라　　　　　283

　　사회의 중심인 나이, 45.6세 | '엘더노믹스'의 시대가 온다 | 오히려 생물학적 나
　　이가 '허상'일 수 있다

좋아하는 게 뭔지 모르겠어요　　　　　293

　　자기정의가 분명한 사람 | 딱 한 가지라도 좋아하는 일을 하자 | 삶의 주도성을
　　회복하는 법

인생은 성공이 아니라 '성취'다　　　　　301

　　내 인생을 위한 계산법이 따로 있다 | 다른 문이 열렸다면 외면하지 말자 | 돌아
　　가야 한다는 깨달음이 축복이다

원하는 인생을 만드는 미라클 루틴 B.O.D　　　　　310

　　매일 들 수 있는 성공의 무게, 루틴 | 지속가능한 루틴 방정식 B.O.D

성찰과 반성으로 스스로를 치유하는 시간, 비잉　　　　　318

　　지금 나에게 가장 중요한 질문, 빅 퀘스천을 찾아라 | 인생의 기적을 만드는 미
　　라클 리스트 | 뒤틀린 마음을 되돌리는 치유의 시간

매일 성취하는 하루를 기획하는 법, 오거나이징　　　　　330

　　억지로 하는 시간은 10배의 가치가 있다 | 꿈꾸던 삶을 현실로 만드는 다섯 가지

B.O.D를 완성하는 우직한 집행자, 두잉   340

    두잉을 안 하면 자기가 누군지 모른다 | '두잉' 하나만 잘해도 새로운 기회가 생
    긴다 | 미라클 리스트를 성공적으로 실행하는 방법

다이어리는 생산성이 아니라 주도성이다   352

    우리가 써야 할 진짜 다이어리 | 퀘스천의 끝은 미라클 리스트가 되어야 한다 |
    내 인생을 담은 책, 다이어리 | B.O.D 다이어리가 만든 놀라운 변화

에필로그 당신의 마흔이 나의 마흔보다 빛나길   366

1부

오늘도
불안에 지친

마흔에게

지금 당신이

불안하고
우울한 이유

마흔이 되면 괜찮아질 줄 알았다. 30대에 시달렸던 불안과 초조함, 타인과 비교하면서 느끼는 열등감도 한결 잦아들 줄 알았다. 커리어도 탄탄해지고, 무엇보다 내 인생이 '안정'될 거라 믿었다. 경제적으로도 조금 더 여유롭고 마음도 단단해져서 쉽게 흔들리지 않으리라 믿었다.

어디서부터 잘못된 걸까. 열심히 살아왔지만 여전히 40대의 나는 하루하루 흔들리고 있었다. 마흔이 넘도록 나잇값을 못 하는 것 같아 우울했고, 이제는 정말 늦은 것 같아 불안했다.

그렇다. '우울'과 '불안'은 그때나 지금이나 40~50대를 관통하는 단어다. 실제로 2017년 정부가 조사한 결과에 따르면, 공황장애와

조울증 환자는 전 연령대에서 40대가 가장 많았다고 한다. 내 주변을 둘러봐도 열 명 중 두세 명은 우울증이다. 세상일에 흔들리지 않는다는 '불혹不惑'이라는 말이 무색하게, 마흔은 그 어느 때보다 흔들리고 있다.

나 역시 살아보니 40대가 인생에서 가장 바쁘고 힘들었다. 마치 수능 시험을 앞둔 고3처럼 10년을 살았던 것 같다. 전 국민 공통과목인 집 사기, 돈 벌기, 아이 키우기에 집중하느라 매일 고단한 육체노동이 이어졌다. 나도 커야 하는데 아이들도 크면서 시간과 돈이라는 자원을 각자 무섭게 끌어다 썼다. 한정된 돈을 쪼개 쓰면서 집 대출금까지 갚으려니 보통 일이 아니었다. 4~5인 가족 중에 이 무게를 감당할 사람은 어른 둘밖에 없지만, 사실 따지고 보면 둘도 아니고 한 명인 경우가 대부분이다. 주위를 둘러봐도 경제적으로 능력이 있으면서 온갖 스트레스를 감당하는 사람은 보통 한 집에 한 명이더라.

40대에는 크고 작은 인생의 개별 숙제가 많이도 떨어진다. 갑자기 내가 암에 걸린다든가 아이에게 장애가 생긴다든가 남편 사업이 망한다든가 하는 예측 불가능한 일들이 벌어진다. 아무리 죽어라 노력해도 제자리걸음인 듯한 상황. 지치고 피곤하고 불안하고 어디로든 숨고 싶고, 번아웃과 공황장애가 오기 너무나 좋은 환경이 만들어지는 것이다.

마흔, 희망이 현실로 드러나는 나이

이처럼 40대는 원래 가장 무거운 인생 숙제를 안고 살아가는 시기다. 그런데 여기에 마흔의 고질병, 우울과 불안이 더해진다.

"마흔이 되면 어느 정도 자리 잡을 줄 알았는데, 여전히 집도 없고 모아놓은 돈도 별로 없어요."

"회사에서 팀장이 되긴 했는데 연봉은 별로 안 오르고 중간에서 힘들기만 해요. 남들은 결혼해서 남편이랑 아이도 있는데 저는 결혼도 못 하고 외롭게 살다가 죽을까 봐 겁나요."

"결혼을 늦게 해서 아이가 아직 일곱 살인데 스무 살이 되면 제가 거의 60이에요. 돈은 계속 많이 들어가고, 매달 생활비조차 빠듯하니 이 나이까지 뭐 했나, 내가 잘못 살았나 싶은 생각이 듭니다."

마흔이 된 지금까지 이룬 게 없다는 자괴감. 마흔의 우울은 이 자괴감에서 비롯된다. 30대까지만 해도 믿었던 모든 희망이 무너져 내리는 현실이 고통스럽기 때문이다.

결혼한 여성들의 경우에는 '이 사람만 믿고 살면 되겠구나'가 '이 사람만 믿고 살다간 큰일 나겠다'로 급격히 돌아선다. 꼭 '그'가 해낼 것 같았던 10년 전 마음은 온데간데없고 '내가 나서서 뭐라도 해야 하지 않나?'라는 불안감이 밀려온다. 그러다 어느 날 현실을 자각한다. '왜 생활비는 항상 200만 원이 모자라지?' 버티다 못한 여성들이 돈을 벌러 나오거나 공부를 다시 시작한다. 재취업 현장에 40대의 경력 보유 여성이 많은 것은 이런 이유에서다.

이뿐만이 아니다. 아이에 대한 희망도 현실로 바뀐다. 어렸을 때 영재인 줄 알았던 아이는 중학생이 되면서부터 점점 나랑 비슷해진다. 결국 영재는 아니었다. 결혼하면서 '아이라도 잘 키워야지' 했던 결심이 무색해지는 순간이다. 남편은 벌고 아내는 육아와 살림을 매니지먼트하고 아이는 공부해서 좋은 대학 입학이라는 성과를 내는 완벽한 '원 팀One Team'을 꿈꿨건만, 아이는 부모의 소원을 들어줄 마음이 없다.

결혼 안 한 40대 싱글들 역시 다르지 않다. 여전히 혼자라는 현실, 괜찮은 남자들은 이미 죄다 사라졌다는 사실에 가슴이 아프다. 남자가 없으면 돈이라도 있든가 커리어라도 정점을 찍었어야 하는데 이도 저도 아니다. 10년 이상 쉼 없이 일했는데도 내 집 하나 장만하지 못한 현실이 생각할수록 기가 막힌다.

'잘못 살아온 걸까?'

나이 앞자리에 4를 붙이고 난 지금까지의 대차대조표를 정리해보는 순간, 마음 깊은 곳에서부터 우울감이 몰려온다. 이렇게 카테고리별로 하나하나 따져가며 성적을 매기다 보면 우울하지 않을 40대는 단 한 명도 없다.

더 큰 문제는 이 성적표가 내 인생의 마지막 결과물이며 더 이상 미래가 없다고 믿는다는 것이다. 바로 이 지점에서 불안이 생겨난다. 우리는 40대를 마지막 힘을 쏟는 인생의 황금기나 정점이라고 생각한다. 그래서 40대에 뭔가를 이루지 못하면 50대에는 더 이상 기회가 없다고 단정 짓는다. 40대가 지나면 곧 은퇴이며 내리막길만 있다고 생각한다. 그래서 누구도 자신의 50대와 60대를 기대하지 않는다. 그 시간을 황무지이자 쓸모없는 시간으로 취급하며 희망을 찾으려 하지 않는다. 그러니 당연히 사는 게 초조하고 불안할 수밖에.

마흔의 성적표를 보면 도저히 계산이 안 나오는데, 이를 바로잡을 수 있는 시간조차 몇 년 남지 않았다고 믿어버린다. 마음이 저절로 조급하고 초조해진다. 늦었다고 생각할 때가 정말 늦은 걸까.

당신은 잘못 살지 않았다

이 책을 쓰면서 만난 수많은 40대가 우울과 불안을 토로할 때마다 나는 이렇게 말했다.

"제가 분명히 말씀드릴게요. 당신은 잘못 살지 않았어요. 자신의 꿈을 좇아 성실히 잘 살아왔으니 스스로를 의심하지 마세요. 잘못된 건 딱 하나, 마흔에 모든 걸 이루고 안정을 찾아야 한다는 고정관념뿐이에요. 그 생각 때문에 지금 이렇게 우울하고 힘든 거예요. 안 해도 될 좌절을 굳이 하고 있는 거라고요."

세상은 매일 엄청난 속도로 변하고 있다. 디지털이나 블록체인 같은 과학기술의 발전도 발전이지만, 더 중요한 것은 인간의 생애주기가 엄청난 속도로 달라지고 있다는 것이다. 초고령사회가 현실로 다가오면서 우리의 라이프스타일 자체가 달라지고 있는 것이다.

지금의 마흔은 예전의 마흔이 아니다. 40대는 인생의 황금기도, 나를 증명해야 하는 나이도 아니다. 내가 40대였던 20년 전과 비교하면 출발선도, 결승점도 모두 달라졌다. 결혼연령, 출산연령 모두 10년 가까이 늦춰졌고 평균수명 역시 10년 이상 늘어났다. 그렇다면 특정 연령대에 완수해야 할 숙제도 달라져야 하지 않을까?

요즘 40대는 중년이라 하기엔 사고방식부터 라이프스타일, 외모까지 너무 젊다. 한마디로 40대를 완전히 재정의해야 하는 시대가 온 것이다. 세상이 달라졌는데도 나이에 대한 우리의 인식은 변화를 거의 따라가지 못해서, 아직도 30년 전의 마흔을 생각한다. 그러니 계산과 박자가 안 맞을 수밖에 없다.

게다가 지금의 40대는 100세 시대를 살아가는 첫 세대여서, 롤모델로 삼을 만한 인생 선배도 많지 않다. 세상도 딱 마흔까지는 해내야 할 인생 숙제를 내주다가, 그 후로는 어떻게 살라고 말해주지 않는다. 그러니 30년 전에나 통하던 40대의 인생 공식 앞에서 모두 길을 잃고 헤맬 수밖에.

이제부터 들려줄 이야기는 내가 온몸으로 먼저 겪으며 깨달은 40대에 관한 진실이다. 이 책을 통해 당신이 그동안 얼마나 쓸데없는 좌절과 자책을 하고 있었는지 알게 될 것이다. 그러한 생각이 얼마나 불필요한 에너지 낭비였는지도.

지금 당신이 해야 할 일은 인생 정산이 아니다. 평생 간절히 바랐던 꿈, 정말 자신이 원하는 인생을 살아볼 두 번째 기회를 꽉 붙잡기 위해, 오늘 하루를 진정한 황금기로 만드는 것이다.

당신은 잘못 살지 않았다.
지금껏 성실히 잘 살아온
나를 의심하지 말자.

마흔인데
이룬 게 없다고?

정상입니다

"인테리어 디자이너로 일하다가 2년 전 개인 사업을 시작했어요. 코로나 때문에 진퇴양난인 상황에서 어쩔 수 없이 시작했는데 그때 유튜브에서 선생님 영상을 보면서 펑펑 울었어요. 지금은 자리를 잡아가는 중이긴 한데 쉬지도 못하고 혼자 일하다 보니 한계가 느껴지고 정신적으로도 많이 지쳤어요. 마흔쯤 되면 안정적으로 살 줄 알았는데 여전히 초라하고 힘든 시간을 보내고 있으니 너무 불안해요."

올해 딱 마흔이 된 혜인 님은 입을 열자마자 감정이 북받쳐 눈물부터 쏟아냈다. 지금쯤이면 경제적으로도 안정되고 개인적으로도 행복해질 거라고 기대했을 텐데 마흔의 현실은 살아가는 기초 자존감마저 흔들고 있었다. 혼자서 얼마나 불안하고 초조했을까, 서럽게 우는 그녀를 보며 나의 지나간 마흔이 떠올랐다. 딱 마흔이 됐을 무렵, 나도 여느 사람들처럼 불안하고 힘겨웠다. 누구 못지않게 열심히 살았다고 생각했는데 손에 잡히는 건 아무것도 없었던 시절, 나도 그녀처럼 매일 울고 싶었다.

마흔 즈음의 내 인생 성적표

사람들은 내가 하루아침에 스타 강사로 반짝 뜬 줄 안다. 사람들이 나를 알아보기 시작한 건 40대 후반부터였고, 이전엔 15년 넘는 무명 시절이 있었다는 사실을 잘 모른다.

내가 방송에 처음 출연한 건 40대 중반 때다. 그때도 별로 유명하지 않아서 나를 알아보는 사람은 많지 않았다. 이 글을 읽고 있는 당신이 아는 김미경은 대부분 40대 후반부터 50대에 만들어진 김미경이다. TV에서 내 이름을 내건 〈김미경 쇼〉를 진행한 게 마흔아홉의 일이고, 나의 대표작이라 할 만한 저서들도 대부분 쉰 전후로 썼다. 스물아홉부터 40대 중반까지 15년간 나는 아무도 알아주지 않는 무명 강사일 뿐이었다.

지금 돌이켜 보면 마흔 살의 나는 그야말로 답이 없었다. 음대 출신 강사라고 기업의 교육 담당자들에게 무시당하기 일쑤였고 나와 동급이었던 강사들이 점점 유명해지는 것을 지켜보며 열등감에 시달렸다.

　개인 생활은 더 고되고 힘들었다. 죽어라 맞벌이를 하는데도 워낙 기반 없이 시작해서인지 마흔이 돼서도 집이 없었다. 매달 적금에 보험에 생활비까지 내고 나면 아무리 벌어도 돈이 쌓이질 않았다. 매달 친정과 시댁으로 들어가는 돈도 적지 않았다. 게다가 늦게 들어온다 며 타박하는 남편을 보면 울화가 치밀었다. 확 다 때려치우고 들어앉 아서 거지 되는 꼴을 한번 보여줄까도 매일 생각했지만, 그러다 진짜 망할까 봐 겁이 나 그러지도 못 했다.

　세 아이를 맡기는 비용도 만만치 않았지만, 아이들을 돌봐주시는 이모님이 "오늘 몇 시에 오세요? 드릴 말씀이 있는데요…" 하는 날이 면 다리에 힘이 풀렸다. 나는 왜 아무도 도와주지 않는 선택을 한 것 일까? 이렇게 계속 살면 지금의 문제가 해결되긴 하는 걸까?

　확신보다 질문이 더 많았던 마흔 즈음의 내 인생 성적표는 너무나 초라했다. 남들처럼 40대가 되면 원하는 커리어도 안락한 가정도 넉 넉한 돈도 가질 줄 알았는데 무엇 하나 제대로 된 게 없었다. 내가 가 진 것은 오직 하나, 수많은 도전을 통해 얻은 경험뿐이었다. 한시도 가만히 있지 못하는 성격 탓에 30대 내내 좌충우돌하느라 콘텐츠는 많이 쌓았다. 선배 강사를 따라다니며 새로운 것을 배우고, 강의가 없는 날에는 강의 자료를 만들고, 영상 편집도 독학으로 배웠다. 트 렌드에 맞춰 낯선 분야를 공부하고 다른 분야의 사람들을 만났다.

　돈을 못 벌면 경험이라도 벌겠다는 생각으로 버틴 덕분에, 지금 당장은 뭐가 될지 알 수 없는 수많은 경험과 노하우가 나의 '실패 창고'에 차곡차곡 쌓여갔다. 가끔 속상한 날에는 저게 다 무슨 의미인가 싶어 갖다 버리고 싶기도 했지만, 강사 일을 너무 사랑했기에 차마 포기할 수는 없었다.

그런데 어느 순간 재미있는 일이 생기기 시작했다. 도대체 쓸모라곤 없어 보였던 하나하나의 콘텐츠들이 쌓이면서 절대적 양이 많아지니, 그것들끼리 서로 연결되면서 생각지도 못했던 새로운 콘텐츠가 만들어진 것이다.

지난 10여 년간 공부했던 여러 분야의 지식과 그동안의 경력이 더해지자 양성평등 교육, 성희롱 예방 교육, 여성 마케팅 같은 나만의 차별화된 교육과정이 만들어졌다. 나의 양성평등 강의를 우연히 본 방송사 국장이 MBC 〈기분 좋은 날〉에 나를 추천해 처음으로 방송 출연도 하게 되었다. 그러자 나를 알아보는 이들이 생기기 시작했고, 출판사에서 책 출간도 제안받았다.

이 모든 경험에 30대 내내 나를 괴롭혔던 '음대 출신'이라는 꼬리표를 연결하니, 음악과 스피치를 접목한 '아트 스피치'라는 콘텐츠가 탄생했다. 아트 스피치로 CEO 교육과정을 만들고 책을 쓰면서 40대 중후반에 정말 신나게 일했다.

그제야 나는 깨달았다. 당장 쓸모도 없고 돈도 안 돼서 실패 창고에 쌓아두었던 수많은 경험과 노하우, 콘텐츠가 사실 소중한 자산이었다는 것을. 이 자산들은 마치 구슬과 같아서 하나씩 들여다보면 뭐

마흔은
완성되는 나이가 아니라
뭐든지 되다 마는 나이다.

결과가 아닌,
과정을 살아가는 나이가
바로 마흔이다.

가 될지 모르지만, 일단 꿰기 시작하면 너무나 귀한 보물이 될 수 있다는 사실을.

이룬 게 없어 보이는 것은 당연하다

생각해보면 우리가 가진 구슬은 의외로 많고 종류도 다양하다. 직장에서 받는 급여, 아파트 전세금, 집과 사무실의 내 자리 같은 유형자산부터, 소중한 친구와 동료들, 자격증, 지식, 경험, 노하우, 평판, 이력 같은 무형자산까지, 모두 내가 가진 귀한 구슬이다. 이 구슬들은 서로 얽히면서 시너지를 내야 형태가 드러나고 가치도 더욱 높아진다. 그러려면 일단 구슬의 양이 절대적으로 많아야 한다. 그래야 목걸이든 팔찌든 만들 수 있다.

물론 형태를 갖춘다고 해서 바로 돈과 커리어로 연결되는 것은 아니다. 그때의 나는 강사 김미경이라는 존재를 알린 정도였을 뿐, 지속적으로 나를 내세우고 알리는 일은 혼자로선 버거웠다. 나를 드러내려면 결국 시스템이 필요했다. 그때 나는 처음으로 직원을 한 명 뽑아 반지하에 사무실을 차렸다.

사람들은 유명인들이 모두 돈을 잘 벌 것이라고 생각하지만 절대 그렇지 않다. 유명세가 10년은 지속돼야 10년의 끄트머리에 비로소 돈이 모이는 경우가 대부분이다. 나도 마찬가지여서 지금 내가 가진 자산의 대부분은 50대 중후반에 모은 것들이다. 구슬을 꿰기 시작한 지 15년 만에 비로소 안정된 기반을 만든 것이다.

마흔에는 조금만 노력하면 금방 뭐라도 완성될 것처럼 보이지만, 소리만 요란할 뿐 막상 들여다보면 내실이 없는 경우가 많다. 하루하루 열심히 사는데 왜 여전히 돈이 없지? 내가 바보같이 살고 있나? 더 열심히 달렸어야 했나? 40대 때 나도 스스로에게 수없이 던졌던 질문이다. 그런데 아무리 주위를 둘러봐도 나만큼 분주히 사는 사람도 드물었다. 그렇다면 결론은 하나다. 하나의 커리어가 무르익어 프로페셔널이 되고 돈을 벌기까지는 물리적 시간이 필요하다는 것.

내 꿈에 투자하고 테스트를 하고 피드백을 받아 수정하고 다른 구슬들과 연결하면서 성장하려면 반드시 일정량의 인고의 시간을 지나야 한다. 고작 2~3년 모은 구슬로 목걸이를 만들어 큰돈을 벌려고 하는 것은 욕심이다. 구슬을 만드는 데 15년, 구슬을 꿰는 데 15년. 적어도 30년 이상 걸리는 것이 정상이다.

직장인들도 마찬가지다. 직장 생활 15년 차면 마흔 언저리가 된다. 이 정도 경력이 쌓이면 팀을 이끌며 그동안의 경험과 지식, 노하우를 바탕으로 구슬을 꿰는 데 본격적으로 집중하기 시작한다. 이 시기에 꿴 구슬로 빠르면 40대, 늦어도 50대에는 회사에서 독립해 자신만의 비즈니스를 시작한다. 프리랜서로 일하든 창업을 하든 프로로서 정점을 찍고 돈을 버는 시기는 대부분 50대 초반부터다.

"혜인 님은 아직 구슬만 있고 꿰질 않았으니 이룬 게 없어 보이는 게 당연해요. 그런데 원래 마흔은 이루는 나이가 아니라 그동안 고생해서 만든 구슬을 꿰기 시작할 나이예요. 지금 열심히 그 작업을 하고 있는데 당장 눈앞에 보이는 게 없으니 답답하겠지만, 머지않아 결과물이 드러날 거예요. 지금 너무 잘하고 있으니 걱정 말아요."

불안하고 흔들리는 그 자리가 바로 다시 일어서야 하는 지점이라는 사실을 혜인 님에게 전해주고 싶었다.

함부로 인생을 정산하지 마라

혜인 님을 포함한 많은 40대들이 '마흔'이라는 꼬리표가 주는 부담감 때문인지 착시 현상을 겪는다. 40대가 되면 '불혹'부터 떠올리며 경제적으로도 안정되고 커리어도 정점을 찍어야 한다는 강박에 시달린다.

그러나 60을 살아보니 이제야 알겠다. 40대를 충실히 살아내면 진짜 게임은 50대에 시작된다는 것을. 내가 부족하거나 못나다고 결론 내리기엔 너무 이르다. 40대는 아직 한창 더 커야 할 시기다. 그동안 고생해서 만든 구슬을 가지고 아름다운 목걸이를 만들어야 할 시기다. 내가 뭐 하고 살았나 싶고 초라해 보이는 것은 결코 내가 부족하거나 못나서가 아니다.

마흔은 안정된 삶을 추구하기에도 너무 이르다. 아직 구슬을 꿰는

데 비용이 들뿐더러 이 시기에 받는 인생 숙제가 가장 무겁기 때문이다. 40대에는 집도 사야 하고 기본적인 생활비부터 아이들 용돈과 학원비까지, 내 돈을 필요로 하는 사람들이 끊임없이 줄을 선다. 물론 50대에도 돈은 여전히 많이 든다. 아이들은 아직 경제적으로 완전히 독립하지 않았고, 부모님이 노후 대비를 충분히 못 하셨다면 병원비나 간병비도 내 몫이 된다.

그러니 적어도 20년은 더 뛰고 나서 대차대조표를 들여다보아야 한다. 그때 받는 성적이 진짜 내 인생이다. 59세까지 이룬 것들이 100세까지의 삶의 질을 결정한다. 그러니 인생을 지탱할 수 있는 건강과 체력, 매달 쓸 수 있는 돈, 100세까지 살고 싶은 집, 자존감을 인정받을 수 있는 사회적 위치, 오늘 하루를 즐겁게 보낼 수 있는 취미, 품위 있게 나이 들 수 있는 가치관과 철학까지, 60세 이후에 원하는 모습대로 살 수 있도록 인생 계획표를 다시 설정해야 한다.

그렇게 본다면 마흔은 전혀 늦은 나이가 아니다. 아직 우리에게는 최소 10년에서 많게는 20년 가까운 시간이 남아 있다. 그러니 마흔에 함부로 인생을 정산하지 말자. 쉽게 좌절하지도 말자. 긴 호흡으로 나답게 살아가면 그뿐, 늦었다고 초조해하거나 자포자기할 이유가 없다.

간혹 뉴스에 등장하는 성공한 40대들을 부러워하며 '창의적으로' 좌절할 필요도 없다. 그들은 긴 인생 여정에 점 하나를 찍었을 뿐이다. 그 사람이 가진 진짜 저력은 그가 59세에 어떤 모습으로 살고 있는지를 봐야 알 수 있다.

내가 만난 부자들은 모두 한 분야에서 30년 이상 일한 사람들이다. 이 말은 곧 그들 모두가 50대 이상이라는 뜻이다. 그들이 성공한 비결은 단 하나, 중간에 그만두지 않아서다. 만약 내가 마흔 살에 강사를 그만뒀다면 지금의 김미경은 존재하지 않을 것이다. 돈도 벌다 말았을 테니 지금까지도 경제적으로 불안했을 것이다.

마흔은 원래 완성되는 나이가 아니라 뭐든지 되다 마는 나이다. 과정의 나이지 결과의 나이가 아니라는 말이다. 그러니 '마흔은 곧 안정'이라는 고정관념은 이제 버리자. 마흔에게는 격렬하게 구슬을 만들고 용감하게 꿰어보는 '도전'이나 '성장'이란 꼬리표가 훨씬 더 현실적이다.

마흔은 잘못이 없다

인생의 온갖 변수와 시련 속에서도 마흔까지 살아냈다면 당신은 생각보다 많은 것을 가진 사람이다. 40여 년간 내 손으로 하나하나 만든 구슬들을 어루만지며 그동안 고생한 나 자신을 다독여도 괜찮다. 함께 뛰어줘서 고맙다고 수백 번 말해주어도 좋다. 그렇게 고생한 참 고마운 나에게 우울과 불안 대신 빛나고 값진 목걸이를 선물하자.

마흔의 어느 날, 갑자기 지금까지 해놓은 것도 없고 이룬 것도 없어 울고 싶을 때는 마음껏 울어도 좋다. 울어야 속을 비우고 비워야 채울 수 있으니까. 다만 지금이 끝이 아니라는 것만은 스스로에게 꼭 말해주자.

'내 인생의 정점은 지금이 아니야. 착각하지 말자. 지금껏 열심히 잘 살아온 나를 다그치지도 말자. 내 마흔이 뭘 어쨌다는 건데? 너, 지금껏 잘해왔고 앞으로 더 잘할 거야!'

잘못된 것은 마흔을 너무나 크게 본 나의 착각이다. 다시 말해주자. 아니, 외우자!

'내 마흔은 잘못이 없다!'

두 번째 인생,

세컨드 라이프가
온다

100세 인생. 나는 요즘 이 말을 장례식장에서 실감한다. 지인들의 부모님 장례식에 가면 90세가 넘어 돌아가셨다는 분들이 적지 않다. 통계청 발표에 따르면 2021년 한국인의 기대수명이 83.6세다. 지금도 의학 기술이 하루가 다르게 발전하고 있으니 지금의 40대들은 정말 100세까지 살고도 남을 것이다.

그동안 사회는 우리 인생을 3단계로 구분했다. 20~30대를 청년, 40~50대를 중년, 60대 이후를 노년이라 불렀다. 우리 역시 60대 이후를 노후라 부르며 그 시기의 삶을 계획하지 않았다. 80세까지 적당히 살다 보면 떠날 때가 됐으니까. 그런데 지금의 40~50대는 이 구분이 아무 의미가 없는 시대를 살고 있다.

게다가 요즘 중년층은 날이 갈수록 젊어지고 있다. 관리를 잘해온 내 또래들도 열 살 이상 젊어 보인다. 라이프스타일도 트렌디하다. 20대에 팝을 즐겨 듣던 사람이 60대가 됐다고 갑자기 트로트로 취향이 바뀌는 일은 드물다. 젊은 시절에 누리던 취향과 라이프스타일은 나이가 들어서도 그대로 유지된다. 그런데 사람들은 이렇게 젊고 건강하고 트렌디한 60대 이후의 시간을 여전히 '노후'라 부른다.

나는 예전부터 이게 영 마음에 들지 않았다. 노후라는 말에는 그 시기를 채우는 콘텐츠가 없다. 기껏해야 여행이 전부다. 노후라는 관점으로 인생을 바라보면 줄이고 아끼고 포기하는 것밖에 없다. 어떻게 인생의 절반을 지나자마자 40년이나 되는 길고 긴 시간을 노후라는 단어 하나로 묶을 수 있나. 생명이 붙어 있는 한, 내 소중한 시간을 그렇게 수동적인 이름으로 부르고 싶지 않다.

그래서 나는 꿈을 중심으로 생애주기를 다시 정리하기 시작했다. 태어나서 20세까지는 유년기, 20대부터 40대까지의 30년을 첫 번째 꿈을 가지고 뛰는 '퍼스트 라이프First Life', 50대부터 70대까지의 30년은 두 번째 꿈을 가지고 뛰는 '세컨드 라이프Second Life', 그리고 80세부터 100세까지가 노후다. 지금 40대들은 퍼스트 라이프의 마지막 10년을 사는 중이고, 이제 60세가 된 나는 세컨드 라이프의 중반기에 들어섰다.

다 내려놓으라는 거짓말

얼마 전, 오랜 지인의 점심 모임에 초대받은 적이 있다. 참가자 중에는 고위직 공무원으로 일하다 50대 초반에 일을 그만둔 내 또래 여성이 있었다. 근황을 묻자 그녀는 씁쓸한 표정으로 이렇게 말했다.

"그냥… 뭐… 여행이나 다니는 거죠."

그러나 그녀는 정작 여행에 대해서는 식사 내내 한마디도 하지 않았다. 지금 여행을 다닌다는 것인지도, 앞으로 여행을 다니겠다는 것인지도 알 수가 없었다. 30년 가까이 공직 생활을 했던 저력이라면 충분히 멋진 세컨드 라이프를 살 수 있을 텐데, 왜 즐거운 마음으로 자기 이야기를 들려주지 못하는 건지 안타까웠다.

그런데 생각해보면 마흔 무렵엔 나도 그녀처럼 살려고 했던 것 같다. 40대에 힘든 인생 숙제를 다 풀어놓고, 50대부터는 집에서 쉬면서 가끔 여행이나 다니면 될 줄 알았다. 60대에는 뭘 해도 성과가 나오지 않을 것이고 어딜 가도 사람들이 반겨줄 것 같지도 않으니 애초에 기대조차 하지 않았다. 70대는 하루 종일 아프고 외로울 것 같아서 아예 쳐다보기도 싫었다. 그냥 살아지면 사는 것이지 무언가를 하면서 살겠다는 생각 자체가 없었던 것이다.

이런 생각은 나뿐만 아니라 대부분의 사람들이 하는 착각이다. 인생 숙제를 끝내놓고 60세부터 100세까지 원하는 인생을 살려면 59세까지는 열심히 달려야 하는데, 오히려 거꾸로 살고 있다. 50대부터 슬슬 속도를 줄이더니 60대부터 아예 정지해버린다. 60대도 버리고 70대도 버리고 80대부터는 그저 연명이다. 40대를 인생의 정점이라고 생각하니 그 후에는 '아껴 쓰는 재무 설계' 외에는 어떤 인생 설계도 하지 않은 채 60대 이후의 삶을 사실상 쓸모없는 시간으로 여기는 것이다.

그런데 막상 내가 50세가 되고 보니, 다른 것들이 보이기 시작했다. 처음에는 바빴다. 40대에 워낙 저질러놓은 일이 많았고 하다 만 일들도 쌓여 있어 그걸 수습하느라 정신이 없었다. 벌어둔 돈도 별로 없었고, 강사 커리어도 여전히 불안했고, 아이들도 아직 독립을 못해 더 달리는 수밖에 없었다. 사실 그때는 워낙 바빠서 50대로 넘어간다는 사실조차 잘 몰랐던 것 같다.

내가 잠시 멈춰 서서 인생 시계를 들여다보며 미래를 고민하기 시작한 것은 50대 중반부터다. 60대를 향해가고 있는데 이 시기를 어떻게 보내야 할지, 어떤 사람으로 살아야 할지 누구도 알려주지 않았다. 괜찮은 롤모델이라도 있으면 좋으련만 그런 사람을 찾기도 어려웠다. 들리는 조언이라곤 어쩜 하나같이 아껴 쓰고, 조심조심 살고, 다 내려놓으라는 흔하디흔한 말들뿐인지.

그중에서도 특히 속으면 안 되는 조언이 '다 내려놓으라'는 말이었다. 이제야 겨우 가족 부양에서 벗어난 사람에게, 제대로 자기 인생을 살아보지도 못한 사람에게 다 내려놓으라니. 60대는 다 내려놓을 때가 아니라 진짜 챙길 것들을 챙겨야 하는 나이인데 말이다.

인생의 황금기를 언제로 정의할 것인가

우리는 그 나이 근처까지 가보지 않고는 그 나이가 던지는 진짜 질문을 자기 것으로 만들지 못한다. 그래서 '40대는 어떤 모습일까?', '50대엔 뭘 하며 살고 있을까?' 하며 막연한 불안감을 안고 '상상'만 하며 산다. 그래서 특정 시기를 멋있게 살고 싶다면 그 나이에 먼저 도착한 인생 선배가 어떻게 살고 있는지, 그 모습이 내 눈에 어떻게 보이는지 살펴야 한다. 50대 중반이 된 나는 그제야 다급히 5년 남짓 남은 나의 60대를 정의하고, 내가 어떤 사람으로 무엇을 하며 살고 싶은지 그려보기 시작했다.

그리고 마침내 알게 됐다. 치열하게 살기 시작했던 30대부터 나는 60대의 삶을 기다려왔다는 것을. 생각할수록 60대의 하루는 온통 장밋빛으로 가득했다. 아이들은 다 독립해서 더 이상 "엄마, 몇 시에 와?"라고 묻지 않는다. 아이들이 묻지 않으니 종일 내 질문에만 대답하면 된다. 30년간 저축하고 벌어놓은 돈으로 기반을 닦아놓았으니 더 이상 생계 걱정은 안 해도 된다. 하기 싫은 일은 안 하고 살아도 된다는 뜻이다.

시간도 어찌나 많은지 내가 하고 싶었던 모든 것을 다 할 수 있다. 게다가 세상 자유롭다. 눈치 볼 시댁도 없고, 아이들을 키우느라 타이트하게 서로의 시간을 잡고 있던 남편과도 느슨한 연대를 유지할 수 있다. 드디어 나에게도 이런 세상이 오다니! 모든 40~50대들에게

'여기 엄청 좋아요, 얼른 오세요!'라고 외치고 싶을 정도였다.

　인생은 황금기를 언제로 규정하는가에 따라 설계 방식 자체가 달라진다. 40대를 황금기로 규정하면 10퍼센트만 완성된 상태에서 멈춰야 한다. 본격적으로 성장해야 할 마흔에 오히려 멈추는 것이다. 이는 우리의 현실과 전혀 맞지 않다. 이제는 100세 시대의 황금기를 40대가 아니라 60대로 정의해야 한다.

　내겐 60대라는 시기가 황금기를 넘어 '두 번째 스무 살'처럼 느껴졌다. 스무 살처럼 자유롭게 꿈꿀 수 있고, 내 시간을 마음대로 쓸 수 있으니까. 게다가 스무 살 때와 달리 지금은 돈도 있고, 경험도 있고, 자신감도 있다. 곁에서 나를 사랑해주고 응원해주는 사람들도 있다. 몸도 특별히 아프지 않으니 체력도 이만하면 괜찮다.

　무엇보다 이제부터는 내가 하고 싶은 일, 보고 싶은 사람만 봐도 된다. 퍼스트 라이프는 젊고 아름답고 성장하는 재미가 있지만, 하기 싫은 일이 절반이고 싫은 사람과도 계속 얼굴을 봐야 한다. 그런데 이제는 지난 50여 년간 스스로를 위해 준비한 선물 같은 시간, 인생에서 제일 좋은 시절이 온 것이다. 마침내 60세에 최고의 황금기를 맞고 보니 이 모든 것이 나의 치열했던 40대가 준 선물이었다는 것도 알게 됐다.

　덕분에 나는 50대 중반에 '두 번째 스무 살'의 꿈을 꾸기 시작했다. 60대 이후 해외에 나가서 영어로 강의하고 싶다는 꿈. 내 콘텐츠가 외국 사람들에게도 통하고 그들에게 영감을 줄 수 있을지 직접 내

50대, 60대, 70대 30년간
내 인생의 가장 좋은 시절이 온다.

지금의 나를 둘러싼 좁은 세계가
내 인생의 전부가 아니다.

두 눈으로 확인해보고 싶다.

    50대는 영어를 배우기에 늦었다고 모두가 말했지만 나는 듣지 않았다. 내 인생의 가장 자유롭고 좋은 시절이 왔는데 이 시간을 나답게 쓰는 게 당연하다. 여전히 발음은 안 좋고, 단어는 외우자마자 잊어버리지만 하루에 1센티미터씩 성장하는 내가 기특하다. 여전히 나에게서 희망을 발견하는 내가 자랑스럽다. 앞으로 실패도 많이 하고 몸은 고달프겠지만 생각만 해도 가슴이 뛰고 너무 신난다.

    나는 내 인생의 황금기, 60대가 진심으로 기대된다.

당신의 마흔은 아직 오전이다

10여 년 전, 김난도 교수님이 《아프니까 청춘이다》에서 제시하신 '인생 시계'가 화제가 된 적이 있었다. 인생 시계란 사람의 일생을 24시간에 빗댄 개념이다. 당시의 평균수명인 80세를 24시간이라고 볼 때 1년이라는 긴 기간은 고작 18분이 된다. 이렇게 따지면 마흔은 낮 12시, 열심히 오전 업무를 마치고 점심을 먹을 정오다.

    그런데 지금 우리는 100세 시대를 살아가고 있다. 100세를 24시간에 빗대어 계산하면 1년은 대략 14분 24초. 40세는 오전 9시 36분이 된다. 이제 막 출근해서 한창 열심히 일할 시간이다. 50이나 돼야 비로소 정오, 낮 12시가 된다. 해가 가장 높이 떠오른 12시를 밤 12시처럼 살 수는 없지 않나. 그런데 준비 없이 50대가 된 사람들은 60대 부터 밤 12시처럼 불을 끄고 '오프 모드'에 들어간다.

나도 인생 시계로 내가 현재 몇 시에 와 있는지 계산해보았더니 이제 겨우 오후 2시다. 아직 밖에 해가 쨍쨍하고 일몰이 되기엔 너무 멀었다. 그런데 동창회에 나가 보면 꽤나 많은 친구들이 회사에서 은퇴하면서 자신의 시간을 일몰로 빠르게 돌려버렸다. 아껴 쓰고 살살 살고 다 내려놓는 모드로 급격히 전환하는 것이다. 그러나 우리의 육체가 그 시간에 도달하지 않는 한, 저절로 빨리 가지 않는 것이 인생 시계의 특징이다. 매일매일 살아내야 그 시간에 도달한다. 내가 살아내지 않는다고 해서 낮 시간을 뛰어넘어 밤으로 갈 순 없다.

자신의 나이를 다시 한번 인생 시계에 놓고 보자. 40대는 오전 시간답게 인생을 기획하고 실행하고 멋지게 살아내고 있는가? 50대는 본격적인 오후답게 밤에 후회하지 않을 만큼 인생을 살아내고 있는가? 그 시간답게 살아내지 못하면 반드시 어울리지 않는 시간에 미뤘던 일들을 해야 한다.

내 인생은 노후가 아닌데 나만 노후 시간에 먼저 도착해 있으면 아주아주 오랫동안 지루하게 기다려야 한다. 일찌감치 오후 시간을 포기하고 이부자리를 펴고 기다려봐야 '인생 불면증'에 시달릴 뿐이다. 잠들지도 못하고 깨어 있는 것처럼 살지도 못하는 어정쩡한 상태로 찬란한 오후를 낭비할 순 없지 않은가?

낮 12시를 대낮답게, 환하고 멋지게 살고 싶다면 이제 머릿속 시간 세팅부터 다시 해야 한다. 노후가 아니라 '세컨드 라이프'다. 50대, 60대, 70대 30년간 내 인생의 가장 좋은 시절이 온다. 경쟁과 책임으로 둘러싸인 마흔의 지금 이 시간, 나를 둘러싼 이 좁은 세계가 전부가 아니다.

40대는 퍼스트 라이프의 마무리이자 세컨드 라이프를 준비하는 인생의 변곡점이다. 퍼스트 라이프에 설레는 꿈을 가지고 나에게서 희망을 발견했듯이 세컨드 라이프에도 두 번째 꿈을 가지고 내 안에서 희망을 발견해나가자. 스무 살 때 어쩔 수 없이 포기했던 꿈, 일상에 쫓겨 두고 왔던 꿈을 다시 소환하자. 스무 살에 별다른 꿈이 없었다면 퍼스트 라이프에서 만든 구슬들을 들고 나답게 다시 만들어나가면 된다.

앞장이 부실했어도 마흔이 중간에서 연결만 잘 해주면 뒷장뿐 아니라 인생 전체의 서사가 살아난다. 지금 후회되는 것이 있어도 40대에 10년간 '그럼에도 불구하고'를 써 내려가면 된다. 반전이 있는 감동 스토리로 인생을 다시 쓰기에 마흔은 전혀 늦지 않았다.

인생 시계에 올라서보자. 마흔은 아직 점심도 못 먹은 지점에 서 있다. 활기 넘치고 멋진 오후 시간을, 풍요로운 저녁 시간을 보내고 싶다면 마흔은 생기 넘치는 '오전'다워야 한다.

마흔은 해가 저무는 쪽이 아니라 해가 떠오르는 쪽에 가깝다. 내 마흔을 오전답게 대해야 내 예순과 일흔이 오후다워질 수 있다. 당신의 마흔은 아직 오전이다.

내 인생

최고의 파트너를
만나는 법

✴

"내년부터 아빠도 임금피크제 적용된다. 앞으로 정년까지 3년간 월급이 절반으로 깎일 거야."

오랜만에 가족끼리 모인 저녁 식사 자리였다. 준섭은 독립한 첫째 아들과 이제 막 취업에 성공한 둘째 딸 앞에서 애써 담담하게 얘기했다. 아이들은 잠깐 당황했지만, 지난 30여 년간 고생했다며 아버지를 위로했다. 분위기는 그렇게 훈훈하게 끝나는 듯했다. 그런데 갑자기 둘째가 정말 궁금하다는 표정으로 준섭에게 물었다.

"아빠, 그럼 이제부터 뭐 하실 거예요? 임금피크제 시작되면 시간도 더 많아질 텐데 앞으로 계획이 어떻게 돼요?"

순간, 준섭은 당황했다. 그동안 막연하게 고민만 했지, 구체적으로 준비한 계획은 아무것도 없었기 때문이다. 그래도 사실대로 말하면 아이들에게 무시당할까 봐 궁색한 아이디어 하나를 겨우 꺼냈다.

"아빠 선배 중에 퇴직하고 캠핑카로 여행 다니는 분이 있는데 참 자유롭고 좋아 보이더라. 그래서 아빠도 중고 캠핑카 한 대 살까 알아보는 중이야."

이 정도로 둘러댔으니 얘기가 끝났으면 싶었는데, 평소에도 집요한 둘째는 이해가 안 된다는 표정으로 말했다.

"매일 캠핑만 다니실 건 아니잖아요. 제가 궁금한 건 취미가 아니고 아빠 계획이에요. 아빠 나이가 60세밖에 안 됐고 이렇게 젊은데, 설마 하루 종일 집에만 계실 건 아니죠?"

그날 밤 준섭은 잠을 이루지 못했다. 대기업 부장으로 끝까지 살아남은 준섭은 대학 동창들 사이에서 부러움의 대상이었다. 그런데 그도 임금피크제 대상자가 되자 마음이 뒤숭숭해졌다. 예상은 했지만 막상 내 일로 닥치니 자존감이 엄청나게 떨어졌다. 그런데 그보다 더 당황스러운 것은 '앞으로 뭐 하고 살 거냐'는 아이들의 질문이었다.

"솔직히 그날 충격받았어. 가장으로서 30년간 생활비에 학원비 대느라 정말 열심히 일한 걸로 내 역할은 다했다고 생각했는데, 갑자기 애들이 두 번째 꿈이 뭐냐고 묻잖아. 제대로 말 못 하는 내가 억울하기도 하고 창피하기도 하고… 가뜩이나 심란한데 요즘 사는 게 참 우울하다."

오늘도 불안에 지친
마흔에게

길게 한숨을 쉬는 준섭을 보며 나는 생각했다. 이게 바로 마흔 살들의 20년 뒤 모습이라고.

어떻게 자존감과 품격을 지키며 살 것인가

우리는 어린아이들에게 늘 묻곤 한다.

"꿈이 뭐니?"

"커서 뭘 하고 싶니?"

"어떤 계획을 가지고 있니?"

그런데 시간이 지나면 거꾸로 아이들이 부모에게 묻는다.

"이제 뭘 하면서 살고 싶으세요?"

"앞으로 계획하신 게 있나요?"

성인이 된 아이들 입장에서도 이제 물리적, 정신적으로 부모 곁을 떠나야 하니 남겨질 부모에 대한 걱정이 시작되는 것이다. 우리 아이들도 마찬가지다. 막내가 성인이 되자 본격적으로 나에게 두 번째 꿈에 대해 묻기 시작했다. 그런데 이 질문에 대답하기가 결코 쉽지 않았다.

퍼스트 라이프의 핵심 키워드는 '성장'이다. 가족과 사회라는 단체 안에서 어떻게 나답게 성장할 것인가가 중요한 화두다. 사회 속에서 경쟁하고 성과를 내기 위해 일에 몰입하며 나의 가치를 키워나가는 것이 중요하다.

그러나 세컨드 라이프에서는 핵심 키워드가 바뀐다. 치열했던 단체 안에서의 역할이 축소되면서 개인으로서 어떻게 자존감과 품격을 지키며 살 수 있는가가 중요해진다. 나는 이것을 '존엄한 삶'이라고 부른다. 자기결정권을 가진 개인으로서 끝까지 내가 원하는 모습대로 살아가는 것이 존엄한 삶이다. 삶이 존엄해지려면 꼭 필요한 것이 두 가지 있다. 돈과 철학이다. 두 가지가 모두 있어야 두 번째 꿈이 무엇인지 제대로 답할 수 있다.

당연한 얘기지만 돈이 없으면 자기결정권을 행사할 수 없다. 아무리 나만의 고귀한 철학이 있어도 지켜낼 수가 없다. 돈 때문에 원하지 않는 일을 해야 하고, 돈을 가진 사람에 의해 내 삶이 결정된다. 지금도 그렇지만 앞으로는 더욱더 자식들이 부모의 존엄성까지 챙길 여유가 없다. 부모도 자녀도 너무 오래 사는 만큼 100세의 존엄과 70세의 존엄이 모두 유지되어야 하기 때문이다. 그러니 홀로 쓸쓸히 생을 마감하길 원하지 않는다면 40대부터 경제적 기반을 준비해야 한다.

40대라면 일단은 내 앞에 놓인 인생 숙제들을 최선을 다해 풀어야 한다. 열심히 돈을 벌고, 집을 사고, 커리어를 쌓고, 아이들을 잘 키워 자녀가 성인이 됐을 때 독립할 수 있도록 준비시켜야 한다. 그래야 50대가 되었을 때 세컨드 라이프를 시작할 수 있다.

또한 지금부터 약간의 시간과 비용을 투자해 세컨드 라이프를 위한 커리어를 준비해야 한다. 아이들에게만 투자할 게 아니라 40대인 나에게도 투자해, 세컨드 라이프에 나의 존엄성을 지켜줄 수 있도록 '돈이 매달 나오는' 구조를 만들어야 한다.

단단한 철학을 만드는 연습

돈 못지않게 중요한 것이 또 하나 있다. 바로 인생의 철학이다. 많은 40대들이 나에게 이런 하소연을 한다.

"20~30대 때는 자존감이 떨어져도 하룻밤 자고 나면 금방 괜찮아 졌는데, 마흔이 되니 한번 상처받은 마음이 회복이 잘 안 돼요."

어느 나이를 살든 상처받지 않는 삶은 없다. 그래도 어릴 때는 크고 작은 상처를 입어도 회복이 빠르다. 매일 나의 쓸모를 확인할 수 있는 일, 성취감을 느낄 수 있는 일이 많기 때문이다. 그런데 40대가 되면 상처받은 자존감을 회복할 수 있는 기회 자체가 점점 줄어든다. 직장이라는 울타리가 막아주는 상처도 있지만 50대 이후에는 어지간한 상처를 스스로 막아야 한다.

그래서 나이가 들수록 나의 나약함과 취약함을 받아들이고 어른으로서의 내 삶을 지켜나갈 수 있는 마음가짐이 필요하다. 서럽고 힘든 일들에 대해 스스로에게 괜찮다고 말해주면서 매일 자신을 일으켜주는 나만의 내공, 그것이 바로 인생의 철학이다.

준섭이 정작 생각하지 못했던 것은 두 번째 꿈이 아니라 철학이었다. 그는 임금피크제가 자신에게 어떤 의미인지 해석하지 못했다. 스스로에게 질문을 던지지도 않았다. 월급이 반 토막 났을 때 자존감도 반 토막 났던 감정만 기억하고 있을 뿐이다.

나이 듦에 따른 변화를 감당할 수 있는 내공이 없으면 원망과 비참함 같은 얕은 감정이 우리를 집어삼킨다. 그러니 자신의 미래를 계획할 수도 없다. 다가올 시간을 준비하려면 스스로에게 '나는 앞으로도 가능성 있는 사람', '지금보다 더 멋지게 세컨드 라이프를 살 사람'이라는 확신을 주어야 한다.

20~30대에 우리를 무겁게 짓눌렀던 책임감이 덜어지면 홀가분해져서 마냥 좋을 것 같지만, 준섭처럼 삶의 좌표를 잃어버리면서 흔들리기 쉽다. 50~60대 엄마들이 '빈둥지증후군'으로 힘들어하는 것도 마찬가지다. 아이들이 독립한 상황을 빈둥지증후군으로 규정하지 말고 '내 인생에 다시 없을 소중한 세컨드 라이프의 시작'이라고 재정의해야 한다. 그러면 비어 있던 일정이 채워지고 내일을 계획하게 된다. 한 단계 성숙한 철학과 실행력으로 내 삶을 훨씬 더 품격 있고 풍요롭게 채울 수 있다. 철학의 힘을 바탕으로 자기결정권이 작동하는 것이다.

자기결정권을 가지고 있다 해도 스스로 어떤 삶을 살고 싶은지 결정할 인생 철학이 없으면 나를 지킬 수가 없다. 결국은 주변의 더 강한 사람에 의해 휘둘리게 되어 있다. 내가 나만의 인생 철학을 바탕으로 스스로를 존엄 있게 대하지 않으면 아무도 나의 존엄을 인정해 주지 않는다. 결국 '늙었다고 나를 무시하냐!'만 외치는 이상한 할머니, 할아버지로 늙어가기 십상이다.

진짜 나를 만나는 시간, 리얼 미 리추얼

변화하는 내 몸과 환경을 받아들이고 살 수 있는 단단한 철학적, 정신적 준비가 되어 있지 않으면 사람은 누구나 흔들린다. 젊은 시절 내내 이리저리 흔들리며 살았는데 세컨드 라이프까지 나를 흔들리게 두는 건 옳지 않다. 마흔부터는 이 단단한 철학을 만드는 연습을 본격적으로 해야 하는데, 그러려면 가장 중요한 것이 파트너다.

퍼스트 라이프를 살 때는 삶의 중요한 문제를 상의할 사람들이 많았다. 직장 동료, 친구, 지인들은 내가 어떤 선택을 내리면 좋을지 대답해줄 수 있었다. 그러나 세컨드 라이프에서는 각자 살아가는 모습이 천차만별이라 조언을 기대하기 힘들다. 결국 물어볼 사람은 나밖에 없다. 나를 가장 잘 알고 있는 내 안의 진짜 나. 그 존재를 나는 '리얼 미Real Me'라고 부른다.

우리 모두의 마음속에는 내 인생의 중요한 문제에 답해줄 리얼 미가 있다. 나를 가장 잘 알고 사랑하며 지혜로운 답을 해줄 존재가 바로 리얼 미다. 나는 지금까지 내 인생의 중요한 결정을 모두 리얼 미와 상의해서 결정했다.

'나답게 살려면 어떻게 해야 할까?'

'요즘 부쩍 외로운데 이유가 뭘까?'

'지금보다 회사를 잘 경영하려면 무엇이 필요할까?'

내 인생의 모든 문제를 리얼 미에게 물어보자. 그냥 묻고 끝내는 것이 아니라, 마치 기도하며 신의 응답을 구하듯 간절하게, 답을 얻을 때까지 물어야 한다.

'리얼 미'를 만나는 가장 쉬운 방법은 다이어리나 감사 일기를 쓰는 것이다. 처음에는 한 줄도 쓰기 힘들지만 쓰다 보면 리얼 미가 생생하게 튀어나온다. 그리고 내 안에 나보다 훨씬 괜찮은 '나'가 있다는 걸 확인하고 스스로 놀라게 된다. 일기 쓰기를 나를 만나는 일종의 리추얼로 만드는 것도 좋다. 아침이든 밤이든 시간을 정해 일단 써보는 것이다.

나는 많은 사람들이 하루 24시간 중 진짜 자신을 만나는 시간을 따로 내지 않는다는 사실에 놀랄 때가 많다. 어떻게 나 자신과 인사도 하지 않은 채 느닷없이 하루를 시작하고, 종일 고생한 나를 토닥이는 시간도 없이 잠들 수 있을까. '리얼 미 리추얼'이 없으면 밖에서 생기는 여러 가지 일에 쉽게 상처받고, 회복하는 것도 어렵다. 중요한 고민도 매일 제자리를 맴돌 수밖에 없다.

그러니 아무리 바빠도 하루에 30분씩은 나를 만나는 시간을 가져야 한다. 그래야 내가 무엇을 원하는지, 내가 무엇을 잘하고 못하는

지, 나의 안쓰러운 점은 무엇인지 발견할 수 있다. 어린 시절 선생님과 부모님이 찾아주었던 나의 가능성을 이제는 내가 발견해야 한다. 또한 나의 아픔도 스스로 치유해야 한다. 이것이 독립된 어른으로서 존엄 있게 살아가는 삶이다.

세컨드 라이프의 꿈은 존엄을 포함하는 꿈이다. 존엄을 지킨다는 것은 쉬운 일이 아니다. 그런 만큼 40대부터 미리 공부하고 준비하고 설계해야 한다. 세컨드 라이프를 준비하는 40대야말로 내가 원하는 인생의 방향을 향해 제대로 나아갈 수 있는 나이다. 돌이켜 보면 20대는 방향을 몰라서 못 나아갔고 30대는 방법이 서툴러 못 나아갔다. 40대가 가장 힘도 좋으면서 방향도 제대로 잡을 수 있는 시기다. 존엄한 나의 세컨드 라이프를 위해 다시 한번 힘을 내자. 당신의 가장 든든한 파트너 '리얼 미'와 함께라면 해낼 수 있다.

나를 가장 잘 알고
나에게 가장 필요한 답을 해줄 존재는
그 누구도 아닌 '리얼 미'이다.

10년 후를

즐겁게
기대하는 법

✳

스무 살을 앞둔 막내딸 책장 위에 평소 못 보던 물건이 등장했다. 소주, 맥주, 와인 등이 종류별로 하나씩 진열된 것이다. 아직 성인도 안된 녀석이 무슨 술이냐고 타박하자, 막내가 해맑은 얼굴로 말했다.

"내년에 스무 살이 되면 마시려고 미리 모으는 중이야. 이것도 내 버킷 리스트에 있거든. 내가 술 마실 날을 얼마나 고대하고 있는데!"

술 하나로 저렇게 행복한 표정을 짓다니. 막내는 어렸을 때부터 틈만 나면 버킷 리스트를 적었다. 초등학생 때는 '중학생이 되면 친구들과 놀이공원에 가고 네일아트를 받겠다'는 버킷 리스트를 쓰더니, 중학생 때는 '고등학생이 되면 파티시에 자격증을 따고 웹툰 작가에 도전하겠다'는 목록을 추가했다. 어찌나 부지런히 쓰는지 주변 친구들이 막내를 '버킷 리스트 대가'라고 부를 정도였다.

"엄마, 지금까지 버킷 리스트에 쓴 목록 중에 지금 쓴 게 제일 기대돼. 미성년자라서 못 했던 것들을 싹 다 할 수 있으니까! 그리고 나, 이제부터 본격적으로 돈도 벌 거야. 그래서 내가 하고 싶은 걸 모두 할 거야."

막내를 보며 새삼 깨닫는다. 사람은 자신의 미래를 기대하지 않으면 절대 현재를 열심히 살 수 없다는 것을.

막내는 자신이 만든 버킷 리스트를 완수하느라 하루 14시간을 책상 앞에 앉아서 뭔가에 몰입하곤 했다. 신중하게 고민하며 버킷 리스트를 채우고 하루하루를 높은 밀도로 살아갈 힘은, 그만큼 자신의 10년 후를 기대하기 때문에 생기는 것이 아닐까.

──────── 기대가 없으면 현재를 열심히 살 수 없다

막내가 빨리 20대가 되고 싶어하듯, 20대들은 30대를 꿈꾸고 기대한다. 부모님의 지겨운 잔소리에서 드디어 벗어나 진정한 독립을 시작할 수 있으니까. 취업하기, 원하는 회사로 이직하기, 독립 후 오피스텔을 얻어 고양이 키우기, 뜨겁게 연애하고 좋은 사람과 결혼하기, 돈 모아서 혼자 해외여행 가기, 종잣돈 모으기, 차 사기 등등, 꿈꿔왔던 30대를 위해 20대의 하루하루를 촘촘히 채워간다.

30대가 되면 또 다른 버킷 리스트를 만든다. 20대만큼 다양하고 치열하진 못하다. 결혼을 했다면 더더욱 그렇다. 내 집 마련, 넓은 평수로 이사하기, 가족과 해외여행 가기, 아이 잘 키우기, 회사에서 독립해 내 사업 시작하기…. 30대의 버킷 리스트는 대개 경제적 자유, 커리어 확장, 육아와 자녀교육 등에 치중되어 있어서 꿈이라기보다는 매우 현실적인 목표에 가깝다. 그렇게 10여 년을 목표 달성을 위해 아등바등 살다 보면 어느덧 40대가 된다.

이제 20~30대 때 꿈꿨던 리스트들은 40대의 일상이자 고달픈 생계가 돼 있다. 커리어 때문에 야근을 불사하고, 드림 카와 내 집 마련을 위해 엄청난 대출 이자에 허덕이고, 행복을 위해 선택한 결혼 때문에 매일 가족과 전쟁을 치른다. 내가 직접 쓴 버킷 리스트의 무게를 현실에서 감당하느라 힘들고 지친다. 분명 몇 년 전의 내가 꿈꿨던 삶인데 당장의 의무와 책임감에 짓눌려 새로운 버킷 리스트를 쓸 여유가 없다.

그 때문인지 40대에게 "꿈이 뭐예요?"라고 물으면 '이 나이에 꿈이라뇨?' 하는 눈빛이 대답으로 돌아온다. 어떤 사람들은 정말 화가 나거나 상처받은 표정을 짓기도 한다. '그런 것 없이 그냥 사는 게 문제란 거야?', '오늘 하루 사는 것도 힘들어 죽겠는데 무슨 10년 뒤를 상상해'라며 원망의 눈으로 대답한다.

물론 40대는 기본적으로 오늘 하루를 살기 위한 시간을 많이 써야 한다. 내일을 위해 쓸 시간이 별로 없다. 그런데 오늘만 계속 살다 보면 내일의 문제를 풀기가 어려워진다. 내가 뭘 원하는지, 어떤 삶을 살고 싶은지, 무엇을 해야 하는지 상상하고 준비하는 감각이 점점 무뎌지면서 나의 몇 년 뒤를 대비하는 실력이 현저히 저하될 수밖에 없다. 스스로도 이를 알기에 꿈이나 계획을 묻는 질문들이 불편해진다.

사실 20~30대에도 주어진 환경에 맞춰 살아온 사람들이 적지 않다. 그렇지만 아무리 꿈이 부담스러워도 세컨드 라이프에는 반드시 버킷 리스트를 써야 한다. 나이 들수록 꿈이 없으면 버티기가 힘드니까. 60대에 인생 최고의 황금기를 맞이한다 해도, 꿈도 계획도 없이 하루하루 때우듯 사는 일상은 지루해서 견딜 수 없을 테니까.

퍼스트 라이프 때는 모든 것이 저절로 바뀐다. 한 살 한 살 나이만 먹었을 뿐인데 청소년에서 성인이 되고, 학생에서 직장인이 되고, 공부하는 분야가 달라지고, 만나는 친구가 달라지고, 하는 일이 달라진다. 가만히 인생 스케줄만 따라가도 변화가 일상이다. 그래서 40대는 가장 변화무쌍한 시기다. 커리어에도 변화가 생기고 수입도 매해 달라진다.

아이가 초등학교에 들어가면 나의 일상도 달라진다. 내가 원하든 원하지 않든 주변 환경이 알아서 수시로 달라지니 40대에는 특별히 애쓰지 않아도 늘 나를 둘러싼 세상이 변화하고 새로운 도전이 세팅된다. 지루할 틈이 없다.

그런데 미래도 그럴까? 가만히 있어도 할 일이 생기고 일상이 변하고 새로운 사람을 만날 일이 생길까? 50대 중반을 넘어가면서부터 변화가 점점 줄어들고 비슷한 일상이 반복된다. 똑같은 밥, 똑같은 집, 30년간 똑같은 배우자, 똑같은 라이프스타일, 똑같은 친구들…. 내 주변만 봐도 60대 이후부터는 매일이 비슷하고 80세가 넘으면 어제와 다른 날이 하루도 없다. 가구며 접시, 심지어 옷차림도 20년째 그대로다. 애쓰지 않으니 삶도 멈춰버리는 것이다. 혼자서는 다른 일상을 보낼 수 없으니 자꾸 자식만 찾게 되는 걸까.

이것이 40대부터 다시 버킷 리스트를 쓰면서 스스로 변화를 만드는 연습을 해야 하는 이유다. 꿈이라는 단어가 부담스럽다면 50대에 하고 싶은 일들을 가볍게 적어보는 것도 괜찮다. 바쁘게 사느라 애썼던 나에게 선물처럼 주는 버킷 리스트도 좋다.

여행 블로거가 되고 싶다고 적었다면 그것 하나로 일상에 활기가 넘친다. 내 몸이 가는 장소가 달라지고, 내 머리가 하는 생각이 달라지고 내 손이 쓰는 글이 달라지니까. 여행 블로거가 되겠다는 꿈은, 이처럼 매일 똑같이 반복되던 일상 곳곳을 조금씩 파고들며 우리의 하루를 서서히 변화시킨다.

나이가 든다고 해서 성장 욕구가 갑자기 사라지는 게 아니다. 살아 있는 모든 생명체가 그렇듯 사람도 변화하고 순환하고 성장하지 않으면 생명력을 잃는다. 밥만 먹는다고 사는 게 아니듯, 즐겁고 행복한 세컨드 라이프를 살고 싶다면 지금부터 다시 예전처럼 가슴 설레는 버킷 리스트를 상상해야 한다.

물론 그러려면 돈과 시간이 필요하다. 그래서 40대부터는 나를 위

애쓰지 않으면 삶이 멈춘다.
40대가 다시 버킷 리스트를
써야 하는 이유다.

해 당당하게 돈과 시간을 쓰는 연습을 해야 한다. 그동안 열심히 살아왔으니 이 정도는 쓸 자격이 충분한 사람으로 나를 포지셔닝해야 한다. 나를 위해 꿈을 꾸고 꿈을 위해 당당히 돈을 쓰는 행위가 가족에게도 나 자신에게도 자연스러워지도록 연습해야 한다.

마흔에도 당당하게 쓰지 않으면 나이 들수록 더 어려워진다. 이전까지 아무 말 없다가 나이 60에 왜 갑자기 안 하던 일을 하냐며 욕먹기 십상이다. 왜 느닷없이 공연을 1년에 세 번씩 보는지, 왜 공부하는 데 100만 원씩 써야 하는지 자꾸 설명해야 하고 억울한 상황이 닥친다.

가족에게도 나 스스로에게도 마찬가지다. 버킷 리스트로 미리 조금씩 연습을 해두어야 내가 정말 원하는 꿈을 찾았을 때도 망설이지 않고 눈치 보지 않고 실천에 옮길 수 있다.

삶이 더 이상 가슴 뛰지 않는다면

아버지는 돌아가시기 몇 해 전, 여권을 새로 만드셨다. 몸이 쇠약해져 비행기를 타기 힘들다는 것을 알면서도 아버지는 자신의 버킷 리스트를 포기하지 않으셨다.

"미경아, 아빠가 꿈이 생겼어. 죽기 전에 이 여권으로 꼭 미국에 가서 우리 아들 보고 죽을 거여. 우리 아들이 교수로 근무하는 대학에 가서 폼 잡고 사진도 찍고, 강의하는 것도 몰래 봐야지. 그래서 요즘 걷는 운동도 열심히 하고 근육도 만들고 있어. 그래야 비행기도 타고 넓은 땅 걸어 다니고 하지."

여권을 보여주시며 아이처럼 웃던 아버지의 모습이 아직도 잊히지 않는다. 아버지는 지루한 암 투병 중에도 새로운 희망을 찾으신 듯했다. 미국에 가겠다는 꿈 덕분에 아버지는 에너지를 얻었고 정말 안 하던 운동도 다시 시작하셨다. 비록 그 꿈은 이루지는 못하셨지만 그 여권 덕에 아버지는 돌아가실 때까지 꿈을 가진 사람으로 사셨다. 내일을 기대하며 오늘을 행복하게 채워가셨다. 아흔을 바라보는 나이에도 버킷 리스트를 갖는 것이 얼마나 소중한지 깨닫는 순간이었다.

버킷 리스트는 미래를 위한 한 줄짜리 소망일 뿐이지만 나의 오늘을 달라지게 한다. 달라진 오늘은 나의 미래도 서서히 달라지게 한다.

지금의 삶이 더 이상 가슴 뛰지 않는다면, 팍팍한 현실에 지쳐가고 있다면 10년 후를 기대하면서 버킷 리스트를 써보자. 아직 다가오지 않은 미래의 시간이 희망이 되는가 두려움이 되는가는 조그마한 메모지에 적은 '한 줄짜리 소망'에 달려 있다. 거창한 꿈이 아니어도 좋다. 아주 작은 버킷 리스트 하나가 마흔의 당신을 가슴 뛰게 할 수 있으니까.

마흔이
낀 세대?

갓생 1세대!

어느덧 밤 9시, 회사 경영이라는 게 해도 해도 일이 줄지 않는다. MKYU라는 온라인 교육 플랫폼 회사를 세우고 난 뒤로 일찍 퇴근한 날이 손에 꼽을 정도다. 그날도 지친 몸을 이끌고 회사 계단을 내려가는데 4층 경영지원실 한쪽에 불이 켜져 있다. 혹시나 싶어 들어갔더니 해나의 낯익은 뒷모습이 보인다.

"9시가 넘었는데 아직도 퇴근을 안 했어요?"

"이번 주까지 강사료 정산을 해야 해서 일이 많네요."

해나가 피곤함을 애써 감추며 사람 좋게 웃었다. 안 그래도 회계팀 업무가 워낙 많아서 얼마 전 팀원을 충원했는데도, 해나의 야근은 여전히 줄지 않는 모양이다.

"팀원들한테 좀 맡기지 왜 혼자 야근을 해요?"

"제가 하는 게 더 빨라서요. 들어온 지 얼마 안 됐는데 야근 시키기도 좀 그렇고요."

40대 중반인 해나는 회계 업무만 20여 년을 해온 베테랑이다. 최근 강사료 정산을 위한 자동화 프로그램을 도입했지만 이전까지 수많은 빈틈을 메운 이가 바로 해나다. 100여 명의 강사료를 수작업으로 일일이 정산하느라 고생이 이만저만이 아니었다.

해나가 메운 빈틈은 그뿐만이 아니다. 50대 본부장과 30대 팀원들 사이의 머나먼 간극도 40대인 그가 온몸으로 메우고 있었다. 본부장이 지시한 마감 시간은 정해져 있는데 팀원들은 퇴근 후 개인 시간을 더 중시하고, 손은 해나가 제일 빠르니 늘 끝까지 업무를 책임지는 사람은 그였다. 갑자기 해나가 너무 안쓰러웠다. 그의 지친 얼굴을 보니 40대가 스스로를 '낀 세대'라고 부르는 것도 이해가 된다.

아래위를 끌어당기는 중심

실제로 40대 직장인들과 대화를 해보면 자신들을 '낀 세대'라고 말하는 경우가 정말 많다. 얼마 전, 은행에서 일하는 40대 초반의 후배는 한숨을 쉬며 이렇게 말했다.

"1970년대생 상사랑 1990년대생 팀원들 사이에 끼여서 양쪽 눈

오늘도 불안에 지친   75
마흔에게

치를 다 보느라 미치겠어요. 50대 상사들은 요즘 20~30대 애들이 무섭다고 직접 소통을 안 하고 전부 저를 통해서만 전달해요. 팀원들이 휴가라도 신청하면 앞에서는 천사 코스프레를 하면서 알겠다고 하고, 저한테는 '바빠 죽겠는데 지금이 휴가 갈 때냐'며 애들 단속 좀 하라고 화를 내요. 팀원들 휴가는 보내야 하니 남은 일은 혼자 다 하는데도 위에서는 잔소리, 밑에서는 꼰대라고 하고…. 아무리 40대가 낀 세대라지만 정말 열 받을 때가 많아요."

직장 생활은 누구에게나 쉽지 않지만 40대들이 참으로 애쓰며 사는구나 싶다.

우리 회사도 마찬가지다. 솔직히 말해 40대 팀장들이 중간에서 직원들과 나를 이어주지 않았더라면, 옆에서 눈치 챙기라며 옆구리를 찔러주지 않았다면 나 역시 1990년대생들에게 꼰대란 소리를 수없이 들었을 것이다.

1960년대생인 나에게 Z세대는 매일 봐도 매일 놀라운 신인류다. 뇌 구조 자체가 다른 건지, 아무리 적응하려 애를 써도 말처럼 쉽지 않다. 40대 리더들이 내가 지시하는 수많은 말을 중간에서 해석하고 적당히 자르고 합리적인 업무 지시로 바꿔주지 않았다면 지금처럼 회사가 돌아가기는 힘들었을 것이다.

40대들은 본인들이 낀 세대라며 자조하지만 두 세대 사이에 있다는 것은 두 세대 사이의 '중심'이라는 뜻이기도 하다. 실제로 1960년대생과 1990년대생의 뇌 구조와 문화를 모두 이해하는 40대들을 통과하지 않으면 회사의 업무 소통은 불가능하다. 이들은 손도 빠르고 경험도 많고 책임감도 강해서, 대표 입장에서 40대 팀장들은 없으면 큰일 나는 회사의 '중심' 그 자체다.

늘 증명해야 하는 삶

나만 그렇게 느끼는 것이 아니다. 수많은 기업 대표를 만나보면 그들도 나와 똑같은 말을 한다. 여러 기업을 거쳐 지금은 벤처투자회사를 운영하는 60대 대표는 이렇게 말했다.

"요즘 각 기업에서 한창 리더로 뛰고 있는 40대 직원들 정말 일 잘하죠. 그들이 없으면 회사가 안 돌아가요. 우리 때와 다르게 요즘 40대들은 마인드나 라이프스타일도 젊잖아요. 그러니까 트렌드를 놓치지 않고 리더 역할을 할 수 있는 거죠. 변화에 대한 적응력도 오랫동안 다져왔고, 학습 능력도 탁월하고요."

아마 40대들은 이 말이 무슨 뜻인지 실감하지 못할 수 있다. 사회 초년생일 때부터 늘 그렇게 살아왔으니까. 그러나 기업에서 30년간 강의하며 수많은 변화를 지켜본 나는 그분의 말을 바로 이해할 수 있었다.

지금 40대들이 아직 대학생이거나 사회 초년생이었던 시절 IMF 사태가 터졌다. 당시 초보 강사였던 나는 IMF 전후의 사회 변화를 생생하게 기억한다. 이전에는 회사가 '평생직장'이었고 직장 상사는 다 '형님'이었다. 상명하복의 위계질서가 워낙 강해 상사가 퇴근을 못 하면 같이 야근을 했다. 새벽까지 함께 술을 마시다 출근 전 사우나에 가는 것도 흔한 풍경이었다.

조직에 잘 적응하고 상사가 시키는 대로만 하면 정해진 순서대로 승진하고 연봉도 올랐다. 일을 잘한다고 고속 승진하거나 연봉을 더 주는 일도 없었다. 그 시절 이직은 천인공노할 배신자들이나 하는 일이었다. 그러니 개인이 시간과 돈을 써가며 굳이 자기계발을 할 이유가 없었다. 나를 키우는 건 오로지 회사의 몫이었고, 당시 유명한 자기계발 강사는 전부 기업 연수원에 있었다.

그런데 IMF 이후 많은 것이 바뀌었다. 평생직장이라는 공식이 깨지면서 처음으로 '몸값'이라는 단어가 회자되기 시작했다. 함께 입사했어도 개인의 능력에 따라 연봉이 달라지고, 연봉을 높이기 위한 이직도 익숙한 일이 됐다. 주5일 근무는 여기에 불을 붙였다. 시간이 많아지면서 직장인들 사이에서 자기계발 열풍이 불기 시작했다.

IMF 이전까지는 출신 학부로 자신을 증명하는 것이 가장 보편적이었지만 이후 많은 직장인이 앞다투어 MBA 과정을 밟았다. 자격증도 열심히 따고 새벽에 외국어 공부를 하는 이들도 많아지면서 2000년대 초반에는 '미라클 모닝', '아침형 인간'이라는 단어가 등장했다. 오로지 실력으로 나를 증명해야 하는 대변혁의 시대가 열린 것이다.

이러한 변화를 이끌어낸 첫 세대가 바로 지금의 40대들이다. 그러니 40대야말로 지금 20대들 사이에서 유행하는, 부지런하고 생산적인 삶을 추구하는 이른바 '갓생'의 원조가 아닐까.

실력과 내공으로 빛나는 시작을

40대에게 사회 변화에 따른 새로운 학습과 적응력은 인생의 '기본값'이다. 10대 후반과 20대를 전후해 인터넷을 접했고, 엑셀과 파워포인트 같은 컴퓨터 프로그램을 익히며 취업 준비를 한 것을 시작으로 지금은 수많은 협업 툴을 자유자재로 다룬다. 디지털 네이티브인 지금의 20대에게 디지털 활용 능력은 숨 쉬듯 자연스럽게 습득한 것이지만, 40대는 오직 20년간 다져온 적응력과 학습력 하나로 거대한 세상에서 자신의 가치를 증명하며 치열하게 살아남았다.

평생을 이렇게 살아온 지금의 마흔에게 변화에 적응하고 새로운 것을 익히는 생활은 라이프스타일 그 자체이기도 하다. 실제로 출판계를 먹여 살리는 1위 고객은 40대 독자들이다. 자기계발에 힘쓰고 미래 변화를 공부하는 MKYU의 주 고객층도 40대 여성들이다. 대학원이든 백화점 문화센터든 각종 강연장이든, 공부하는 모든 현장은 여전히 40대가 주도하고 있다. 변화에 대한 적응력과 학습 능력, 게다가 세대를 연결하는 소통 능력은 전 세대를 통틀어 마흔이 '동급

최강'이라는 얘기다.

이 추진력과 열정으로 과거와 미래를 연결하며 치열하게 오늘을 살아내고 있는 40대에게, 나는 이 이야기를 꼭 해주고 싶다. 단군 이래 가장 열심히 사는 '갓생 1세대'는 바로 당신이라고. 지난 20여 년간 실력으로 스스로를 증명하며 다져온 내공을 무시하지 말라고. 그 힘으로 당신은 자신이 원하는 어떤 삶도 시작할 수 있다고 말이다.

꼰대 상사가 뭐라 잔소리를 하든, 철없는 팀원이 무슨 뒷담화를 하든 상관하지 말고, 본인 스스로에게 자부심을 가졌으면 좋겠다. 지금까지 자신을 지탱해준 생존 실력과 내공으로, 앞으로의 인생을 누구보다 멋지게 만들어나가면 좋겠다.

지금껏 쌓아온
20년의 내공을 잊지 말자.
대한민국 '갓생 1세대',
바로 마흔의 당신이다.

2부

나를
단단하게
만드는

마음가짐

비교하는
마음 때문에

힘들어요

여자들이 살면서 가장 많이 비교하고 스트레스 받을 때가 언제일까?
한창 결혼할 30대 아닐까. 이전에는 함께 웃고 울고 떠들고 놀던 또
래 친구들이 결혼으로 갑자기 격차가 벌어지기 때문이다.

사람을 순식간에 지상 15층에서 지하층으로 끌어내리는 것이 비
교인 줄 알면서도 30대 때는 이상하게 비교의 늪에 자꾸 빠진다. 누
구랑 결혼했나, 어떤 집안과 결혼했나, 집은 자가인가 전세인가. 나
보다 잘난 것 없던 친구가 부유한 부모를 둔 남자를 만나 신혼집을
강남 아파트로 장만하는 걸 보면 멀쩡히 잘만 살고 있던 내가 초라해
지고 설움이 밀려온다.

그러다가 10년 정도 지나 40대가 되면 어떨까? 이 나이쯤 되면 남

의 시선은 신경 쓰지 않고 살 수 있을 거라 생각하지만, 여전히 타인과 습관적으로 비교하는 자신을 발견하곤 한다.

"저는 안 그러려고 하는데, 또래 엄마들하고 있으면 나도 모르게 비교하게 돼요. 저 집은 아파트 몇 평에 사는지, 차는 뭔지, 아이 사교육은 뭘 시키는지, 가족 여행을 국내로 가는지 해외로 가는지, 심지어 남편이 얼마나 젊어 보이는지까지도요."

이 책을 쓰면서 만난 40대 기혼 여성들이 들려준 고민이다. 집, 차, 아이 사교육, 여행, 남편 외모…. 속사정까지 알 순 없지만 겉으로 드러나는 것으로라도 서로의 등수를 매기고 나의 등수를 가늠해본다. 그러다 보니 마음이 힘든 날이 많다.

비교를 재해석하는 법

의지와 상관없이 자꾸 남과 비교하게 되는 이유 역시 마흔에 대한 고정관념 때문이다. 30대에는 40대가 되면 삶이 안정되고 모든 면에서 정점을 찍을 거라 생각한다. 40대에 받는 인생 성적표가 평생 나의 미래를 보장해줄 거라고 믿으니까. 그러나 60이 되어보니 알겠다. 비교가 얼마나 부질없는 시간 낭비였는지.

30대 때 나는 동창회에 나갔다 하면 화가 나서 돌아왔다. 나중에 알고 보니 나뿐만 아니라 친구들도 다 그랬단다. 나보다 잘난 친구들은 항상 눈에 띄기 마련이니까. 나보다 돈 잘 버는 애, 대단한 집안으로 시집간 애, 나보다 젊어 보이고 예쁜 애…. 앞에서는 다들 웃었지만 각자 집에 돌아가서는 하나같이 열등감에 시달렸다.

재미있는 건 30년이 지난 지금은 완전히 달라졌다는 점이다. 동창회에 다녀오면 모두 기분이 좋아진다. 서로가 그렇게 짠하고 불쌍할 수가 없다. 인생의 희로애락을 몇 바퀴쯤 돌고 나면 자랑하고 비교하는 게 아무 의미가 없다는 것을 저절로 알게 된다. 살아보니 나와 남편, 부모님과 시댁, 아이까지 각자의 희로애락이 동시에 돌아간다. 나의 의지와 상관없이 불행이라 믿었던 것이 행복으로 바뀌고, 행복이라 믿었던 일이 하루아침에 불행이 되기도 한다.

학창 시절 수재라고 소문났던 친구 아들은 해외 유학까지 다녀왔는데 취업이 되지 않아 아직도 백수로 지낸다. 엄청난 부잣집으로 시집가 결혼식 때 친구들의 부러움을 한몸에 받았던 친구는 시댁이 망하는 바람에 지금도 빚을 갚느라 허덕인다. 남편이 고위직 공무원이라고 늘 자랑하던 친구는 남편이 은퇴한 이후 각자 서울과 강원도에 떨어져 산다. 알고 보니 오랫동안 사이가 안 좋았다고 한다.

그래서 요즘은 친구들을 만나면 자녀 이야기는 절대 하지 않는다. 이제는 '아이 실력'을 '내 실력'으로 가져오지 않는다. 무슨 일을 하는지도 묻지 않는다. 은퇴하고 산에 가는 친구들이 반이라서. 부부 사이도 묻지 않는 것이 예의다. 이혼했거나 따로 사는 친구들이 워낙 많아서다. 그저 맛있는 음식을 먹으면서 또 먹는 이야기를 한다. "너

요즘 건강식품 뭐 먹니?", "이거 먹으니 좋아지더라, 너도 한번 먹어 봐" 하며 건강을 챙기고 아프지 말자며 서로의 등을 토닥여준다.

이제는 서로 눈빛만 봐도 안다. 누구나 인생에서 부족하고 못나고 아픈 짐을 몇 개씩 안고 살아간다는 사실을. 그럼에도 꿋꿋이 버티며 하루하루를 살아내는 친구들이 자랑스럽고 안쓰러워 서로 진심으로 격려만 해준다.

그러고 보면 진정한 동창회는 60대부터가 아닌가 싶다. 인생 경험이 많지 않은 30대까지는 이런 이치가 잘 와닿지 않는다. 평생 지금처럼 살 것 같은 착각에 자꾸 빠지기 때문이다. 그러나 인생의 희노애락이 본격적으로 몰아치는 시기는 40대부터다. 그때부터 본격적으로 망하고, 아이들이 제대로 사고를 치고, 부부 사이가 틀어지고, 부모님이 아프기 시작한다. 아직 인생 전반전도 끝나지 않았는데 본 게임에 들어가기도 전에 서로의 대차대조표 보면서 비교하는 게 큰 의미가 없다는 얘기다.

물론 머리로는 알지만 마음속에서 시시때때로 올라오는 열등감을 막기 어려울 수 있다. 그럴 땐 어떻게 해야 할까? 비교를 '재해석'하는 것이 중요하다. 비교하는 것과 비교 때문에 상처를 받는 것은 완전히 다른 문제이기 때문이다. 나는 대단한 사람들을 보며 비교하는 마음이 불쑥 올라올 때마다 이렇게 해석한다.

'인생에 지상이 있으면 지하도 있는 법이다. 가족이 네 명이면 그들 중 누구는 꼭대기에 있고 누구는 밑바닥에 있는 법이다. 사람들은

자신의 꼭대기만 들고 나오지 바닥은 잘 안 보여준다.'

여기에 비교의 함정이 있다. 남의 꼭대기만 보고 비교를 한다는 것이다. 누구나 자신의 바닥은 좀처럼 보여주지 않는다. 그래서 자기 바닥은 자기만 안다. 비교는 자신만 아는 바닥과 타인이 보여주는 꼭대기와의 대화다. 여기서 우리가 놓치는 것은 상대도 역시 나와 같다는 것이다. 그래서 기나긴 인생의 여정과 사건의 다양성을 놓고 보면 비교는 참으로 부질없는 게임이다.

─────────── 그 사람도 자기만의 밑바닥이 있음을

우리 회사에 나와 오랫동안 함께 일한 임원이 있다. 내가 보기에 충분히 잘 살고 있는 친구인데, 어느 날 자기 또래의 어느 전문가를 만나고 오더니 이렇게 말했다.

"대표님. 그 사람은 저랑 같은 나이에 어쩜 저렇게 많은 걸 이룬 거죠? 저는 도대체 뭘 했는지 모르겠어요."

시무룩해진 그에게 나는 이렇게 말해줬다.

"너는 너의 꼭대기가 있잖아. 다른 사람들이 너의 꼭대기를 보게 되면 오히려 부러워할걸. 그 대신 너도 너의 밑바닥을 알잖아. 그것 때문에 괴로워하듯이 그 사람도 자기만의 밑바닥이 있어. 남의 꼭대기와 싸우지 말고 너의 밑바닥과 싸워. 네 것에 집중해."

누구나 바닥은
좀처럼 보여주지 않는다.
그러니 비교란
참으로 부질없는 게임이다.

이제는 크게 성공한 사람들을 만날 때마다 그들이 저 높은 꼭대기까지 오르기 위해 얼마나 치열하게 자신의 바닥과 싸웠을지가 보인다. 비교하는 감정이 들기는커녕 그가 이룬 결과에 박수를 보내게 된다. 누구든 꼭대기까지 올라가기 위해 쏟은 숨은 노력을 존경받아 마땅하다. 그렇다면 나만의 밑바닥과 싸우고 있는 나 자신도 마땅히 자랑스러워해야 하지 않을까.

우리 모두에겐 저마다 잘하는 종목이 있고, 마이너스 100점부터 플러스 100점까지 점수도 골고루 가지고 있다. 마이너스에서 시작해 10년 전, 5년 전보다 더 나아지고 있는 내가 내 안에 있다. 남과 비교하느라 나에게 상처 주지 말고 이만큼 살아낸 나를 칭찬하고 스스로를 존경하자. 다른 사람의 꼭대기를 향해 있던 시선이 나 자신으로 향하고 있다면, 나의 못남과 부족함을 따스히 안아주고 격려할 수 있다면, 어른이 되고 있다는 증거다.

스스로 내는 상처가 더 아프다

나는 친구들보다 늦게 집을 샀다. 40대 중반이 되어서야 대출을 왕창 받아 겨우 내 집 한 채를 마련할 수 있었다. 집을 사기 전 어느 명절, 고향 증평에 온 가족이 모인 날이었다. 명절은 그야말로 비교 대잔치가 벌어지는 날이 아닌가. 하필 막냇동생이 집을 샀다고 말하자, 그

나를 단단하게 만드는   91
마음가짐

말을 들은 아버지가 나를 보더니 이렇게 말씀하셨다.

"미경아, 너는 그렇게 강의도 열심히 다니고 맞벌이도 하면서 왜 여즉 집을 못 산겨?"

그 말을 듣는데 성질이 확 났다. 죽을힘을 다해 열심히 살고 있는데 왜 나는 돈이 없지? 이 나이 먹도록 왜 집도 못 샀지? 집 하나만 놓고 보면 나는 한참 뒤처진 사람이었다. 그날 밤, 집에 돌아와 노트를 펴고 여태껏 집을 못 산 대신 내가 뭘 하면서 살아왔는지 적었다.

강의 열심히 다님
아이 셋 맡기느라 육아 도우미 비용 엄청 씀
책 엄청 많이 삼
자기계발에 투자함
유명 강사가 되었음

쓰다 쓰다 나중에는 유치한 것도 적었다.

우리 집안에서 TV에 출연하는 사람은 나밖에 없음

쓰다 보니 화는 눈 녹듯 사라지고 내가 정말 큰일을 했다는 생각이 들었다. 그리고 아차 싶었다. '아깐 왜 한마디도 못 하고 혼자 씩 씩거렸지!' 나는 '집 대신 내가 이룬 것들' 목록을 모조리 외워버리기로 했다. 누가 "너는 여태 집도 안 사고 뭐 했니?" 하고 훅 치고 들어오면 자동으로 대답할 수 있도록!

　누구도 나 대신 나를 지켜주지 않는다. 나는 내가 지켜야 한다. 내가 이룬 비교 불가한 가치로 스스로 당당해야 한다. 가끔 누군가 함부로 나를 비교하거나 스스로 비교하는 생각이 들 때를 대비해 내가 뭘 하고 살았는지 노트에 쓰고 머리로 외우고 입으로 말해보기를 추천한다. 내가 오랜 시간 해보니 아주 효과가 좋다.

　비교는 '상처의 힌트' 같은 것이다. 남이 살짝 던진 힌트를 가지고 나에게 상처를 입히는 사람은 바로 나 자신이다. 남이 주는 상처보다 내가 스스로 내는 상처가 훨씬 더 아픈 법이다. 남이 준 상처 때문에 우울한 것이 아니라, 남이 던진 말을 받아 내가 나에게 반복하기 때문에 우울한 것이다. '맞아, 난 왜 여태 집이 없지? 지금까지 뭐 하고 산 거지?' 남이 던진 상처의 힌트가 내 하루를 망치고, 과거를 부정하게 만들고, 미래를 무력하게 만든다.

　살다 보면 여기저기서 상처의 힌트들이 들려온다. 하지만 귀를 막을 순 없어도 더 좋은 소리를 들려줄 수는 있다. '난 정말 대단해', '잘했어', '너 정말 잘 살아온 거야.' 주문처럼 외우고 나 자신에게 들려줘야 나를 단단히 지켜낼 수 있다.

부러운 마음은 딱 10분만

요즘 나는 영어를 잘하는 사람이 가장 부럽다. 대학 졸업 후 유학을 가고 싶었는데 일하고 결혼하고 아이 셋을 키우느라 실행에 옮기지 못했다. 아직도 나에게는 혼자 미국으로 유학을 가서 공부하겠다는 목표가 있다. 그리고 영어 잘하는 사람을 부러워하는 마음으로 50대 후반부터 영어 공부를 시작했다. 영어 잘하는 사람을 향한 나의 부러움은 착한 소망이고 건강한 감정이다.

남과 비교하면서 나를 '비교 지옥'으로 몰고 갈 것인가, '성장 기회'로 삼을 것인가는 전적으로 나의 선택에 달려 있다. 흔히들 '부러우면 진다'라고 얘기하는데, 반은 맞고 반은 틀렸다. 부러우면 지는 것이 아니라 질 때까지 부러워만 하는 것이 진짜 지는 것이다. 부러운 마음은 딱 10분만. 그 후로는 '나도 해봐야지'가 되어야 건강한 사람이다.

아직도 20~30대 때처럼 남들과 비교하면서 질투, 자책, 우울로 치달을 것인가, 아니면 나를 성장시킬 기회로 삼을 것인가.

'부러우면 이긴다.' 내가 스스로에게 늘 하는 말이다. 당신도 이 말을 스스로에게 자주 들려주길 바란다.

마음이
크는 나이,

마흔

*

우리 회사 본부장이자 나와 14년을 함께 일한 제나는 평소에 감정을 드러내는 사람이 아니다. 예전에는 내가 신나게 새로운 아이디어를 얘기하면 마음에 안 들어도 일단 내 기분에 최대한 맞춰주고 나중에 왜 아닌지 그 이유를 차분하게 설명하곤 했다.

　그런데 요즘 제나가 달라졌다. 내 앞에서 자꾸 한숨을 쉬질 않나, 표정에서도 불편한 기색을 숨기지 않는다. 그래도 명색이 회사 대표인데 시시콜콜한 부분까지 잔소리하기가 치사해서 참고 있었다. 그런데 어느 날 제나가 이실직고를 했다. 나 말고, 마음 치유 전문가이자 작가인 신기율 선생님 앞에서.

　"선생님, 제가 요즘 교만해진 것 같아요. 마흔이 넘으면서부터 누가 저한테 이래라저래라 하는 말 자체가 듣기 싫어요. 대표님께 특별히 불만이 있는 건 아닌데 다 제 마음대로 하고 싶고 간섭받는 게 싫어요. 왜 그런 걸까요?"

신기율 선생님과 셋이 함께 차를 마시는데 제나가 내 눈치를 슬쩍 보며 물었다. 그러자 신 선생님이 웃으며 말씀하셨다.

"제나가 교만해서가 아니라 40대가 넘으면 일어나는 자연스러운 현상이에요. 저는 그런 현상을 '마음이 큰다'라고 표현하는데, 제나 마음이 크는 중인 거죠.

사람은 살면서 두 번 마음이 커요. 사춘기가 첫 번째예요. 성장하는 몸을 마음이 받쳐줘야 하니 그때 한번 훌쩍 크죠. 두 번째가 바로 마흔이에요. 나이 들어가는 몸을 마음이 감당해야 하니까요. 나의 늙어감을 지혜롭게 받아들이고 인생 후반전을 준비할 수 있을 정도로 성숙해지는 과정이에요. 진정한 어른의 마음이 되어가는 거죠. 마음이 어른이 됐는데 남한테 간섭받는 게 좋을 리 있나요? 당연한 거예요."

신 선생님의 말을 듣고 보니 제나의 요즘 수상한 태도가 이해되었다.

더는 이렇게 살고 싶지 않아서

돌이켜 보면 나도 그 무렵 그랬던 것 같다. 강의를 시작한 지 얼마 되지 않았던 30대 초보 강사 시절, 내 주위에는 나에 대해 이러쿵저러쿵 평가하고 이래라저래라 하던 고객님들이 제법 많았다. 마흔이 되자 더 이상 그렇게 살고 싶지 않았다. 평소에도 욱하는 편이긴 했지만 내 마음대로 되지 않는 현실을 마주할 때마다 분노가 치솟았다.

그런데 폭풍 같은 감정이 걷히고 나자 분노 아래에서 꿈틀대고 있던 진짜 마음이 드러났다. 퍼스트 라이프가 끝을 향해가는 마흔부터는 누가 불러줘야만 출강하는 강사로는 더 이상 일하고 싶지 않았다. 나만의 새로운 판을 만들고 그 판을 주도하고 싶다는 강력한 소망이 내 가슴을 뛰게 했다. 결국 마음이 시키는 대로 나는 40대 초반에 회사를 꾸리고 내가 강의하고 싶은 교육 프로그램을 만들어 론칭했다.

아마 최근의 제나도 당시의 나와 비슷한 마음이지 않을까. 스스로 교만하다는 생각이 들 정도로 일상에서 짜증과 반발심이 생기는 것은 일종의 신호다. 마음이 크면서 '더는 이렇게 살고 싶지 않다'는 시그널도 강력해지는 것이다.

사람은 성장할 때 소리를 낸다. 몸이 자라는 사춘기 시절 아이들이 온갖 시끄러운 소리를 내는 것처럼, 마음이 크는 마흔의 사춘기에도 소리를 낸다.

첫 번째 사춘기 때 우리는 어린 시절 하지 못했던 질문을 한꺼번에 쏟아낸다. '나는 누구예요?', '나를 왜 낳았어요?', '난 어떻게 살아야 해요?' 이 질문들에 스스로 답하기 위해 거칠게 방문을 걸어 잠근다.

두 번째 사춘기도 마찬가지다. 성인이 된 후 20여 년간 우리는 대학, 직장, 독립, 결혼을 거치며 새로운 시공간에 들어가 적응하느라 스스로에게 질문할 시간조차 없이 바쁘게 살아간다. 20년이 하나의 마디처럼 훌쩍 지난다. 그러다 마음이 자라는 마흔이 되면 첫 번째 사춘기 시절 못지않게 흔들리고 방황하는 것이다.

10~30대는 단체전에 익숙하다. 10대까지는 가족이라는 단체에 기대 살았고, 20대부터는 대학과 직장이라는 단체에 들어가기 위해 애를 썼다. 30대에는 결혼 생활과 직장 생활이라는 단체전에 적응하느라 치열하게 살았다. 단체전에 필요한 사람이 되기 위해 노력하면서, 오랫동안 나를 필요로 하는 사람들에게 둘러싸이다 보면 내가 분해되고 마음의 에너지가 바닥나는 시기가 필연적으로 찾아온다. 배치된 자리는 역할과 책임과 연결되어 있어서 쉽게 빠져나올 수도 없다.

그런 상황에서 우리는 마음이 커지는 나이, 마흔을 맞이한다. 마음이 커지면 감정도 함께 커진다. 별것 아닌 짜증이 커지고 우울감도 크게 증폭된다. 이럴 때 성품이 강한 사람들은 나처럼 분노로 표출하고, 내향적인 사람들은 한숨과 우울감으로 표현하는 경우가 많다.

내가 만난 40대들이 가장 자주 언급한 감정도 바로 '우울'이었다.

지금 우울하다는 것은,
내가 나약해졌다는 것이 아니다.

인생에서 너무나 중요한 질문을 하느라
내 마음이 한창 크는 중이라는 뜻이다.

우울증으로 오랫동안 고생한 사람들이 의외로 많았다. 각자의 힘겨운 사연은 다 다르지만 마지막은 항상 비슷한 문장으로 끝난다.

"가족을 위해 열심히 살았는데 정작 내가 없어진 것 같아요."

"이렇게 사는 것이 맞는 걸까요?"

"뭘 하고 살아야 할지 모르겠어요."

"더는 이렇게 살고 싶지 않아요."

이들의 하소연은 오랫동안 미뤄두었던, 하지만 살면서 한 번쯤은 자신에게 꼭 물었어야 할 질문이었다.

죽어도 못 할 일은 없다

스스로를 망치려고 우울증에 걸리는 것이 아니다. 세컨드 라이프부터는 정말 나답게 잘 살기 위해 요란한 소리를 내며 자신의 내면을 갈아엎는 중인 거다. 특히나 에너지가 강한 사람에겐 우울증도 세게 온다. 자신의 약점과 문제점에 무섭게 몰입하기 때문이다. 하지만 그런 사람들일수록 솔루션을 찾으면 엄청난 속도와 열정으로 자신의 틀을 깨고 새로운 인생을 살기도 한다.

내가 만난 크리에이터 나나 님이 그랬다. 장녀인 나나 님은 어린 시절부터 삶이 고단했던 어머니와 병약했던 아버지를 대신해 가장의 역할을 해야만 했다. 그녀는 실용음악 입시 아카데미를 운영하며 동생들을 유학 보내고 결혼을 시킬 때까지 맏이의 역할을 내려놓지 못했다. 자신을 돌보지 않고 책임감으로만 살던 어느 날, 아버지가 의료사고로 갑자기 세상을 떠났다. 그 상황에서마저 여동생과 어머니를 챙겨야 한다는 생각에, 그녀는 마음껏 울지도 못하고 무능력한 스스로를 원망했다.

"하필 그때 코로나로 경제적으로도 어려워져서 숨조차 쉴 수 없는 상황이었어요. 아버지가 돌아가신 날에도 수시 전형을 준비하는 학생들을 상대로 수업을 했거든요. 1시간 수업하고 1시간 울면서 고통스러운 시간을 버텼어요. 결국 오랜 스트레스와 긴장감 때문인지 우울증과 공황장애가 한꺼번에 오더라고요."

힘든 시간을 겪고서야 나나 님은 비로소 자신의 삶에서 우선순위에 두어야 할 일이 무엇인지 깨달았다고 했다.

'그 누구도 아닌 나를 먼저 돌보는 것!'

오랫동안 미뤘던 그 일을 하기 위해 나나 님이 가장 먼저 시작한 것이 바로 새벽 기상이었다. 카카오톡 메신저조차 쓰지 않는 완벽한 아날로그 인간이었던 그녀에게는 오픈 채팅방에 들어가 사람들과 소통하는 것 자체도 쉽지 않았다. 하지만 포기하지 않고 5개월 동안 새벽 기상을 지속하면서 자신의 삶을 객관적으로 바라볼 수 있는 마음의 여유가 생겼고, 서로를 응원하고 칭찬하는 사람들로부터 받는 긍정적인 에너지가 그녀를 서서히 변화시켰다.

익숙한 패턴에서 벗어나려면 새로운 분야에 도전해야겠다는 생각

나를 단단하게 만드는 마음가짐

에 디지털 드로잉을 시작했고, 이 선택은 그녀의 인생을 바꿔놓았다. 몇 달 뒤, 나나 님이 직접 만든 작품이 국내 최대 NFT 공모전에 당선된 것이다. 나나 님은 상금 전액을 이주 여성과 미혼모를 위한 장학금으로 기부했다. 이를 계기로 강의 요청까지 받게 되었고, 강의를 통해 '나나랜드 힐링아트'라는 200여 명의 커뮤니티가 탄생했다. 새벽 기상을 시작한 지 1년도 되지 않아 그녀가 해낸 일들이다. 온라인 메신저조차 쓰지 않던 사람이 NFT 크리에이터이자 커뮤니티 리더로서 새로운 인생을 시작한 것이다.

지금 우울감으로 사는 것이 힘겹다면, 그것은 내 멘탈이 약해서가 아니다. 지금 내 마음이 크는 중이고, 인생에서 너무나 중요한 질문을 하는 중이라고 믿자. 우울이라는 감정을 조금만 걷어내면 그 질문이 선명하게 보일 것이다. 지금 많이 우울하다는 것은 내 안에 잠재된 에너지가 그만큼 강력하다는 반증이다. '에너지의 방향만 돌릴 수 있다면 나는 무엇이든 해낼 수 있는 사람'이라고 믿어보자.

"마음이 크고 어른이 된다는 것은 새로운 가능성이 열린다는 뜻이에요. 어렸을 때는 불가능했던 일도 어른이 되면 해낼 수 있는 게 많잖아요. 실제로 '나는 이건 죽어도 못 할 거야'라고 생각했던 일들이 어느 순간 자연스럽게 가능해지는 경우가 꽤 있어요. 마음을 열고 뭔가 시도하기에 마흔은 너무 좋은 시기죠. 이 기회를 놓치지 마세요."

신기율 선생님의 따뜻한 이야기를 들으며 제나의 얼굴이 한결 편안해 보였다.

조금 우울해도 괜찮다. 마음을 활짝 열고 내 우울의 끝자락까지 따라가보자. 거기에 당신이 진정 원하는 삶이 기다리고 있을 테니.

아이를
대하듯

나를 대하라

*

"저, 답을 찾았어요!"

제나가 밥을 먹다 말고 뜬금없이 말했다. 간섭하는 게 싫대서 물어보고 싶은 게 있어도 꾹 참는 중인데, 밑도 끝도 없이 뭘 찾았다는 걸까.

"지난번에 신 선생님이 마흔이 되면 마음이 크고 어른이 된다고 하셨잖아요. 그러려면 내 안에서 자라고 있는 마음과 소통을 잘해야 하는데, 그게 좀 막막한 거예요. 보이지 않는 내 마음과 대화하는 게 어색하고, 물어도 대답이 금방금방 안 나오고… 사는 게 바빠서 질문하는 것도 자꾸 잊어버리고요. 왜 그럴까 고민이었는데, 며칠 전 대표님 강의를 보다가 답을 찾았어요."

"응? 그게 뭔데?"

"'아이를 대하듯이 나를 대하라'고 하신 말씀이요."

며칠 전 강의에서 그런 얘기를 하긴 했다. 나를 키우는 것은 아이를 키우는 것과 다르지 않다는 내용이었다. 서른 살 무렵, 나는 아이만 기를 것이 아니라 나를 길러봐야겠다는 생각을 처음 했던 것 같다. 그리고 마치 아이를 키우듯 나 자신에게 본격적으로 몰입하고 집중했다.

엄마들은 어린아이를 키울 때 본능적으로 놀라운 집중력을 발휘한다. 엄마들끼리 수다를 떨면서도 아이가 넘어질까 싶어 시선을 떼지 않는다. 아이가 말은 안 하는데 뭔가 불편해하면 귀신같이 알아차린다. 관심과 애정이 많은 만큼 계속 말을 걸고 칭찬도 아끼지 않는다.

어른인 나를 키우는 방법도 마찬가지다. 결국 사람을 키우는 일인 만큼 들이는 노력과 정성은 크게 다르지 않다. 아이를 키울 때처럼 고도의 집중력과 애정, 시간을 쏟아야 한다. 그만큼 나를 키우는 것은 쉬운 일이 아니다.

"저는 아이는 없지만 아이가 있다면 매일 밥은 먹었니, 친구들과 재미있게 놀았니, 내일은 뭘 하고 싶니? 끊임없이 물어봤을 거예요. 관심을 주는 거죠. 잘한 게 있으면 칭찬해주고, 의기소침해 있으면 괜찮다고 말해주고요. 그런데 저한테는 그 정도의 노력조차 안 했더라고요. 못한 것만 지적하고, 매일 화만 내고, 하고 싶은 말을 들어주

나를 단단하게 만드는   105
마음가짐

지도 않았어요. 말하자면 오랫동안 저를 '방치'한 거죠."

─────────── ## 더 이상 나를 방치하지 않겠습니다

제나는 평소에 남의 얘기를 잘 들어주는 사람이다. 웬만하면 상대에게 양보하고 부탁하면 거절하는 법이 없었다. 다른 사람들과는 워낙 대화를 잘해 이런 고민이 있을 줄 몰랐는데, 의외였다.

그러나 타인을 대하는 실력이 나를 대하는 실력과 꼭 일치하는 것은 아니다. 우리는 타인을 대하는 법은 어렸을 때부터 귀에 못이 박히도록 배웠다. '동생에게 양보해라', '다른 사람들을 먼저 배려해라', '공감을 잘 못하면 인간관계에 문제가 생긴다' 등등 수많은 지적과 충고를 듣는다. 그러다 보니 타인과의 소통 능력은 어느 정도 훈련이 되는데, 정작 마흔이 될 때까지 자신과 어떻게 소통할지 모르는 사람들이 많다. 책임감으로 타인을 이해하고 공감하느라 시간과 에너지를 다 써서 정작 가장 중요한 자신을 돌보지 못하는 것이다.

자신이 바쁘고 힘들다고 아이에게 며칠 동안 한마디도 하지 않고 방치하는 엄마는 없다. 뭔가 잘했을 때는 무관심하고, 못했을 때 혹독하게 야단만 치는 엄마는 부모 노릇을 잘못하고 있는 것이다. 비난받는 아이, 자책하는 아이는 어떤 꿈도 꾸지 못한다.

그런데 우리는 스스로에게 이런 모진 행동을 아무렇지 않게 한다.

사는 게 바쁘다는 이유로 나 자신에게 최소한의 안부도 묻지 않고 살아간다. 요즘 마음은 괜찮은지, 왜 자꾸 이유 없이 우울한지 묻지 않는다. 힘겨운 나를 위로하는 데는 넷플릭스가 싸고 편하다. 뭔가 힘든 일이 벌어지면 그제서야 물어보지만 마음이 하는 말을 딱히 귀담아 듣지도 않는다. 만약 부모와 자녀 관계가 이렇다면 같이 있는 것만으로 얼마나 숨 막히고 어색할까. 사춘기 아이라면 열 번은 더 비뚤어졌을 것이다.

마흔 살 먹은 어른도 다르지 않다. 오랫동안 나를 방치했으니 나와 대화하는 것이 어색하고 스스로에게 물어도 쓸 만한 대답을 못 듣는 것이 당연하다. 그렇다고 마음을 제대로 키우지 않으면 작은 외풍에도 쉴 새 없이 흔들릴 수밖에 없다. 내가 대답을 못 하니 자꾸 다른 사람에게 물어야 하고, 불행이 닥쳤을 때 나를 위로하거나 일으켜 세울 수 없다.

마흔이 넘어서까지 누군가의 공감과 위로에 의존하는 것은 서글픈 일이다. 남을 위로하고 공감하느라 에너지를 다 써버려 정작 자기를 일으켜 세우지 못하는 사람은 결국 위로해준 대상을 원망하게 된다.

'내가 너한테 어떻게 했는데 이럴 수 있어?'

'내가 나로 살지 못한 게 누구 때문인데?'

그런데 따지고 보면 이게 누구의 책임일까? 나를 배려하지 못한 그 사람의 잘못일까. 아니면 스스로에게 의무를 다하지 않은 내 책임일까? 가까운 사람이라도 나를 일으켜줄 '의무'는 없다. 서운할 순 있겠지만 그것이 그의 '책임'은 아니다. 어른이 된 나를 위로하고 다시 일으켜줄 책임을 가진 사람은 세상에 '나'밖에 없다.

내 안의 어린아이를 보살피는 법

마음이 어른이 된다는 것은 내가 힘들 때 스스로를 보살피고 일으킬 수 있을 정도로 크고 단단해진다는 것이다. 그러기 위해 우리는 지금이라도 내 안에 있는 진짜 나, '리얼 미'를 아이처럼 키워야 한다. 주변에 쏟았던 시간과 에너지를 나에게로 가져와 스스로를 돌보고 속 깊은 대화를 시작해야 한다. 남에게 들이는 노력의 반만 나에게 쏟아도 삶이 훨씬 더 풍요로워질 것이다.

진짜 나와 대화하는 것이 어색하다면 글로 적어보는 방법도 괜찮다. 마음이 똑똑한 사람들은 자신과 대화하는 최적의 방법을 스스로 찾아낸다.

내가 만난 소윤 님도 그런 사람 중 하나다. 그녀는 몇 년 전까지만 해도 대치동에서 잘나가는 영어 강사였다. 업계에서 레전드라 불릴 정도로 강의 콘텐츠 개발부터 학생 관리, 운영까지 완벽하게 해냈고, 학원이 신규 지점을 오픈할 때마다 최고 실적을 기록했다. 그러나 죽어라 일만 했던 소윤 님은 어느 순간 지쳐갔다. 내가 오롯이 모든 것을 책임지는 삶을 멈추고 나를 책임져줄 누군가에게 의지하고 싶은 마음이 커졌다. 그때 조건에 딱 맞는 남자가 나타났고, 그녀는 아버지의 격렬한 반대를 무릅쓰고 결혼했다.

그러나 아버지의 반대에는 그럴 만한 이유가 있었다. 소윤 님의 결혼 생활은 처음부터 순탄치 않았다. 설상가상으로 아버지마저 폐암 말기 판정을 받았다. 1년여의 투병 끝에 사랑하던 아버지가 돌아가시고 얼마 지나지 않아, 그녀의 결혼 생활도 완전히 끝났다. 그녀는 만신창이가 된 몸과 마음을 이끌고 동생이 있는 부산으로 향했다. 자신 때문에 아버지가 돌아가셨다는 죄책감과 스스로에 대한 실망감으로 그녀의 삶은 피폐해졌다. 그때 소윤 님이 가진 건 시간밖에 없었다. 이유도 없이 수시로 흘러내리는 눈물 때문에 그녀는 하루 종일 바닷가를 걷곤 했다. 그러다 처음으로 자신과의 대화를 시작했다. 너무나 지혜로웠고 자신을 사랑해주셨던 아버지를 통해.

"바닷가를 걸으면서 계속 하늘에 계신 아빠한테 물었어요. 아빠, 앞으로 나는 어떻게 살아야 할까? 나는 이렇게 생각하는데 아빠 생각은 어때? 그렇게 오랫동안 아빠와 대화하면서 마음속 응어리들이 많이 풀어졌던 것 같아요. 저와 대화를 해본 적이 별로 없어서 대신 아빠에게 물었지만 사실은 제 자신과 대화했던 거죠."

소윤 님의 두 번째 대화법은 '책 속에 생각 적기'였다. '평생 읽어야 할 단 한 권의 책이 있다면 뭘까'를 고민하다가 내가 MKTV에서 추천한 《1일 1강 논어 강독》을 골랐다고 한다. 그리고 매일 한 구절씩 읽으며 마음에 드는 구절에 밑줄을 긋고 책의 여백에 떠오른 생각을 적기 시작했다. 처음에는 한 줄을 쓰는 것도 힘들었지만 1년간 계속하자 글의 양이 달라졌다. 글을 써가며 그녀는 삶의 태도, 인간관계 등 인생의 많은 부분을 성찰했고, 앞으로 자신에게 부끄럽지 않은 삶을 살자고 다짐했다. 그러자 말투도 차츰 달라졌다. 남을 가르치는 딱딱한 강사 말투에서 남을 배려하는 따뜻하고 부드러운 말투로 바뀐 것이다.

마지막으로 소윤 님이 자신과의 대화법으로 선택한 것은 '한 줄 일기'였다. 매일 일과를 마치고 나면 스스로에게 늘 안부를 묻고 칭찬과 격려의 한마디를 건넸다.

'나 자신을 사랑하고 아끼고 보살펴주자.'

'묵묵히 걸어가자… 반드시 이 길의 끝에 또 다른 내가 기다리고 있을 거야.'

'오늘은 너에게 100점을 줄게. 잘했어.'

마치 엄마가 아이에게 얘기하듯, 스스로를 매일 끊임없이 격려하고 일으켜 세웠다. 그 덕분일까? 얼마 전에 만난 소윤 님의 표정은 너무나 편안하고 따뜻했다. 인생에서 가장 행복한 시절이 잘나가던 강사 시절이 아닌, 바로 지금이라고 했다.

최선의 답은 나만이 안다

1년간 자신에게 온전히 집중하며 스스로를 치유한 그녀는 앞으로도 자신과 잘 지내며 씩씩하게 인생을 살아갈 것이다. 나는 그녀가 1년 간 한 일은 '내 안에 숨어 있던 나를 찾아 아이처럼 보살피는 연습'이 었다는 생각이 들었다.

내 마음이라는 실체 없는 대상과 '어떻게 살 것인가' 같은 철학적 인 주제로 대화하는 것은 쉬운 일이 아니다. 소윤 님은 지난 1년간 아 버지와 대화하고, 고전과 대화하고, 일기를 통해 자신과 대화하는 연 습을 했던 것이다. 그녀는 자신 안에 아버지처럼 대화를 나눌 수 있 는 존재가 있다는 것을 알게 되었다. 그래서 더 좋은 대답을 얻기 위 해 스스로 논어를 공부했고, 이를 통해 얻은 보석 같은 깨달음들을 일기로 써 내려갔다. 스스로를 '아이'처럼 돌보고 보살핀 덕분에, 소 윤 님은 이제 진짜 '어른'이 되어가고 있다.

우리 안에는 반드시 보살펴야 할 저마다의 아이가 있다. 이 아이 역시 여느 아이들처럼 제대로 돌보지 않으면 자라지 않는다. 하지만 이 아이는 나에게 가장 좋은 대답을 줄 수 있다. 잘 키우면 소울 메이 트가 되어 힘들 때, 어려운 문제를 풀어야 할 때, 우울할 때, 넘어졌을 때마다 함께 문제를 해결해나간다.

그 어떤 똑똑한 사람들보다 나를 가장 잘 알고, 나를 걱정하고, 나 에게 최선의 답이 무엇인지 알고 있는 내 안의 어린아이. 이제는 그 아이에게 시선을 돌려 소중히 대해주자. 마흔 이후 흔들리는 내 인생의 중심축을 잡아줄 최고의 내 편을 놓치지 말자.

누군가의 공감과 위로에만 의존하는 것은
서글픈 일이다.

아무리 가까운 사람이라도
나를 일으켜줄 '의무'는 없다.

나만의

인생 해석집을
만들자

*

나와 가장 오래 일한 사람, 나를 가장 잘 아는 사람이 바로 우리 회사의 부대표 에스더다. 26년 내내 기쁠 때나 힘들 때나 항상 옆에 있어준 고마운 사람이다. 얼마 전, 밤에 둘이서 맥주 한잔을 하는데 그가 말했다.

"저는 지금도 대표님을 보면 신기한 게 있어요. 사람들은 대표님이 무대에 서거나 TV에 나온 모습만 보니까 잘 모르지만 저는 다 봤잖아요. 그동안 얼마나 힘든 일들이 많았는지. 요즘은 회사를 경영하느라 과로와 스트레스도 심하고요. 보통 사람 같으면 우울증이나 공황장애가 열 번은 왔을 텐데 어떻게 버티시는지 신기해요. 엄청 힘들어하시다가도 며칠 지나면 회복하시는 것도 놀랍고요. 정말 대표님 멘탈은 보고 또 봐도 대단해요."

나를 가장 잘 아는 에스더가 이런 얘기를 하니 내가 정말 그런가 싶었다. 사람 사는 모습은 다 비슷해서 남들이 겪는 수많은 불행이 나만 비껴갈 리 없다. 얼굴이 알려진 만큼 내가 감당해야 하는 사회적 책임도 당연히 크다. 나를 사랑하는 팬들이 안티로 돌아서는 것은 찰나다.

나 역시 살아오면서 수없이 흔들렸지만 다행히 큰 탈 없이 여기까지 왔다. 오랫동안 나와 함께해준 직원들과 학생들 덕분이다. 회복탄력성도 나름 좋은 편이긴 하다. 왜 그럴까 생각해보니 나에게는 두껍고 견고한 무기가 있었다. 나는 이것을 '김미경 인생 해석집'이라고 부른다.

당연한 것들을 나답게 해석하기

신앙심이 깊은 사람들은 대체로 회복탄력성이 좋다. 지혜롭고 성스러운 역사상 최고 스승들의 말씀을 통해 인생을 재해석하기 때문이다. 지금의 불행을 '앞으로 내가 세상에 크게 쓰이기 위한 담금질'이라고 해석하기도 하고, '욕심을 멈추고 자신을 돌아보라는 채찍'이라고 받아들이기도 한다. 또는 '더 큰 불행을 막기 위한 액땜'이라고 안도하기도 한다.

수천 년간 전해 내려오는 인류의 해석집을 통해 지금의 내 상황을 스스로 이해하고 치유하는 것이다. 어떤 시련도 내가 스스로 해석하고 받아들이면 억울함과 분노, 원망 같은 감정들이 한결 가벼워진다. 그래서 나는 마음이 힘든 사람들에게 종교를 가져보라고 권한다. 내 인생의 의미를 해석해줄 무언가가 있으면 그 자체만으로 안정감이 생긴다.

그런데 정작 나는 종교와 인연이 없었다. 그래서 나는 머리가 굵은 다음부터 내 인생 하나 정도는 스스로 해석할 수 있는 '김미경 인생 해석집'을 만들기 시작했다. 만들고 싶어서 만든 게 아니라 순전히 반항심 때문이었다.

당시에는 세상이 정해준 역할 중 도무지 내 마음에 드는 게 없었다. 왜 결혼하면 여자가 살림을 책임져야 하는지, 왜 명절에 친정에 가는 걸 눈치 봐야 하는지, 왜 육아는 엄마가 전담해야 하는지. 물론 토 달지 않고 살아도 큰 문제는 없었지만 받아들이면 받아들일수록 이건 아니다 싶은 것이 한두 가지가 아니었다.

그 시절 여자들이 아무렇지 않게 "남편이 일하라고 허락해줬어요" 하면 '그게 왜 허락받을 문제지? 허락을 못 받으면 자신의 미래를 스스로 결정할 수 없다는 거야? 왜 이렇게 순순히 인생 권리를 포기하지?' 싶어 화가 났다. 30년 전 대한민국 여자의 삶은 이 정도로 문제가 많았다. 내가 태어나기도 전에 사회가 만든 룰이 내 마음에 들지 않고 나에게 이롭지도 않으니, 격렬하게 재해석할 수밖에.

나만의 인생 해석집이 없으면 남이 정해주는 대로 살 수밖에 없다. 말로는 주도적인 인생을 살고 싶다고 하지만 우리 대부분은 사회가 합의한 룰에 맞춰서 살아간다. 문제는 거기에서 조금만 벗어나면 죄책감이 들거나 불안해진다는 것이다. 아직도 많은 워킹맘이 아이를 직접 돌보지 못하는 것에 죄책감을 갖는다. 그런데 조금만 생각해보면 너무 이상하지 않은가. 아이는 부부가 같이 낳았는데 왜 직장에서 열심히 일하는 게 아빠는 자랑스럽고 엄마는 미안해야 하는가. 이렇게 하나하나 따져가며 나는 나만의 인생 지침을 하나씩 만들기 시작했다.

　　'아내가 맞벌이하길 원하면 남편도 맞밥을 해라.'

　　'부부는 서로의 꿈을 키워주는 부모다.'

　　'남편과 아이가 1순위라면 나는 0순위다.'

　　여자의 일과 삶, 꿈을 재해석하며 최대한 억울하지 않게 살려고 애썼다. 그러면서 점점 세상의 많은 '당연한 것들'을 '나답게' 재해석하기 시작했다. 무엇이 옳고 그른지부터 인간관계를 맺을 때 가장 중요한 것은 무엇인지, 내가 생각하는 행복이란 무엇인지, 내가 정의하는 성공은 무엇인지 등을 쓰기 시작했다.

　　김미경 인생 해석집에서 가장 두꺼운 챕터는 바로 '불행 편'이다. 크고 작은 사건들을 숱하게 겪으며 나는 내 삶에 닥친 불행을 수없이 재해석했다.

　　'부러진 나뭇가지는 반드시 다른 곳을 가리킨다.'

마흔 정도 되면
나에게 무엇이 성공이고 행복인지
정의할 수 있어야 한다.

'이 불행은 내 편이다.'

'죽을 만큼 힘들 때는 밥 먹고 숨만 쉬어도 된다.'

'힘들다는 건 힘이 생기고 있다는 뜻이다.'

'인생에서 벌어지는 모든 현상은 무색무취다. 그 자체로 나쁜 것도 좋은 것도 없다. 다만 내가 해석한 대로 인생에 색이 칠해질 뿐이다.'

모두 내가 몸으로 겪어내면서 만든, 가장 나다운 인생 해석이다. 이렇게 직접 만든 한 줄 한 줄의 인생 해석집은 살면서 비슷한 일이 닥쳤을 때 언제든지 다시 꺼내 쓸 수 있다. 이 세상에서 나를 가장 사랑하는 사람, 나 자신만이 줄 수 있는 해답이기에 누구의 위로와 격려보다 큰 힘이 된다.

그러니 당신도 당신만의 인생 해석집을 꼭 만들어보시길. 자신만의 해석집이 두꺼워질 때마다 불행한 일이 생겨도 예전만큼 흔들리지 않고 회복도 빨라지는 걸 확인할 수 있을 것이다.

기록하면 내가 된다

어릴 때는 인생 해석집을 만들기가 쉽지 않다. 내가 어떤 사람인지 밀도 높게 이해하고 구체적인 경험을 차곡차곡 쌓아야 나다운 한 줄 해석을 할 수 있다. 그런 면에서 마흔은 인생 해석집을 만들기에 최적의 나이이다. 마흔 정도 되면 두께의 차이는 있어도 누구나 자신만의 인생 지론을 갖게 마련이니까.

우리 회사에서 브랜딩 디렉터로 일하는 세라는 나 못지않게 회복 탄력성이 강한 사람이다. 평생 프리랜서로 일하다가 나와 맺은 인연으로 마흔에 우리 회사에서 첫 직장 생활을 시작했다. 초반에는 조직 생활에 적응하느라 스트레스가 이만저만이 아니었다. 원래 세라는 잘 웃고 잘 우는 사람이다. 감정이 풍부한 만큼 흔들리는 게 수없이 보였는데, 며칠 지나면 안정을 되찾는다. 어쩌면 저렇게 자존감이 높을까 싶어 대화를 해보니 세라에게도 자신만의 두꺼운 인생 해석집이 있었다.

"처음에는 나를 구체적으로 이해하고 싶어서 자문했던 것 같아요. 나는 왜 이렇게 청소에 집착할까? 스스로에게 질문할 땐 생각이 뾰족하지 않고 덩어리처럼 뭉툭하잖아요. 그럴 때면 청소에 대한 책이나 영화를 보면서 단서를 찾아요. 그러다 마침내 내가 언어로 표현하고 싶었던 한 문장을 찾아냈어요. '청소란 영혼의 질서를 잡는 행위다.' 그제야 청소에 집착하는 나를 이해하게 됐어요. 저는 이런 식으로 찾아낸 문장을 반드시 노트에 기록해요. 기록하면 그 한 줄은 내가 되거든요."

인생 해석집을 쓰면서 자신을 선명하게 이해하게 됐다는 그는 '행복 편' 챕터에도 자기만의 분명한 한 줄을 가지고 있었다. 세라에게 행복이란 일상을 풍요롭게 만드는 작은 기쁨이다. 좋아하는 사람들과 같이 있는 것도 즐겁지만, 방구석에서 혼자 조용히 나만의 시간을 보내는 것은 포기할 수 없는 행복이다. 그래서 세라는 끊임없이 자신을 행복하게 하는 일상의 작은 기쁨들을 만들어낸다.

싱글인 그는 아침 일찍 출근하고 5시면 칼같이 퇴근해서 혼자만의 시간을 만끽한다. 주말이면 꽃시장을 가고 좋아하는 브랜드의 신상품을 수집하고 해외 거장들의 내한 공연을 놓치지 않는다. 앞으로도 세라는 자신의 행복을 포기하지 않고, 일과 성공도 그 안에서 조율할 것이다. 그래서일까? 그는 나에게 늘 웃으며 말한다.

"저는 크게 성공하긴 어려워요."

마흔 정도 되면 최소한 나에게 무엇이 성공이고 무엇이 행복인지는 정의할 수 있어야 한다. 나만의 정의가 없으면 끊임없이 남들을 부러워하느라 결국 나답지 않은 선택을 하게 되고 무리하게 일을 벌이다 망가지기 쉽다.

살면서 가장 막막한 순간은 방향을 잃었을 때다. 자신만의 인생 해석집이 없으면 새로운 변수가 생길 때마다 이리저리 흔들리고 헤맬 수밖에 없다. 무엇보다 나 자신에게 정직하게 살 수 없다.

───────── 누구도 아닌, 나에게 정직한 사람들의 특징

오랫동안 자신에게 정직하게 살면서 자기다운 인생 해석집을 만든 사람들은 살아가는 모습이 다르다. 나다운 것과 나 아닌 것에 대한 사례와 해석들이 이미 엄청나게 누적되어 있으니 판단이 빠르고 실수가 적다. 나답지 않은 일은 금방 알아채고 단호하게 거절할 줄 안다. 그럼에도 불구하고 본인의 의지로 통제할 수 없는 상황이 오면 자신을 위한 가장 좋은 해석을 해내고야 만다. 그 선택이 자신에게 결코 상처로 남지 않도록.

누구나 몇 가지 인생 해석 문장 정도는 가지고 산다. 남들은 '개똥철학'이라 부를지 몰라도 그것이 자신을 일으켜주고 나다운 선택을 하게 만드는 문장이라면 엄연히 나만의 인생 해석집이다. 처음부터 대단할 필요는 없다. 책이나 좋아하는 위인들의 명언 중에 내 마음에 드는 지혜로운 한 줄을 가져오는 것도 좋다.

중요한 것은 머릿속에만 넣어두지 말고 노트에 한 줄이라도 직접 써봐야 한다는 것이다. 눈으로 읽고 소리 내어 말하고 손으로 써야 내 것이 된다. 지금부터 조금씩 나만의 인생 해석집을 쓰고 수정하면서 40대 이후의 삶을 준비하자. 흔들리는 마음의 방향을 잡아주는 든든한 나침반이자 가장 따뜻한 위로가 되어줄 것이다.

나를
끌어내리는 것들과

싸워라

훗날 누군가 나에게 2022년에 대해 묻는다면, 아마도 '2022년은 새벽 기상 챌린지의 해였어요' 하고 흐뭇해하지 않을까.

2022년 1월 1일 새해 벽두부터 나는 매월 1일부터 14일까지, 한 달에 14일 동안 새벽 5시에 일어나는 새벽 기상 챌린지를 진행했다. 이른바 '514 챌린지'가 그것. 혼자 일어나면 작심삼일이 될까 싶어 나와 함께 챌린지를 할 참가자들을 매달 모았다. 그 이른 새벽 시간에 유튜브로 라이브 강의도 하고 서로 새벽 기상을 인증했는데, 매일 수천 명의 참가자들이 라이브에 접속해 뜨거운 열기를 이어갔다.

그러던 어느 새벽에는 '나를 끌어내리는 것들과 싸우자'라는 주제로 강의를 준비했다. 새벽 기상 챌린지를 한다고 하면 주변에 꼭 이런 말을 하는 사람들이 있기 때문이다.

"야, 그거 며칠 한다고 뭐가 달라지냐? 그냥 살던 대로 살아."

"새벽에 일어나면 낮에 졸리기만 하고 집중력도 떨어지는데 뭐 하러 해?"

"너는 아침잠이 많아서 어차피 계속하지도 못할 거잖아."

아무리 가까운 가족이나 친구여도 모른다. 우리가 연습한 것은 새벽 기상이 아니라 매일 나를 일으키는 법이었다는 것을. 하루하루 나와의 약속을 지키며 자신에 대한 믿음을 쌓아가는 시간이 얼마나 의미 있는지 모르면서 함부로 말한다. 그래서 이런 사람들의 얘기 따위는 듣지 말고 나를 끌어내리는 모든 것과 싸우라고 새벽부터 목소리를 높였다.

참가자들의 반응은 기대 이상으로 뜨거웠다. 댓글창이 난리가 났다. 다음 날 참가자 한 분은 이런 글을 보내주셨다.

"남들이 하자는 대로, 남들이 하지 말라는 대로 살아온 저는 여태껏 남들에게 내 인생을 헐값에 넘기고 있었음을 알게 됐습니다. 나를 위한 가장 중요한 결정을 타인에게 미루며 평생을 살아왔으니 나를 끌어내리는 누군가의 말에 스스로 끌려갔다는 것을 이제야 깨닫습니다."

514 챌린지 참가자 대부분은 30~50대 여성이고 40대가 주축을 이뤘다. 마흔 정도 되면 듣기 싫은 얘기 따위는 싹 무시하고 나를 끌어내리는 것들과 잘만 싸울 것 같은데, 현실은 역시 녹록지 않다. 사

는 게 바쁘면 나와 대화하고 나를 쌓아 올릴 시간이 없다. 하지만 그냥 사는 것과 나를 하나하나 쌓아 올리며 나답게 사는 것은 다르다. 내가 나를 스스로 쌓아 올리지 않으면 남이 나를 쌓아 올리게 된다.

　오랜 시간 자신을 단단하게 쌓아 올린 사람은 눈빛부터가 다르다. 수없이 거절하고 반대하면서 자신만의 원칙을 만들고 지켜온 사람들은 어느 누구도 함부로 대하지 못한다. 반면, 사람들은 자기 인생을 주도적으로 살지 못하는 이들을 단번에 알아본다. 꼭 그런 사람에게만 함부로 참견하고 충고하고 아무렇지 않게 그들의 시간과 노력을 요구한다. 그럴 때 방어할 논리와 힘이 없으면 힘 있는 사람에게 쉽게 끌려다닌다. 어릴 때야 주변 사람들에게 쉽게 휘둘릴 수 있다지만, 마흔이 넘어서도 여전히 나를 끌어내리려는 사람들이 주변에 있다면 문제다.

가장 가까운 존재에게 상처받은 사람들

몇 년 전 강의를 통해 알게 된 지은은 39세의 초등학교 교사다. 올해 마흔이 된 지은의 자존감을 가장 무너뜨리는 사람은 다름 아닌 엄마였다.

　어렸을 때 아버지가 돌아가시면서 그녀는 엄마, 남동생과 함께 살았다. 일하는 엄마 대신 초등학생 때부터 집안 살림을 하고 동생을 돌봐야 했다. 형편이 어려우니 대학도 아르바이트를 하며 스스로의 힘으로 간신히 졸업했고, 엄마가 원하는 대로 교사가 됐다. 돈을 벌기 시작하자 생활비며 동생의 대학 등록금까지 지은이 책임졌다. 이만하면 너무나 자랑스러운 딸이건만, 엄마는 언제나 지은을 못마땅해했다. 어렸을 때부터 남동생과 비교하며 지은을 무시했던 엄마는 결국 이런 말로 딸의 마음에 대못을 박았다.

"내 친구는 딸이 돈 벌어서 이번에 아파트로 이사했다더라. 너는 돈 벌기 시작한 지 10년이 넘었는데 모아놓은 돈도 없니? 남들처럼 재테크라도 좀 하지, 그동안 뭐 했어? 내 딸이지만 정말 한심하다."

엄마는 딸에게 늘 그런 식이었다. 고맙다, 애쓴다고 말해주기는커녕 딸의 노력을 당연하게 여기며 자존감을 무너뜨리기 일쑤였다.

지은은 그런 엄마가 너무 미웠지만 혼자서 자신과 동생을 키워온 엄마의 인생이 가여워 꾹꾹 참고만 있었다. 그러나 엄마가 생각 없이 던진 말은 딸의 마음에 깊은 상처를 냈다. 지금까지 한 노력이 물거품처럼 느껴지며 깊은 우울감을 느낀 지은은, 결국 고민 끝에 가족을 떠나 독립했다. 그래도 생활비는 예전처럼 꼬박꼬박 보냈다.

다행히 혼자 지내면서 자존감도 많이 회복하고 마침 좋은 사람을 만나 결혼을 결심했다. 모아놓은 돈은 많지 않았지만 성실하고 따뜻한 사람이었다. 그러나 엄마는 매몰차게 반대했다.

"엄마가 살아보니까 남자는 무조건 돈이 있어야 해. 아니면 직장이 좋거나. 그런데 네가 데려온 남자는 둘 다 없잖아. 마흔 다 돼서 이 결혼을 도대체 왜 하려고 하니? 돈 때문에 그렇게 고생해놓고 또 고생길에 들어선다고? 너 위해서 하는 말이니까 엄마 말 들어."

그러나 지은은 이미 알아버렸다. 이 말이 딸을 위해서가 아닌 엄마 자신을 위해서 한 말이라는 걸.

"엄마는 제가 돈 없는 남자와 결혼하면 예전처럼 생활비를 못 받을까 봐 걱정했던 거예요. 딸의 행복보다 돈이 더 중요한 거죠. 제가 끝까지 결혼하겠다고 하니 결국 생활비 얘기를 꺼내시더라고요."

쓸쓸한 표정으로 말하는 지은을 보니 내 마음도 아팠다.

저렇게 철없고 이기적인 엄마가 정말 있을까 싶지만, 의외로 많다. 이런 부모 밑에서 큰 아이들은 성인이 되어도, 결혼을 하고 아이를 낳아도 여전히 과거의 상처로부터 자유롭지 못한 경우가 많다. 나를 가장 사랑해줘야 할 사람이 자꾸 나를 끌어내렸기 때문이다.

감히 그 누구도 끼어들지 못하게

'너'를 위해서라고 하지만 사실은 '본인'을 위해서 던지는 수많은 가짜 조언과 간섭들. 정도의 차이는 있지만 이런 말들을 가족 간에도 흔히 주고받는다.

맞벌이하는 아내가 직장 생활에 지쳐 회사를 쉬고 싶다고 말할 때, 남편은 힘들게 쌓은 커리어가 아깝다고 만류한다. 그러나 사실은 외벌이가 부담스럽고 싫은 것이다. 남편이 취미로 자전거 라이딩을 하고 싶다고 하면 아내는 관절도 안 좋은 사람이 다치면 어떻게 하냐고 말린다. 그러나 사실 남편이 취미 생활에 돈을 쓰는 게 싫은 것이다. 자전거를 살 돈이면 아이들 학원비에 더 보탤 수 있으니까.

실적을 두고 경쟁하는 직장에서는 말할 것도 없다. '너를 위한 충고'를 가장해 결국 자기 목적을 달성하려는 사람들이 부지기수다. 나의 시간과 노력을 함부로 가져가 이용하려고 한다. 이때 안 된다고 말하지 않으면, 내가 무엇을 원하는지 내 입으로 말하지 않으면 계속 주변 사람과 상황에 끌려다닐 수밖에 없다.

그러나 자존감이 낮은 상태일 때는 거절하는 것도 쉬운 일이 아니다. 상대가 나에게 영향을 미치고 나를 끌어내릴 정도의 힘을 가졌다면 나이나 직급, 사회적 경험이 나보다 우위에 있는 경우가 많으니까. 논리로는 도저히 당해낼 수 없는 경우도 있다. 그럴 때는 그 사람에게, 그리고 나 자신에게 일단 '우겨야' 한다.

"싫은데? 내 생각대로 할 건데?"

사춘기 아이들처럼 까칠하게 우겨도 된다. 사람들의 충고가 그럴듯해 보여도 어디까지나 딱 그 사람 수준의 조언이다. 내 안에서 진정 나를 위한 진실한 조언이 나올 때까지, 내가 나에게 첫 번째 조언자가 되어줄 때까지 기다리겠다고 선언하자. 내가 성장하겠다는데, 감히 누구도 끼어들게 두지 말자. 10년이 걸려도 내 속도대로 나답게 가겠다고 결심하자. 그래야 나다운 인생을 만드는 첫발을 내디딜 수 있다.

대신, 입으로만 우길 것이 아니라 몸으로 보여줘야 한다. 상대방이 싫어하거나 말거나 꾸준하게 지속하자. 하다 말다 하면서 상대방에게 간섭할 명분을 주면 안 된다. 특히 나와 한집에 사는 가족은 꾸준함으로 포기시키는 게 가장 좋다.

어떤 일이든 결과가 나오기까지는 시간이 꽤 걸린다. 10년이 걸릴 수도 있다. 그동안 사람들이 보기에는 내가 이룬 게 보잘것없을 것이다. 도대체 뭐 하고 다니는 거냐고, 뭐 하나 제대로 되어가는 게 있냐며 또다시 나를 끌어내릴 수 있다. 그래도 이 시간을 견뎌야 한다. 나답게 살아간다는 것은 그만큼 강단과 확신이 필요한 일이다. 타인에게 보여주려고 빨리 결과를 내는 데 집착하지 말고, 처음부터 단단히 마음먹고 내 길을 가야 한다.

살면서 한 번도 나를 나답게 쌓아 올리지 못했다면, 지금도 여전히 나를 끌어내리려는 사람들 때문에 힘들다면 이제는 제대로 싸워볼 때다. 마흔이 되었으면 한 번쯤은 어른으로서 나답게 살아봐야 하지 않을까. 내 인생에서 가장 젊은 지금 못 한다면, 앞으로는 더욱 어려울 것이다. 조금 까칠해도 좋으니 이제는 싫다고, 아니라고, 그만하라고 말해주자. 그래야 나답게 살 수 있다.

내가 성장하겠다는데,
감히 누구도 끼어들게 두지 말자.

내 공간과
시간을

반드시
확보하자

인스타그램에서 '#굿쨀월드_내책상'을 검색하면 600개가 넘는 게시물이 보인다. 514 챌린지에 참여하는 분들이 자신의 책상 사진을 찍어 올린 것이다. 이 릴레이 해시태그 쓰기는 나의 호기심에서 시작되었다. 나는 MKYU 학생들이 어디서 공부하고 꿈을 키우는지 너무 궁금했다. 결혼해서 아이를 키우는 여성들은 자신만의 공간이나 책상을 갖기가 쉽지 않기 때문이다. 그래서 '내 책상 자랑하기' 이벤트를 열었는데, 글쎄 600개가 넘는 사진과 사연들이 올라온 게 아닌가.

다행히 자신만의 방과 책상을 가진 이들도 있었지만, 엄마들은 역시 자기 공간을 확보하느라 고군분투하고 있었다. 식탁 옆 간이 테이블, 어학연수를 떠난 딸의 책상, 작은 드레스룸을 리모델링해서 만든 공부방, 침대 옆 작은 책상, 아들이 시험공부 하느라 썼던 독서실 책상, 아이들이 쓰던 뽀로로 책상….

가족들이 쓰던 책상과 공간을 물려받아 열악한 환경에서도 고군분투하는 엄마들이 참으로 대견했다. 그렇게 인스타그램을 보던 중 정성스럽게 꾸민 공간 하나가 눈에 띄었다. MKYU 학생인 베티은 님의 책상이었다.

애들과 남편 뒤치다꺼리하다 어느 날 정신을 차리고 보니 집 안에 내 공간이 하나도 없었습니다. 거실 한쪽 소파를 옮기고 내 서재… 아니 책상을 만들어버렸어요. 이곳에서 공부하니 아이들도 저를 따라 열심히 공부하고, 우울감도 나아지고 자존감도 커갑니다. 이렇게 성장하며 나아가는 삶이 참 좋습니다. 이 모든 변화가 이루어지는 곳, 바로 내 책상입니다.

사진만 봐서는 서재인 줄 알았는데 거실 한쪽에 책상을 놓고 자신만의 멋진 공간을 만든 것이다. 베티은 님의 사진을 보니, 학생들이 너무 똑똑하다는 생각이 들었다.

누구나 자기만의 책상을 가져야 한다

나는 그동안 꿈을 가진 사람은 반드시 자신을 키울 수 있는 공간, 특히 책상이 있어야 한다고 수없이 잔소리를 해왔다. 내 말을 흘려듣지 않았던 분들은 이미 예전부터 자신만의 공간을 만들고 그곳에서 성장하고 있었다. 이 공간들이 '내 책상 자랑하기'라는 이벤트를 통해 처음으로 커뮤니티 전체에 공유된 것이다.

자기 책상이 없는 분들은 자기만의 공간을 가진 사람이 이렇게나 많다는 사실에 놀랐고, 아이뿐 아니라 자신도 책상이 필요한 사람이라는 사실에 또 한 번 놀랐다. 책상을 가진 사람들 역시 책상을 만든 이후 자신에게 나타난 변화에 놀라고 있었다. 20년 전 내가 그랬던 것처럼.

나는 예전부터 나만의 공간과 책상에 유난히 집착했다. 일종의 결핍이랄까. 아무리 돈을 열심히 벌어도 내 집 안에 내 방 하나가 없다는 사실이 오랫동안 억울했다. 아이가 셋이다 보니 내 서재를 마련할 방법이 없었다. 안방에 들어가면 남편은 코를 골고, 거실로 나가면 아이들이 팔짝팔짝 뛰어다녔다.

결국 베란다에 작은 책상 하나를 두고 그곳에서 책을 읽고 공부하고 강의 연습을 했다. 겨울엔 엄청나게 추웠고 여름엔 미칠 듯이 더웠다. 그러다가 이사를 하면서 거실 한구석에 작은 앉은뱅이책상 하나를 두고 공부했는데, 겨울에 춥지 않은 것만으로도 행복했다. 그

나를 단단하게 만드는 133
마음가짐

작은 책상에서 나는 '강사 김미경'으로 다시 태어났다.

나이 50이 다 되어 조금 더 넓은 집으로 이사했지만, 그 집에도 여전히 내 공부방은 없었다. 남편은 안방에서 늘 TV를 보고 있으니 책한 권 제대로 읽기가 어려웠다. 결국 내가 갈 수 있는 곳은 옷방밖에 없었다. 옷방 한쪽에 책상을 두고 그곳을 나만의 서재로 만들었다. 집에 오면 그곳에서 책을 읽고 다이어리를 쓰며 하루를 정리했다. 한번은 제나가 우리 집에 왔다가 내 서재를 보고 깜짝 놀랐다.

"여기가 대표님 서재라고요? 아무리 청소를 해도 먼지가 너무 많아서 건강에 안 좋을 것 같은데요. 아무리 그래도 대표님인데, 제대로 된 방 하나 없다니 좀 슬프네요."

내가 제대로 된 방을 갖게 된 건 50이 훌쩍 넘어 두 아이가 독립한 이후다. 아이를 키우다 보면 어쩔 수 없이 한정된 공간을 나눠 쓸 수밖에 없다. 젊었을 때는 그게 부모의 도리이고 당연한 사랑이라고 생각했다. 그런데 시간이 지날수록 참 서글펐다.

투자하지 않는데 성장하는 사람은 없다

우리는 아이들에게 이렇게 말한다.

"너는 아무것도 하지 말고 공부만 해."

그러면서 아이들에게 모든 시간과 공간을 몰아준다. 돈도 마찬가 사람은 공간을 닮아간다.

내 공간에 100권의 책이 있다면
100권만큼 생각이 커지고,
1,000권의 책이 있다면
1,000권만큼의 세상이 내 것이 된다.

지다. 돈을 버는 부모는 용돈 30만 원으로 한 달을 사는데 열 살 아이는 학원비로 100만 원씩 쓴다. 아버지가 쓰는 돈은 소비이고 아이가 쓰는 돈은 투자다. 이 말은 곧 집안에서 성장할 사람, 투자받아야 할 사람을 아이로 한정했다는 뜻이다. 아이만 키우고 엄마 아빠는 성장을 멈추기로 작정했다는 뜻이다.

시간과 공간과 돈을 투자하지 않고 성장할 수 있는 사람은 아무도 없다. 이렇게 나를 희생하는 것이 당연한 분위기에서 10년 넘게 살다 보면 누구나 저절로 무기력해진다. 대학 때 배운 것도 잊어버리고 새로운 정보도 아이디어도 없으니 당연히 자존감도 바닥을 칠 수밖에 없다. 직장에서 성장하면 된다고? 엄밀히 말하면 회사라는 곳은 조직이 원하는 성과를 내기 위해 내 시간을 할애하는 곳일 뿐이다. 어떤 회사도 나의 성장과 미래를 대신 고민해주지 않는다.

나 스스로 자신을 성장시키려면 결국 투자를 해야 하는데 돈도 시간도 공간도 없는 상황에서 '자신감을 갖자'는 것은 공허한 소리에 불과하다. 그러니 젖은 낙엽처럼 지금 회사에 찰싹 붙어서 쓸리지 않으려고 발버둥치게 된다. 10년 후 미래를 기획하고 꿈을 꾸지도 못한다. 50대가 되면 지금보다 더 고갈될 것이 눈에 보이니까. 결국 몸은 40대인데 마음은 이미 70대가 되어버리는 것이다.

그러니 20대 때처럼 다시 나만의 공간을 만들어야 한다. 아무리 좁아도 책상 하나 놓을 공간이 없는 집은 없다. 거실 소파를 옆으로 밀어내든 식탁 옆에 작은 테이블을 두든, 뭐라도 놓고 책에 둘러싸여야 한다. 내 공간에 100권의 책이 있다면 100권만큼 생각이 커지고 1,000권의 책이 있다면 1,000권만큼의 세상이 내 것이 된다. 생각이 크고 세상이 넓어져야 비로소 새로운 자극을 받을 수 있다. 아무 자극도 받지 않는 상황에서는 나를 위한 그 어떤 대안도 낼 수 없다.

대안을 내고 싶으면 대안을 낼 만한 것들로 내 공간을 채워야 한다. 마흔의 꿈은 갑작스러운 프랜차이즈 창업 설명회장이 아니라 내 책상에서 시작되어야 한다.

내 꿈에 대한 권리를 주장하는 법

사람은 공간을 닮아간다. 공간은 내가 '누구'라는 정체성을 규정해 준다. 집에 오자마자 소파와 한 몸이 되고 리모컨을 손에 붙이고 있는 사람들은 일상도 소파를 닮아간다. 오늘 할 일은 내일로 미룬 채 일단 눕는다. 미래에 대한 고민을 푹신한 소파에 묻어버리고 TV와 함께 하루를 마무리한다. 내 공간이 소파가 되어버리면 내 정체성도 '눕는 사람'이 된다.

사람은 환경의 동물이다. 등을 곧게 펴고 책상 앞에 앉아야 생각도 바뀐다. 같은 책을 읽어도 침대에서 읽느냐 책상 앞에 앉아서 읽느냐에 따라 결과는 달라진다. 침대에서 책을 읽으면 밑줄을 긋고 싶고 메모하고 싶은 내용이 있어도 귀찮아서 일어나지 않는다. 그렇게

나를 단단하게 만드는   137
마음가짐

읽으면 남는 게 없고 10페이지쯤 읽다가 잠드는 경우도 태반이다. 그런데 책상에서 읽으면 독서대도 있고 필기할 노트와 포스트잇과 펜이 있으니 저절로 수험생 자세가 된다. 그러니 내 삶에 적용할 수 있는 단서와 영감을 훨씬 많이 얻을 수 있다.

누구든 가만히 있으면 게을러지는 법이다. 많은 이들이 드레스룸은 만들어도 서재는 안 만들고, 신혼집 꾸밀 때 냉장고와 식탁은 신중하게 고르면서 책상은 대충 사는 이유다. 그럴수록 더더욱 나를 통제하고 미래를 꿈꿀 수 있는 공간으로서 책상이 필요하다. 집이 좁으면 아예 책상을 사지 않는 경우도 많다. 하지만 집 안에 나만의 책상이 없다는 것은 '나는 성장하지 않는 사람'이라고 선언하는 것과 같다.

책상 하나만 봐도 그가 얼마나 충실히 현재를 살아내고 있는지, 설레는 마음으로 내일을 기대하는지가 보인다. 인스타그램에서 엿본 학생들의 책상에는 지금 읽고 있는 다양한 책과 인생 계획표와 목표가 하나씩 붙어 있었고 매일 쓰는 다이어리도 꽂혀 있었다. 이처럼 작은 책상 하나로 그의 루틴이 바뀌고 '공부하는 사람', '미래를 준비하는 사람'으로 정체성이 바뀐다. 마흔에게 지금 당장 필요한 가구는 소파가 아니라 책상이다.

책상이 생기면 공부 시간을 내기도 더 쉬워진다. 책상이 있어야 책상 앞에 앉을 시간을 만들지 않겠는가. 새벽이든 밤이든 집중이 잘되는 시간을 택해서 책상 앞에 앉아 있는 루틴을 만들자. 거실이나 침실처럼 가족들과 함께 쓰는 공간에 책상이 있다면 규칙을 잘 정해야 한다. "이 시간은 내가 공부하고 책 읽는 시간이니 TV를 보거나 방해하지 마"라고 가족들과 미리 합의하자. 처음에는 가족들이 귀찮아할 수 있지만 딴소리는 감히 꺼내지도 못하게 만들어야 한다.

내 공간과 시간을 희생하면서까지 가족에게 모든 걸 양보하고 내어주는 것은 사랑이 아니다. 이 집에서 마땅히 누려야 할, 너무나 당연한 나의 권리를 포기하는 일이다. 내 공간과 시간에 대한 권리를 주장하지 않으면 가족들은 내 배려를 고마워하는 것이 아니라 본인들의 권리라고 착각한다. 그리고 나의 당연한 권리 주장을 '민폐' 취급한다.

"공부 모임 간다고? 그럼 나 저녁은 어떻게 해?"

"엄마는 식탁 쓰면 되잖아. 엄마 책상이 왜 필요해?"

"주말에 애들 안 챙기고, 갑자기 무슨 강의를 들으러 간다고 그래?"

내 것을 내 것이라고 말하지 않으면 결국 가족들은 네가 이기적이고 잘못되었다고 말한다. 그렇게 10년, 20년을 살면 그동안 누적된 모든 것이 그 집안의 원칙이 된다. 나만 희생하는 억울한 원칙이 통하는 이유는, 내가 나의 정당한 권리를 너무 쉽게 포기하고 가족의 부당한 요구를 허용했기 때문이다. 이것이 쌓이면 우울증이나 울화병이 오고 만다.

내 시간과 공간을 확보하겠다는 주장은 너무나 마땅한 권리이기도 하다. 내 공간에 대한 권리, 내 시간에 대한 권리부터 찾아야 내 꿈에 대한 권리를 주장할 수 있다. 그러니 집안에 나를 힘들게 하는 억울한 원칙이 있다면 지금부터 바꾸자. 내 꿈을 위해 무엇이든 해보겠다는 건강한 소망에는 아무 문제가 없다.

3부

인생의
균형을

유지하는
연습

이제라도

결혼해야
할까

요즘은 결혼 안 한 40대 싱글들이 정말 많다. 우리 회사 40대 직원들을 봐도 절반은 미혼 또는 비혼이다. 싱글 마흔들은 어떤 고민을 하고 있을까? 책을 쓰다 궁금해져서 고민 상담 신청을 받았다. 당연히 커리어나 돈에 대한 고민을 가장 많이 털어놓을 줄로 짐작했다. 그런데 압도적인 1위는 다름 아닌 결혼이었다.

올해 43세인 민진 님은 20년째 병원에서 의료진을 교육하는 일을 하고 있다. 일만 하다 보니 어느덧 마흔이 훌쩍 넘었다. 한 해 한 해 나이 들수록 새로운 사람을 만나는 게 쉽지 않은데 연로하신 부모님이 돌아가시면 정말 혼자가 되는 게 아닐까 싶어 덜컥 겁이 났다고 했다. 결국 불안함에 어릴 때도 관심이 없었던 결혼 정보 회사에 처음으로 가입했다.

"글쎄, 제가 나이가 많다고 400만 원 넘게 내라고 하더라고요. 서류를 제출하는데 자존심도 상하고 저 자신이 속물처럼 느껴져서 별로 기분이 좋지 않았어요. 그래도 별수 있나 싶어 가입은 했는데, 제가 마음에 드는 상대방은 자꾸 저를 거절하고 마음에 안 드는 사람들하고만 연결이 되는 거예요. 계속 거절하다 매니저 님이 하도 만나보라고 해서 나갔는데 하필 그 남자가 '모태 솔로'였어요. 어찌나 자기 얘기가 많던지 3시간 내내 밥도 못 먹고 하소연만 들어주다 왔어요. 어떻게 그런 사람을 소개해줄 수 있는지 화가 나더라고요."

민진 님과 동갑인 43세 나은 님은 원래 비혼주의자였다. 일이 워낙 재미있고 혼자서도 씩씩하게 잘 살 자신이 있었다. 그런데 얼마 전 갑작스럽게 할머니가 돌아가시면서 충격을 받았다. 어차피 언젠가 죽을 인생, 남들도 해보는 것을 후회 없이 다 해보자는 생각이 들어 뒤늦게 결혼을 결심했다. 그런데 막상 마흔이 넘으니 주변에 남아있는 남자는 유부남, 이혼남, 철부지 연하남밖에 없었다. 그러다 얼마 전, 운 좋게 괜찮은 남자를 소개받았다.

"지난달에 소개팅을 했는데 남자가 너무 괜찮은 거예요. 성격 괜찮고, 돈도 좀 모아놨고, 집도 잘살고. 왜 아직 결혼을 안 했을까 싶더라고요. 그런데 여자의 직감이라는 게 있잖아요. 처음부터 확실하게 하고 시작하는 게 좋을 것 같아 두 번째 만나는 날에 제가 혼인관계증명서를 떼어보자고 했어요. 그랬더니 그제야 사실은 이혼을 했다고 말하더라고요. 첫 만남부터 거짓말을 한 사람이 다른 건 솔직히 말했을까 싶어 바로 자리에서 일어났어요."

40대 싱글의 연애는 들을수록 다사다난했다. 남들처럼 평범하게 연애하고 결혼하는 일이 왜 이들에겐 이렇게 어려울까? 왜 유독 이성 문제만 안 풀릴까?

나에게 최선일까 물어볼 기회

20~30대 때 결혼이 1순위가 아닌 2~3순위로 밀리는 것은 요즘 흔한 일이다. 아마 나은 님 같은 비혼주의자들 외에는 특별히 결혼을 안 하겠다고 마음먹은 적도 없을 것이다. 다만 내가 성장하는 게 재미있어서 일에 몰입했을 뿐이다. 24시간 중 90퍼센트를 커리어에 쏟고 연애에는 10퍼센트밖에 쓰지 않는다. 그러면 얄궂게도 꼭 10퍼센트 같은 남자만 온다.

남자에게 시간을 투자하지 않았으니 어찌 보면 자연스러운 결과다. 괜찮은 남자는 연애와 결혼에 90퍼센트를 쏟은 여자들이 이미 다 채 갔으니, 주변에 남은 건 딱 10퍼센트 같은 남자들일 수밖에. 그런데 자기 성장과 일에 90퍼센트 몰입한 여자가 10퍼센트의 남자와 굳이 결혼할 이유가 있을까? 연애는 해도 결혼까지는 스스로 납득할 수 없다.

인생의 균형을 145
유지하는 연습

'저 남자 밥 해주고 애 낳으려고 내가 결혼한다고?'

여자들은 다 안다. 결혼은 시간을 나눠 쓰는 일이라는 것을. 남편의 24시간과 아내의 24시간을 합쳐 각자 48시간을 살 것 같지만 현실은 그렇지 않다. 아이가 태어나는 순간 한 사람의 시간이 송두리째 사라진다. 나의 24시간을 온전히 아이에게 내줘야 하는 상황이 닥치기 때문이다. 남자는 일부의 시간만 흔들리지만 여자는 인생 전체가 흔들린다.

아이가 없어도 아침부터 저녁까지 합의해서 의사결정을 해야 할 항목이 열 개도 넘는 것이 결혼 생활이다. "당신 몇 시에 들어와?", "우리 밥 언제 먹어?", "오늘 저녁엔 뭐 할까?", "주말에 부모님 댁에 갈 거지?" 같은 사소한 질문에 일일이 답해야 하는 게 결혼이다. 성품과 맞지 않으면 스트레스가 엄청 쌓인다. 그래서 결혼을 '못 한' 것이 아니라 어쩌면 '안 한' 것일 수 있다.

결혼에 진심이었지만 중간중간 연이 끊어지는 와중에 나이를 먹었다면 이런 경우일 수 있다. 본인이 결혼 생활에 적합하지 않다는 것을 알기에 무의식적으로 피한 것이다. 그러니 나 자신을 자책할 것이 아니라 현실을 있는 그대로 인정하는 것이 중요하다. 나도 모르게 자석처럼 끌려서 지금까지 왔다면 이 방향이 나한테 최선이었을 테니까.

결혼이 해결해주지 않는 것

분명한 것은 결혼은 선택이라는 점이다. 기혼이냐 비혼이냐는 살아가는 여러 형태 중 하나일 뿐이다. "왜 결혼을 안 했어?" 같은 무례한 질문에는 대답을 안 하면 된다. 아니면 내 선택의 이유를 곧바로 설명할 수 있을 정도로 논리가 정리돼 있어야 한다. 나만의 논리가 분명하지 않으면 자꾸 결혼을 '안 한' 게 아니라 '못 한' 사람 취급받기 쉽다.

결혼한 사람들을 보며 스스로 자꾸 비교하는 마음이 든다면, 지금 내가 얼마나 잘 살고 있는지 적고 외우자. 비혼의 불편함과 부족함만 생각하면 비혼이라서 가능한 삶의 많은 장점과 무궁한 가능성을 자꾸 잊어버린다. 따지고 보면 기혼자의 삶도 얼마나 척박하고 외로운가. 겉만 보고 남의 인생과 단순 비교할 일이 아니다.

여기서 중요한 것 한 가지, '착각'만 안 하면 된다. 결혼하면 덜 불안할 것이라는 착각. 어떤 사람이 내 인생의 바람막이가 되어줄 거라는 착각.

주변의 결혼한 친구들을 보라. 배우자들 상태가 어떤가? 열심히 골랐는데 성품도 안 맞고 경제적인 능력도 별로인 경우가 절반이다. 능력 있고 성격까지 좋은 사람은 드물다. 이 말은 곧 나 역시 별로인 사람을 만날 가능성이 높다는 얘기다. 마흔 넘어 잘못된 배우자를 만나면 인생 전체가 너무나 불안해진다. 상대가 바람막이가 되어줄 거

결혼이 서로의 미래를 보듬어줄
어른끼리의 만남이고 약속이라면,
언제 해도 전혀 늦지 않다.

라고? 그 사람 때문에 내가 온몸으로 바람을 막아야 하는 상황이 벌어질 수도 있다. 내가 아프면 이 사람이 책임져주지 않겠느냐고? 반대로 내가 아픈 그 사람을 돌봐야 하는 상황이 올 수도 있다. 배우자가 없어서 외로워 우는 게, 배우자가 사고 쳐서 괴로워하며 우는 것보다 나을 수도 있다.

바람을 막아주고 추위를 피하게 해주는 성능 좋은 바람막이가 정말 절실하다면, 스스로 벌어 사는 게 내 경험상 제일 속 편하고 빠르다. 결혼은 불확실한 희로애락의 사건들을 순서대로 누군가와 함께 겪는 일이다. 지금의 내 문제를 대신 해결해줄 사람을 찾는 것이 결혼이 아니라, 함께 겪을 사람을 맞이하는 일이다.

─────────────────── **혼자여도 당당해야 둘일 때 행복하다**

내 인생의 결핍을 채우기 위해 누군가를 택하면 꼭 대가를 치른다. 마흔이 넘어 경제적으로 취약해지면 많은 여자들이 남자를 집, 돈처럼 대한다. 나에게 집을 사줄 사람, 나 대신 돈을 벌어다 줄 사람을 찾는 것이다. 이러다 꼭 최악의 선택을 한다. 정말 무능한 남자를 만나거나 사기당하기 십상이다.

마음이 취약할 때도 마찬가지다. 부모님이 돌아가시거나 힘겨운 일을 겪어 외롭고 불안할 때 중요한 결정을 해서는 안 된다. 마음이 우울하고 쫓길 때는 결코 올바른 선택을 할 수 없다. 그럴 때는 아무 선택을 안 하는 게 가장 좋은 선택일 수 있다.

결혼은 나의 세컨드 라이프를 좌지우지할 인생의 가장 큰 선택이다. 나 스스로 여유 있고 당당하고 건강해야 그런 상대를 만날 수 있다. 그래서 나는 40대 싱글들에게 늘 얘기한다. 열심히 돈 벌어서 남편 같은 집부터 사라고. 꼬박꼬박 벌어다주는 남편 말고 꼬박꼬박 돈이 나오는 연금과 보험부터 잘 들어두라고. 혼자 사는 싱글에게는 집만큼 안정감을 주는 게 없다. 집과 연금이 든든하게 있으면 남자도 천천히, 자신 있게 고를 수 있다.

결핍의 시선이 아닌 여유의 시선을 가져야 작은 유혹이나 조급함의 선택을 피할 수 있다. 내 시선이 달라져야 정말 괜찮은 사람을 알아볼 수 있다.

아이를 낳고 기르겠다는 목적이 없다면 결혼은 다른 의미의 결합이 될 수도 있다. 나이 들어 서로의 든든한 친구가 되어주는 늦은 만남도 많아지고 있다. 평균수명이 길어지고 라이프스타일과 삶의 가치가 다양해지면서 결혼의 의미와 목적, 형태도 점차 유연해지고 있다. 그런데 유독 결혼에 대한 고정관념만큼은 쉽게 바뀌지 않는다.

결혼을 했나 안 했나, 언제 결혼했는가가 한 사람의 삶의 질을 결정하는 단순한 시대가 아니다. 결혼이 서로의 미래를 보듬어줄 어른끼리의 만남이고 약속이라면, 언제 해도 전혀 늦지 않다. 사회적 제도와 시선 때문에 당신의 선택이 기죽을 이유는 전혀 없단 얘기다.

명심하자. 혼자일 때 당당하고 행복해야 둘이 있을 때 더 행복해
질 수 있다.

관계에도

밸런스가
필요해

*

"저는 정말 큰 욕심이 없어요. 제가 얼굴을 안 보잖아요. 저를 사랑하고 아껴주고, 친구처럼 대화가 잘 통하는 남자면 돼요. 제가 하는 일을 인정하고 격려해주고요. 그거면 되는데 왜 그런 남자가 없을까요?"

희진은 이제 갓 마흔을 넘긴 일간지 기자다. 직장도 탄탄하고 외모도 괜찮은데 연애는 번번이 실패다. 성격이 까칠해서 남자를 못 만나나 싶었는데 그것보다 더 큰 문제가 있었다.

"오늘 보니 네가 왜 연애를 못 하는지 알겠다. 욕심이 너무 과하네."

희진의 눈이 동그래진다. 도저히 인정할 수 없다는 표정이다.

"너는 지금 한 사람에게 세 사람의 역할을 바라는 거야. 여자로서 너를 사랑해줄 애인, 대화가 잘 통하는 친구, 네가 하는 일을 인정하고 격려해주는 파트너. 세 사람 몫을 다 해주는 남자는 세상에 없어. 연애 초기에 잠깐 노력할 수는 있지만 그 남자도 얼마나 피곤하겠니?"

희진은 연애만 시작하면 무섭게 몰입하는 스타일이다. 주중이고 주말이고 연애 중에는 남자 옆에만 찰싹 붙어 있어서 친구들과 연락도 잘 안 된다. 꼭 헤어졌을 때만 울고불고 전화를 하니 친구들 사이에서는 '의리 없는 년'으로 찍혔다. 저러다 남자는 고사하고 몇 명 안 남은 친구들마저 잃을까 봐 걱정이다.

네 가지 사랑, 네 가지 관계

마흔 넘어 인간관계가 갈수록 좁아진다는 이들이 적지 않다. 친구들이 결혼하거나 이사를 하면서 멀어지는 경우가 허다하다. 특히 코로나 기간에 못 만나다 보니 자연스레 연락이 끊어진 지인들도 꽤 있다. 인간관계는 결국 서로가 주고받는 에너지로 유지되는 거라서 노력하지 않으면 끊어지는 게 당연하다. 문제는 좁아지다 못해 희진처럼 한 사람에게만 '올인'하는 경우다.

우리는 사람을 통해 배우고 성장하고, 정서적 안정감을 얻는다. 그중에서도 꼭 필요한 것이 부모에게 받는 '무조건적인 사랑'이다. 내가 지금 어떤 모습이든 있는 그대로의 나를 사랑해주고, 어떤 잘못을 해도 용서해주는 부모의 헌신적인 사랑. 그 깊은 사랑은 오로지 나를 낳아준 사람만 줄 수 있다.

조금 커서는 친구들끼리의 공감과 우정도 중요해진다.

"그딴 놈한테는 네가 아깝지. 친구야, 얼른 잊고 술이나 마셔!"

잘 통하는 친구들과 맥주 한잔하면서 얻는 위로 역시 그 무엇으로도 대체가 안 된다. 오늘 하루가 아무리 힘들었어도 친구들과 신나게 수다를 떨다 보면 다시 에너지가 차오른다.

직장 동료나 업무 파트너들에게 일로써 인정받는 것도 매우 중요하다. 사회에서 내가 얼마나 똑똑하고 능력 있고 쓸모 있는 사람인지를 확인받을 수 있기 때문이다. 누구든 자신의 생계와 연결된 조직과 커뮤니티 내에서 인정과 보상을 받아야 자신감이 생기고 당당해진다. 이러한 감정 역시 나와 일터에서 함께 뛰는 동료들만이 줄 수 있는 것들이다.

마지막으로 빼놓을 수 없는 것이 연인이 주는 사랑이다. 나를 진심으로 사랑해주고 아껴주는 연인의 사랑도 인생에 반드시 필요한 요소다. 사랑하는 사람이 주는 토닥임은 절친 열 명이 주는 위로와는 또 다른 종류다.

이 네 가지 안정감은 모두 다른 사람이 주어야 한다. 마치 각각의 인간관계 주머니가 따로 있는 것처럼, 결코 한 사람이 이 모든 것을 다 줄 수는 없다. 어떻게 한 사람이 엄마를 대신하고, 친구를 대신하고, 직장 동료를 대신하겠는가. 그런데도 우리는 종종 이런 불가능한 일을 상대방이 해주길 바란다. 특히 결혼하고 첫 아이를 낳은 여자들이 이런 실수를 하기 쉽다.

결혼 전 여자들은 네 가지 안정감을 골고루 느낀다. 부모님에게 사랑받고 친구들과도 잘 어울리고, 직장 동료들에게 탁월함도 인정받고 연애하면서 사랑도 받는다. 그런데 결혼하고 아이를 낳으면 상황이 달라진다. 부모님은 멀리 있고 친구들과도 자연스럽게 멀어진다. 육아로 회사까지 그만두면 사회적 안정감을 얻을 곳도 없다. 결국 내 눈앞에 있는 한 남자에게 매달린다.

남편이 아버지처럼 나를 전폭적으로 사랑하고 응원해주고, 친구처럼 일상의 소소한 재미를 나누고 공감해주며, 직장 동료처럼 내 능력을 인정해주길 바란다. 당연히 여자로서 사랑받고 있다는 느낌까지 주길 바란다. 네 가지 역할을 바라는 것이다. '왜 밥만 먹고 아무 말도 안 하지?' 내가 열심히 요리해준 밥을 먹는데 맛있다는 말을 안 하면 엄청 화가 난다. 그렇다면 이건 그의 잘못일까, 아니면 내 욕심일까?

어떤 이들은 이런 정서적 안정감을 자녀에게 바란다. 아이가 '우리 엄마 대단하다'고 인정해주고, 친구처럼 수다도 떨어주고, '우리 엄마가 세상에서 제일 예쁘다'고 말해주길 바란다. 해주지 않으면 엄청 서운해한다. 이 욕심을 버리지 못하면 아무리 엄마라도 아이들에겐 부담스러운 존재가 될 수밖에 없다.

남편도 마찬가지다. 평소엔 바쁘다는 핑계로 아내 말은 들은 척만 척하다가, 일이 잘 안 풀리거나 성과가 나지 않으면 직장에서 들

인생의 균형을
유지하는 연습

고 싶은 말을 갑자기 아내에게 요구해 당황스럽게 만든다. 가장으로서 권위도 인정받고 싶고, 상사에게 듣고 싶은 격려와 칭찬, 동료에게 듣고 싶은 인정도 아내가 모두 해주길 바라니 부부 사이에 갈등이 커질 수밖에 없다.

그래서 남자들도 스스로 정서적 안정감을 유지할 수 있도록 신경 써야 한다. 아내의 따스한 손길도 필요하지만, 언제나 응원해주는 전우 같은 친구도 곁에 두어야 한다. 나를 어른으로 대해주는 자녀들의 지지도 절대적으로 필요하고, 내 실력을 알아주는 사회와의 연결도 매우 중요하다.

사람에게 부지런한 좋은 사람

마흔은 이런 상황에서 균형을 유지할 수 있는 좋은 시기다. 우리는 나이가 들수록 한쪽으로 치우친 인간관계를 유지하면서 새로운 사람을 만나는 것을 꺼리게 된다. 그러니 관계에서 얻는 활력이나 신뢰도 떨어지게 마련이다. 그러나 귀찮고 불필요하다고 관계를 멀리하다 보면 자칫 가족이나 회사에서조차 고립된 상태가 되기 쉽다.

나이 불문하고 고립은 인간에게 있어 가장 큰 문제다. 미국 하버드대학교 의과대학 정신과 교수인 로버트 월딩거Robert Waldinger가 '무엇이 행복을 결정하는가?'라는 주제로 테드TED 강의를 한 적이 있다.

사람에게 게을러져
스스로를 고립시키지 말자.

사람에게 부지런한 사람이
진짜 지혜로운 사람이다.

그중 참 인상 깊었던 내용은 50대에 가족, 친구, 사회와 좋은 관계를 유지하는 사람일수록 80대에 건강할 확률이 높다는 것이었다. 50대의 콜레스테롤 수치보다 인간관계에서 느끼는 안정감, 행복감이 노후의 건강과 삶의 질에 더 많은 영향을 미친다는 것이다.

물론 각자의 역할에 충실한 삶을 살아가는 마흔에는 자연스럽게 한쪽으로 관계가 쏠리고 에너지 분배가 잘 안 된다. 그러나 행복해지기 위해, 건강하고 만족스러운 삶을 살기 위해서는 정서적 안정감이 꼭 필요하다. 그리고 이 안정감은 한 가지만으로는 충족할 수 없다. 아무리 직장 동료에게 칭찬과 인정을 받아도 속 얘기를 털어놓을 친구가 곁에 없으면 허전하다. 연인과 사랑을 속삭이는 것도 한두 달이지, 내 처지가 백수라면 엄청 불안해질 수밖에 없다.

친한 친구와 지인들에게 둘러싸인 '핵인싸'여도 진실로 나를 사랑해줄 한 사람이 없으면 외로움이 커질 수밖에 없다. 이처럼 각각의 관계로부터 정서적 안정감을 충분히 얻어야 우리의 삶은 불안하지 않고 행복을 유지할 수 있다. 반대로 한두 사람에게 매달려 있는 단조로운 인간관계는 그 자체로 불안감을 준다. 나에게 안정감을 주는 이 사람의 마음이 돌아서거나 떠날까 봐 노심초사할 수밖에 없으니 말이다.

그러니 마흔 넘어 정서적으로 건강하고 안정감을 유지하려면 각각의 만족감을 주는 좋은 사람들을 옆에 잘 둬야 한다. 한 사람에게만 몰입하지 않고 일종의 시스템처럼 관계를 분산시키는 것이다. 하나의 관계가 잘 안 풀릴 때 다른 관계에서 충분히 채울 수 있도록.

마흔 이후에 인간관계가 줄어드는 이들은 사람에게 게으른 경우가 많다. 오랜 친구에게도 연락을 안 하고, 새로운 친구를 사귀는 데도 소극적이다. 이 나이에 새로운 친구를 만드는 건 어렵다고 지레 결론 내린다. 그러나 품격 있고 좋은 사람들은 나이를 가리지 않는다. 사람에 대해서는 끝까지 가능성을 열어놓고 애를 써야 한다. 결국 사람에게 부지런한 이들이 주변에 좋은 사람들을 두고 안정감 있고 성숙한 인생을 살아간다.

가족에게, 절친 한 명에게, 자녀에게 의지하지 말고 다채로운 인간관계를 만들어나가자. 지금부터 끊어진 관계를 잇고 채워나가자. 그것이 진짜 지혜롭게 나를 사랑하는 방법이다.

부부의
새로운 파트너십을

만들어라

살면 살수록 나는 결혼만 한 '벤처'가 없다고 생각한다. 미래 가능성만 보고 시작하는 벤처기업처럼 결혼도 서로의 가능성만 보고 시작하는 모험이다. 그 사람에 대해서 안다고 생각하고 결혼하지만 예측을 벗어날 때가 많다. 사람은 늘 변하고 성장하기 때문이다. 내 미래가 어떻게 될지 본인도 제대로 모르니 상대에 대해선 더 모를 수밖에 없다.

어쩌면 두 부부가 가장 닮은 날은 결혼한 그날일지 모른다. 서로 엇비슷한 배경과 모습을 보고 끌렸을 테니까. 그런데 한집에 살면서 부부는 함께 성장도 하지만 점점 예전과 달라지기 시작한다. 40대쯤 되면 처음 결혼할 때 서로에게 기대했던 모습이 아닐 가능성이 매우 높다.

결혼할 때는 요리도 잘하고 살림도 잘하고 "자기야, 일찍 들어와. 맛있는 거 해줄게" 하던 아내가 마흔이 되더니 갑자기 일에 몰입하면서 가사는 뒷전이다. 하루는 참다못해 "당신이 해준 밥이 먹고 싶어" 하면 기다렸다는 듯이 받아친다. "그래? 나도 남편이 차려주는 밥 먹고 싶은데?"

남편들도 마찬가지다. 결혼할 땐 인맥도 넓고 아이디어도 많아서 타고난 사업가인 줄 알았다. 그런데 10년 동안 스타벅스에서 아는 형, 동생들과 어울리며 "이거 해서 대박 나면 금방 10억 번대" 같은 소리를 할 줄 누가 알았을까.

우리가 엄청난 리스크를 감당하면서까지 결혼이라는 모험을 하는 이유는 '저 사람만 있으면 될 것 같아서'다. 사랑에 눈이 멀었을 때는 저 사람을 얻으면 세상을 다 가질 것 같다. 그런데 몇 년 살다 보면 결국 '저 사람만 있으면 안 되는 현실'을 깨닫고야 만다.

살다 보면 아이도 낳아야 하고 집과 차도 있어야 하고 돈도 많이 필요하다. 그래도 30대까지는 아내가 남편에 대한 기대를 접지 않는다. 꼭 그가 해낼 것만 같아서. 참고 기다리다가 40대가 되면 견적이 딱 나온다. '저 인간만 믿고 있다가 큰일 나겠는데?!'

부부 사이 갈등의 골이 깊어지는 시기가 바로 이때다. 나라도 벌어야겠다 싶어서 이 일 저 일 알아보고 다니면 "뭘 한다고 나돌아다니냐"며 핀잔을 주고, 일을 다시 시작해서 좀 바빠지면 "벌어봤자 얼마나 버냐"고 주저앉히고, 슬슬 일에 재미를 붙이며 몰두하면 "돈 번다고 유세냐"며 몰아붙인다. "당신 혼자로는 부족하니까 내가 나서지, 아니었어 봐… 그동안 남편으로서 아빠로서 우리한테 해준 게 뭐야?"라고 되받아치면 가시 돋힌 설전이 시작된다. 그래서 이혼율이 가장 높은 나이도, 여성의 재취업률이 가장 높은 나이도 40대다.

마흔에 아내의 조력자가 된 남편

서로가 바라던 모습이 아니라는 것이 극명하게 드러나는 40대. 나는 이때가 부부 사이에 새로운 파트너십을 만들어야 할 때라고 생각한다. 서로를 원망하고 서러워하면서 원래 기대했던 역할을 해내라고 다그치지 말고 '다시' 물어야 한다. 마흔 이후, 정말 어떻게 살고 싶은지. 가족 안에서 어떤 역할을 하고 싶은지.

결혼 전부터 오랫동안 알고 지낸 민우와 지영은 현재 15년 차 부부다. 한의사인 민우가 결혼할 때 가진 소원은 딱 하나, 아내가 차려주는 아침밥을 먹고 싶다는 것이었다. 그러나 지영은 아침밥과는 거리가 먼 사람이었다. 신혼 때 1년 정도는 아침밥을 했지만, 성취 지향형 인간인 지영은 늘 밤늦게까지 본인의 관심사에 몰입하고 아침에는 늦잠을 자곤 했다. 아이 둘을 낳았지만 지영의 라이프스타일은 변함이 없었다. 민우는 자기 밥까지는 참았지만 아이들 아침밥도 부실하게 챙기는 지영에게 불만이 점점 쌓여갔다. 그 무렵 코로나가 터지면서 한의원 손님마저 눈에 띄게 줄었고, 집 안에서는 큰소리가 끊이지 않았다.

그런데 지난해부터 지영이 자신도 돈을 벌겠다며 인스타그램에서 인테리어 용품을 팔기 시작했다. 상품도 제작하고 인스타그램에 올릴 사진을 찍고 고객들을 일일이 응대하는 등 규모는 작지만 자기 일에 진심으로 몰입하는 지영을 보며 민우는 생각이 달라졌다고 한다.

"원래부터 자기 일을 하고 싶어한다는 것은 알았지만 옆에서 보니까 정말 날밤을 새워가면서 신나게 일하더라고요. 저렇게 열심히 하고 싶어하는데 내가 밀어줘야지 싶어졌죠. 코로나 동안 저도 힘들었고 혼자 한의원을 운영하느라 아파도 쉬지 못했는데 이제 같이 버니까 마음도 든든해요."

지금 민우는 지영의 가장 든든한 조력자다. 지영의 사업이 점점 커지면서 가까운 곳은 직접 배송을 하고, 택배도 같이 포장해준다. 아이들도 더 많이 챙기고 밥도 직접 한다. 워낙 꼼꼼한 성격이라 레시피대로 요리하니 아이들도 아빠 밥이 엄마 밥보다 훨씬 맛있다며 좋아한다. 아내 덕분에 나이 마흔에 요리라는 새로운 재능을 발견한 셈이다.

실제로 내 주변에는 마흔 이후에 자신의 일을 시작한 아내들이 많다. 그들 중 상당수는 남편의 수입이 적거나 불규칙해서 생계에 보탬이 되려고 어쩔 수 없이 일을 시작한 이들도 적지 않다. 그런데 많은

인생의 균형을   163
유지하는 연습

여자들이 그 과정에서 미처 몰랐던 자신의 능력에 새삼 놀란다. 내 주변에는 이런 여자들이 참 많다. 오랫동안 사회에서 인정받고 나를 증명할 기회를 갖고 싶어했던 사람들. 이들은 일하는 태도와 열정부터 다르다. 부부의 파트너십만 잘 조율해도 가족에게 새로운 가능성이 열린다.

파트너십을 재조정하는 법

마흔이 넘은 부부는 서로에게 솔직하게 묻고 답해야 한다. 내가 어떤 여자이고 어떤 남자인지, 나는 어떤 삶을 살고 싶은지, 그렇게 하려면 뭘 도와주길 바라는지, 상대방이 원하는 것들 중에서 내가 정말 하기 어려운 것은 무엇인지… 부부는 진심을 터놓고 '어른의 대화'를 해야 한다. 그리고 그에 맞게 파트너십을 조정해야 한다.

물론 이 과정이 절대 쉬운 것은 아니다. 부부라는 인간관계는 복잡하다. 나를 이해해줘야 할 가장 가까운 사람이 나를 시기 질투하고 끌어내리는 경우가 다반사다. 원래 부부가 서로를 제일 많이 무시한다. 특히 요즘은 능력 있는 여자들이 워낙 많다 보니 마흔쯤 되면 부부의 커리어 격차가 크게 벌어지는 경우도 더러 있다. 그럴 때 남편이 열등감 때문에 '태클'이라도 걸면 상황이 복잡해진다.

이럴 때 여자들은 결국 둘 중 하나를 선택해야 한다. 남편과 끝까

이 결혼에는
내가 책임져야 할 어른의 삶이
담겨 있다.

지금 살고 있는 집에서
하루를 보내는 것도,
아이들과 밥을 먹는 일상 모두
엄청나게 중요하다.

지 부딪치면서 내 길을 갈 것인가, 아니면 나로 살지 못하는 슬픔을 감당할 것인가. 남편 입장에서도 마찬가지다. 가장으로서 느끼는 열등감, 남성다움의 편견에서 벗어나 아내를 적극 지원할 것인가, 말 것인가.

부부는 결혼이라는 현장에서 크게 세 번 정도 다른 사람이 된다. 첫 번째는 내가 알던 그 사람이다. 내가 좋아 선택하고 결혼한 바로 그 시점의 그 사람 말이다. 두 번째는 40대의 그 사람이다. 아이를 낳고 온갖 크고 작은 사건과 시련을 겪으면서 각자의 성품과 실력대로 인생 문제를 풀어나가다 보면 40대에는 내가 알던 사람 반, 모르던 사람 반이 되어 있다.

돈이라고는 전혀 모르던 아내가 사업가의 기질을 발휘하기도 하고, 사업가 기질이 있다고 믿었던 남편이 절대 사업하면 안 될 사람으로 결국 판명되기도 한다.

그리고 60세가 되면 또다시 지난 20년간을 헤치고 지나온 모습으로 변해 있다. 60여 년간 터진 일을 수습하며 더 잘 살아보려고 애쓰고 버텨내는 각자의 노력이, 부부를 원래의 모습이 아닌 다른 모습으로 변하게 한다. 아이들이 초·중·고등학교를 거치며 변화하고 성장하듯 어른도 마찬가지로 20대부터 죽을 때까지 변화하고 성장한다.

검은 머리가 파뿌리 될 때까지의 결혼 서약은 결혼해 죽을 때까지 변하지 않겠다는 서약이 아니라, 오히려 지속적으로 상황에 맞게 변화하며 살아내겠다는 서약이다. 그 자연스러운 변화를 어른답게 해석하지 못하고 갈등을 빚는 경우를, 안타깝게도 주위에서 많이 목격한다.

마흔 넘으면 50점이 만점이다

이 나이까지 살아보니 내가 생각하는 마흔에 제일 필요한 능력은 무엇도 아닌 바로 '용서'다. 마흔쯤 되면, 결혼이라는 나의 선택이 만들어낸 울타리 안에는 구성 요소가 이미 너무 다양해져 있다. 남편과 나의 관계뿐 아니라 자녀가 있고, 친정과 시댁이 있고, 각자가 현재 이루고 싶은 일과 미래의 꿈도 있다.

어떤 사람에게는 자녀가 가장 중요할 수 있고, 어떤 이에게는 본인의 성장이 제일 중요할 수 있다. 이 요소는 나이대별로 계속 달라질 수 있다. 하나가 망가졌다고 결혼이 망가지는 게 아니다. 남편과 내가 옆집 부부만큼 알콩달콩하지 않다고? 신혼 때는 문제일 수 있지만 지금은 아니다. 이미 이 결혼 안에는 내가 책임지고 끌고 가야 할 어른의 삶이 담겨 있다. 배우자도 중요하지만 지금 살고 있는 집에서 하루를 보내는 것도, 아이들과 밥을 먹는 일상도 엄청나게 중요하다. 지금은 부부 사이가 별로여도 은퇴 후 좋아질 수도 있다. 사건 하나하나, 종목 하나하나에 목숨 걸지 말고, 급한 것부터 해결하자.

지금 부부 사이가 50점이라도 괜찮다. 남녀 사이에서 100점은 만난 지 일주일 됐을 때의 점수다. 그 뒤로 계속 떨어지는 게 정상이다. 친구도 5년이 지나면 점수가 깎이는데 일상의 민낯과 성품의 바닥을 10년간 보고 사는 부부가 50점이면 나쁘지 않다.

몸이 다르다는 것은 각자의 몸 안에서 벌어지는 미세한 슬픔, 서러움, 소망에 똑같이 공명하지 못한다는 뜻이다. 그것도 정상이다. 내가 생각하고 원하는 것을 상대가 매번 공감하고 응원하는 게 오히려 이상한 것이다. 서로가 조금 더 여유 있게 배려하고 용서하면 50점도 만점으로 여겨진다. 수십 년을 함께 살아가야 할 부부에게 제일 큰 장점은 함께한 시간만큼 서로에게 너그러워지는 것이 아닐까?

서로의 지하 100층까지 내려갔다 올라오기를 100번 이상 하며, 각자의 단점과 민낯을 부모보다 더 잘 알게 되는 마흔에는 사실 50점도 만점이다. 그도 50점, 나도 사실은 50점인 것을 인정해야 한다. 진짜 100점이어서 100점이라고 말하는 부부가 얼마나 될까. 서로가 부족한 그 50점을 내가 대신 이해하고 채워줄 수 있는 진한 파트너십이 있어서 50점도 100점이라고 말하는 것이 아닐까?

어차피 서로를 너무 잘 아는 처지에 깎아내리고 원망하지 말자. 100년을 함께 버텨갈 사람들끼리 그러지 말자. 부부는 파트너니까!

내 방식이

아이의
표준값이 된다

나는 지금도 엄마의 새벽 기도를 기억한다.

엄마는 일이 안 풀릴 때면 늘 새벽 기도를 했다. 막냇동생이 오랫동안 아팠을 때 엄마의 새벽 기도는 절정에 달했다. 백일기도를 마치고 돌아온 엄마는 우리 다섯 형제를 모아놓고 들뜬 목소리로 말했다.

"엄마가 드디어 하나님 음성을 들었다. '걱정하지 마라. 네 자녀를 통해 내가 행하는 일을 보라!' 하나님 음성이 어찌나 큰지 교회 전체를 울렸다니까. 이제 우리 막내는 살아날 거다."

나는 이 이야기를 살면서 만 번은 들은 것 같다. 심지어 엄마는 이 말씀을 액자로 만들어 집 안에 걸었다. 백일 동안 신과 기 싸움을 한 판 벌이며 자신의 불행을 가장 긍정적인 결론으로 도출해낸 엄마.

한동안 절망에 빠져 있던 엄마는 그렇게 백일기도를 통해 다시 살아났다. 인생의 돌부리에 걸려 넘어질 때마다 좌절하지 않고 끝까지 자신과 가족을 살려내는 엄마의 태도는 우리 다섯 남매에게 많은 영향을 주었다. 어려운 일을 당할 때, '어떻게 살아야 하지?'라는 질문이 터져 나올 때, 우리는 자동으로 엄마의 새벽 기도를 떠올린다.

어떤 어려움 앞에서도 함부로 포기하지 않았던 엄마의 투지, 힘들수록 새벽에 일어나 끝까지 자신에게 질문했던 집중력. 그리고 그 답을 현실로 기어이 만들어내는 실천력까지. 매일 보고 배운 엄마의 모습이 누적되어 나 역시 비슷한 위기 상황을 겪을 때마다 자동 반사적으로 해결책을 찾았던 것이다.

내 삶의 방식은 대물림된다

얼마 전 큰딸이 나한테 이런 얘기를 해주었다.

"몇 년 전에 코로나 터졌을 때 엄마도 힘들었지만 나도 매출이 안 나와서 힘들었잖아. 직원들 월급 줄 돈이 부족하더라고. 그때 엄마가 내 나이였을 때 쓴 옛날 다이어리를 다시 봤어. 매일 괴롭고 힘들어도 강의해서 20만 원 벌면 30만 원 빚 갚고. 아무리 슬퍼도 숫자랑 매일매일 싸우면서 결국은 다 감당해냈지. 실제로 내가 그 모습을 다 보면서 컸잖아. 그러니까 나도 쉽게 포기할 수가 없더라고. 엄마가 살았던 모습이 내 인생의 표준값이 된 거지."

아이들은 생각보다 많은 것을 기억한다. 내가 살아왔던 모든 시간이 아이들의 몸속에 저장되어 있다는 것을 새삼 깨달았다. 큰딸이 말한 '표준값'이란 엄청나게 노력하지 않아도 자연스럽게 나오는 삶의 태도를 말한다.

모든 부모는 매일매일 아이들의 표준값을 만들고 있다. 싫든 좋든 아이들의 스승 노릇을 할 수밖에 없다는 뜻이다. 중요한 것은 행동이 매일 누적되면서 표준값이 만들어지는데 우리의 나쁜 습관은 한 번에 안 고쳐진다는 사실이다.

평소에 책 한 권 읽지 않고 늘 스마트폰만 보면서 아이들에게 인생에서 공부가 얼마나 중요한지 얘기해봤자 먹힐 리 없다. 부부가 매일 싸우면서 아이들에게 친구들과 사이좋게 지내고 양보하라고 말하는 것은 공허한 메아리다. 자녀교육은 '클래스'가 아니라 부모의 태도로 가르치는 것이다. 클래스는 밖에서 전문가에게 배우는 게 훨씬 낫다.

자녀교육의 필수 과목 'How'

마흔에 낳은 막내가 내년이면 스무 살이 된다. 아이 셋을 키운 나에게 자녀교육이 무엇이냐고 묻는다면 나는 한마디로 이렇게 말할 것이다. 'What'이 아니라 'How'를 가르치는 것이라고. What은 자녀 교육에 필요한 과목이고, How는 살아가는 태도를 말한다.

What은 요즘 아이들이 더 잘 안다. 나도 요즘 트렌드와 미래 변화에 대해 나름 잘 안다고 생각했지만 막내와의 격차는 좁히기가 쉽지 않다. 요즘 10대 아이들은 꿈을 정하고 이를 위해 정보를 모으고 결정하는 방식이 우리 때와 너무 다르다. 30대인 첫째만 해도 비슷한 게 제법 있는데 막내는 접속할 수 있는 정보의 양 자체가 다르다. 어렸을 때부터 세분화된 교육을 받으니 이미 중·고등학생 때 영어, 일어를 원어민처럼 하는 아이들도 많고 영상 편집이나 코딩을 전문가 수준으로 하는 아이들도 있다.

이렇게 똑똑해진 아이들은 정보와 논리로 무장하고 새로운 질문을 한다.

"엄마, 앞으로는 자기 재능을 가지고 사람들과 직접 거래하는 세상이 올 거야. 나는 지금도 여러 가지 직업으로 먹고살 수 있고 내 꿈은 계속 달라질 거야. 그런데 왜 내가 배우고 싶은 과목이 하나도 없는 대학에 4년 동안이나 묶여 있어야 해?"

이런 질문 앞에서 부모는 어떤 대답을 할 수 있을까. 똑똑한 아이들의 생각을 진심으로 존중할 수 있을까. 존중하고 싶어도 말처럼 잘 안 되는 이유는, 부모가 모르는 게 많아서다.

나와 막내의 나이 차이는 40년이지만 문화적으로는 50년 이상 차이가 난다. 부모가 아이들의 진로와 미래에 대한 정보를 업데이트하지 않으면 반드시 과거 데이터로 얘기하게 되어 있다. 부모는 자신의 10대 시절을 기준으로 얘기하고 아이들은 미래 데이터까지 가져와 서 얘기하니 대화가 어렵다. 그러니 What은 함부로 가르치려 하지 말고 아이들한테 맡겨도 된다. 아이들이 가져온 꿈에 대해 '티키타 카'가 될 정도로 찾아보고, 한 팀이 되어 같이 신나게 흥분해주는 게 제일 중요하다.

그러니 부모가 집중해야 할 것은 How다. 아이들이 살아가는 태 도 말이다. How만 잘해도 부모 노릇은 100점이다. 아이들이 부모를 존중하지 않는 이유는 How는 알려주지 않으면서 What에만 집중하 기 때문이다.

'엄마 아빠는 책 한 권 안 읽으면서 뭘 안다고 나한테 이래라저래 라야?'

아이들이 반발심이 드는 것도 당연하다.

가난한 집안에서 종종 훌륭한 인재가 나오는 것은 부모의 How가 괜찮았기 때문이다. 자녀가 부모의 괜찮은 부분을 자기 인생의 표 준값으로 만들었기 때문이다. 잘되는 집안을 보면 대부분 부모의 How가 남다르다. 부모의 살아가는 태도가 집안의 기본 실력이 되는 것이다.

아이에게 태도의 선물을 주자

얼마 전 학생 한 분에게 감사 메일을 받았다.

저는 중·고등학교 시절 하루 걸러 하루 지각을 빼먹지 않던 지각 대장이었습니다. 그런데 저의 40년 지각 인생이 새벽 기상을 통해 바뀌었어요. 이제 더 이상 지각을 하지 않습니다. 새벽에 일어나 공부도 하고, 오롯이 나만의 시간을 보내며 하루를 성찰하게 되었고, 내 생을 온전히 살아가는 사람으로 변모하는 중입니다.

저만 바뀐 게 아니랍니다. 우리 아들의 9년 지각 인생도 바뀌었어요. 엄마를 닮아 항상 지각하던 아들은, 이제 친구들보다 일찍 등교하여 도서관에서 책을 읽는 성실한 아이로 자라고 있습니다. 우리 가족의 삶을 바꿔주셔서 진심으로 감사합니다.

이 가족의 삶을 바꾼 것은 내가 아닌 그녀 자신이다. 오랫동안 살아왔던 삶의 표준값을 바꾸는 것은 결코 쉬운 일이 아니다. 그 어려운 일을 해낸 엄마의 모습은 아이들에게도 엄청난 영감을 주었을 것이다. 평생 옆에서 보고 배우며 힘들 때마다 꺼내 쓸 수 있는 삶의 태도, 부모가 아이에게 줄 수 있는 인생 최고의 선물이 아닐까.

아버지가 돌아가신 건 지난해 3월이었다. 내가 강사가 되기로 결심할 때, 강사가 된 이후에 힘들 때, 항상 응원을 해주신 분은 아버지였다.

"미경아, 아버지 말 믿어. 내가 너 낳았잖어, 너 키웠잖어. 니 남편은 만난 지 몇 년 안 돼서 널 잘 모르는 거여. 그래서 너 강사 되는 거 반대하는 거여. 우리 미경이는 잘할 수 있어. 너 어려서부터 얼마나 말을 잘했는데. 나는 니가 학교 갔다 와서 이런저런 이야기 해주면 엄청 재미있었어. 잘할 수 있어. 한번 혀봐."

강사 일을 할까 말까, 내가 과연 잘해낼 수 있을까 고민하던 20대 후반에 아버지는 이 한마디 응원으로 내 갈등을 깔끔하게 정리해주셨다.

아버지의 장례식을 마치고 증평으로 내려가 아버지의 일기장을 보고 나는 목놓아 울고 말았다. '내가 진심으로 사랑하고 또 사랑하는 우리 미경이가 요즘 중요하게 생각하는 것들'이라는 제목 아래에 '메타버스', 'NFT', '웹 3.0', '새로운 시대가 온다'라고 쓰여 있었던 것이다. 아버지의 굵은 필체로 쓰여진 그 단어들을 보고 얼마나 펑펑 울었는지 모른다.

"아빠, 이걸 왜 쓴겨…. 이걸 왜 알려고 한겨…."

우리 아버지는 그런 분이셨다. 돌아가시는 순간까지 나와 대화하고 싶어하셨고, 말이 통하는 사람으로 남고 싶어하셨다.

나의 영원한 응원단장 우리 아버지, 고故 김기환 님.

나의 아버지는 잘난 사람도, 공부를 대단히 많이 한 사람도 아니다. 평생 돼지 농사를 지은 분이셨다. 그런 아버지가 내게 물려주신

인생의 균형을   175
유지하는 연습

선물은 What이 아니다. 어떻게 자녀를 대해야 하는지, 바로 그것을 알려주셨다. 언제 어떤 힘든 일이 닥쳐도 자녀를 응원할 것, 그리고 죽는 순간까지 자녀가 하는 일을 알고 응원하기 위해 노력할 것.

부모로부터 마음의 선물, 태도의 선물을 많이 받은 아이들은 삶을 살아가는 표준이 다르다. 나 역시 죽을 때까지 내 자녀들에게 그 선물을 매일 퍼주려 한다. 갑자기 오래 살아야 한다는 생각이 드는 건 아직 내가 충분히 그 선물을 주지 못했기 때문일 게다.

부모의 노릇이 '무엇'이 아닌 '어떻게'를 물려주는 것이라면 우리는 아직 성실히 멋지게 살아내야 할 시간이 충분하다. 나이 들어 부모로 사는 시간도 하루하루 빛나게 살 가치가 충분하다.

부모의 노릇이
태도의 선물이라면

우리에겐 성실히 살아낼 시간이
아직 충분하다.

마흔도
아직

인재다

＊

3년 전쯤의 일이다. 대학 동창회에서 만난 남수의 모습이 예전 같지 않았다. 남수는 잘나가는 고위직 공무원에 아내는 중학교 교사, 두 딸은 해외 유학파다. 몇 년 전까지만 해도 남수는 친구들의 부러움을 한몸에 받았다. 그런데 지금 그의 얼굴에는 뭔지 모를 근심이 가득해 보였다. 말없이 술만 마시던 남수가 씁쓸하게 입을 열었다.

"나도 이제 몇 년 있으면 60인데 왜 애들 공부는 끝이 안 나는지 모르겠다. 도대체 언제까지 뒷바라지를 하라는 건지….."

"첫째는 진작에 졸업한 거 아니었어? 취직 안 하겠대?"

"인턴으로 몇 군데 다니기는 했는데 그 분야는 학부만 나와서는 인정을 못 받는다고 최소한 석사는 해야 한대. 기왕 밀어준 거 조금만 더 도와주면 안 되냐고 하는데 내가 할 말이 없더라. 그런데 며칠 뒤에 이번에 대학 졸업하는 둘째한테서 전화가 왔어. 자기도 대학원에 가겠다고. 내가 그날 밤에 정말 눈물이 다 나더라… 미경아, 나 진짜 어떻게 해야 하나?"

끝나지 않는 뒷바라지의 함정

흰머리가 반쯤 덮인 친구의 수척한 얼굴을 보니 나도 한숨이 절로 나왔다. 아이들의 꿈과 미래를 짊어진 부모로서 그가 감당하고 있을 현실이 눈앞에 그려졌다.

남수 부부는 예전부터 자녀교육에 남달리 열정적이었다. 딸들이 중학생일 때 첫째는 미국, 둘째는 영국으로 아이들만 보냈다. 다행히 딸들은 큰 말썽 없이 부모의 기대대로 공부를 곧잘 했다. 문제는 학비와 생활비였다. 미국도 그렇지만 영국 물가는 살인적이다. 환율이 출렁일 때마다 남수 부부의 통장 잔고도 함께 출렁였다.

10년 동안 두 아이에게 들어간 돈을 따져보면 10억이 훨씬 넘었다. 두 사람이 번 돈의 70퍼센트 이상을 아이들 교육에 쏟아부은 것이다. 부부에게 남은 것이라곤 작은 아파트 한 채와 연금뿐이었다. 아이들이 경제적으로 독립하면 퇴직 전 3년 동안은 돈을 모을 수 있을 거라 믿었는데 이마저도 아이들 대학원 학비로 들어가게 생긴 것이다.

친구의 두 딸을 이기적이라고 몰아세워야 할까? 그럴 수는 없다. 부모가 얼마나 힘들게 돈을 버는지 지켜보며 자라는 자녀는 많지 않다. 아이들은 원래 용돈과 학비, 그리고 갖고 싶은 물건을 꼬박꼬박 받다 보면 부모의 경제 상황을 파악할 수 없다. 한집에서 살아도 부모의 상황을 모르는데 하물며 타지 생활을 하는 아이들이 어떻게 알겠나. 매달 통장에 돈이 들어오고 통화할 때마다 부모가 잘 지낸다고 하니 부모의 절박함을 알 길이 없다.

하지만 부모가 처한 상황과 마음에 공감할 수 없게 만드는 심리적·물리적 거리는 결국 아이들을 이기적으로 만든다. 그것도 너무나 자연스럽게. 그러니 두 딸에게서 대학원에 가겠다는 말이 나오는 것도 무리는 아니다. 그런데 갑자기 부모가 "더 이상은 못한다"고 말하면 아이들은 이 상황을 곧이곧대로 받아들이지 못한다. 자신에 대한 평가라 생각하며 상처받을 가능성이 크다.

이럴 때 만약 부모가 "내가 너희 뒷바라지하느라 그동안 어떻게 살았는지 아느냐"며 10여 년간 참아왔던 말을 쏟아내면 아이들도 할 말이 있다.

"누가 유학 보내달라고 했어? 엄마 아빠가 원해서 보낸 거잖아. 나도 여기서 안 되는 영어 배우고 낯선 외국 애들 틈에서 살아남느라 얼마나 힘들었는지 알아?"

아이들 역시 부모가 힘들게 유학을 보낸 만큼 좋은 결과를 얻어야 한다는 강박에 시달린다. 특히 어렸을 때부터 부모와 떨어져 외국에서 혼자 자란 아이들은 마음이 취약해 더 힘들어하는 경우가 많다.

실제로 내 주변에도 일찍 유학 간 아이들이 우울증으로 힘들어하는 경우가 적지 않다. 지금 20대인 아이들은 아직 한창 커야 한다. 당장 보여줄 결과가 없는데 부모가 이제 더 이상 지원할 수 없다고 하니, 상처와 상처가 만날 때마다 서로 가슴 아프고 미안해진다.

그나마 남수 부부는 공무원 연금이라도 있으니 사정이 나은 편이다. 자녀 유학비를 대느라 노후 자금이 바닥난 이들도 여럿 있다. 내 동창 중에는 이혼 후 지금까지 과외를 하면서 자녀 유학비를 대는 친구도 있다. 비행기 푯값이 없어 아들을 만나러 미국에 가지도 못한다. 그에게 자신과 자신의 미래를 위해 쓸 돈이라곤 전혀 없다. 이제 막 60이 된 지금, 그는 너무 외롭다. 이것이 재산의 대부분을 자녀교육에 쏟아부은 결과다. 세상에 이것만큼 위험한 투자가 또 있을까.

투자가 도박이 되지 않으려면

나는 한창 돈을 버는 40대 부모들에게 늘 말한다. 교육비는 어디까지나 교육비일 뿐이라고. 생활비가 교육비로 넘어가면 위험하다. 교육비는 아무리 많아도 가계 예산의 30퍼센트를 넘어서는 안 된다. 그 정도 투자로 알아서 공부하고 성장하는 아이가 진짜 인재다. 예산의

90퍼센트를 써야 잘되는 아이는 공부로 성공할 인재는 아니다. 돈으로 잠깐 인재처럼 보이게 할 수는 있지만 지속 가능하지 않다.

아무리 내 자식이라도 냉철하게 판단해야 한다. 투자해보고 아니다 싶으면 깔끔히 접어야 한다. 그러나 많은 부모들이 그간 쏟아부은 돈이 아까워서, 조금만 더 투자하면 성과가 나올 것 같아서 쉽게 멈추지 못한다. 심지어 사업 자금까지 교육비로 쏟는 부모도 적지 않다. 자녀교육이 일종의 도박이 되는 것이다.

아무리 자식이 잘나 보여도 그 아이가 나보다 더 나은 사람이 되어 나를 책임져주리란 기대는 섣불리 하지 말자. 어린 자녀가 무슨 절실함이 있어서 기어이 나보다 성공하겠나. 자녀도 마흔은 돼야 나만큼 돈을 벌 수 있다. 그때는 본인의 아이를 책임지기에도 버거울 텐데 부모를 부양하는 것은 애초에 불가능한 일이다. 중간에 실패해도 자식이라 원망도 못 하고 토해내라고 할 수도 없다. 무리한 교육비 투자는 어떻게 봐도 리스크이고 가장 중요한 부모 자식 관계마저 뒤틀어놓는다.

신기한 것은 교육비를 쏟아부으며 애지중지 키운 자식보다 돈 안 들이고 자기 힘으로 큰 자식이 나중에 부모를 더 챙기고 효도하는 경우가 많다는 사실이다. 자기 힘으로 큰 아이일수록 자존감이 높아 부모의 힘이 부치면 자신의 힘을 나눠 쓸 줄 안다. 부모가 보살핌의 대상이 될 수 있음을 잘 아는 것이다. 그러나 돈을 많이 들여 키운 아이들은 부모로부터 통제당한 시간이 긴 만큼 상대적으로 자존감이 낮다. 그러니 나이 들어서도 부모에게 기대고 계속 받으려고만 한다.

교육비 때문에 '흑자도산' 하지 마라

나는 예전부터 강의할 때마다 결혼은 '창업'이라고 주장해왔다. '대주주' 두 명이 만나서 '본사'를 차리고, 자녀를 낳아 '계열사'를 만든다. 집안의 생존과 미래를 책임지는 대주주들은 재무 상황을 냉철하게 평가해야 한다. 성장하는 데 밑돈이 엄청나게 들어가는 계열사에 장기 투자하는 게 맞는지, 아니면 당장 수익을 낼 수 있는 본사에 투자하는 게 맞는지. 계열사에 무리하게 투자하면 본사의 자금은 결국 고갈되고 만다.

많은 40대들이 자녀교육의 길을 잘못 들어 '흑자도산' 한다. 꿈도 있고 능력도 있는 사람들이 자신에게 투자할 돈을 자녀들에게 방만하게 투자하는 바람에 결국 경제적으로 파산 상태에 이르는 것이다.

어마어마한 돈을 투자하고도 자녀교육의 결과가 좋지 않은 본질적인 이유는 우리 집안의 장기적인 미래 전략과 비전을 세우는 CEO가 없기 때문이다. 아이들은 부모가 시키는 공부만 하느라 자신의 미래를 고민할 여력이 없다. 엄마들도 중간고사, 기말고사 같은 6개월 단기 성과에 집중하지 자녀의 미래와 우리 집안 전체의 10년 후를 고민하지 않는다.

인생의 균형을   183
유지하는 연습

아빠들은 아내가 결정하는 대로 따를 수밖에 없다. 아내의 견고한 교육철학에 문제 제기를 하려면 교육 트렌드도 알아야 하고 미래 변화도 엄청 공부해야 하는데 그럴 시간이 없다. 밖에서는 아무리 날고 긴다는 대단한 가장들도 집에 가면 아내와 싸우기 싫어 방관자가 된다. 그러니 가족 중에 10년 뒤에 벌어질 상황을 예측할 사람이 아무도 없다.

기업은 투자를 결정하기 전에 투자처에 대해 수없이 조사하고 연구한다. 그런데 우리는 투자금 회수 여부도 장담할 수 없는 계열사에 무리하게 투자하는 엄청난 리스크를 감당하며 살고 있다. 상식적인 CEO라면 그런 결정은 절대 하지 않을 것이다.

그러니 지금 가계 예산의 30퍼센트 이상을 자녀교육에 쓰고 있다면 장기적인 경영전략부터 다시 짜야 한다. 내 아이의 장기 비전도 고민하지 않고 옆집 아이와의 비교에서 오는 불안감 혹은 죄책감 때문에 새어나가는 교육비를 대폭 줄여야 한다. 10년 뒤 아이들이 어떤 세상에서 살게 될지 공부하고, 이에 맞게 집중적으로 한두 가지를 잘 가르치는 게 낫다.

아이 말고 어른에게 투자하자

그럼 남는 예산은? 부부 중 더 잠재력 있는 사람에게 투자해야 한다.

부부가 살고 싶은 세컨드 라이프를 미리 그려보고 필요한 예산을 따져본 후 그 돈을 버는 데 투자하라는 것이다. 마치 우리 가족의 안정적인 드림 ETF(상장지수펀드)에 매달 투자하듯 말이다.

사람 일은 아무도 모른다. 지난 30년간 성인 교육을 해온 나의 결론은 어른들은 3년만 공부해도 완전히 다른 사람이 된다는 것이다. 아이들은 3년을 가르쳐도 결과가 안 나오지만 어른들은 바로 결과물과 수익을 낸다. 아이들보다 학비도 훨씬 적게 들고, 배우면 바로 테스트할 수 있고 돈과 커리어 확장으로 보상도 받으니 엄청 재미있어 한다.

자신에게 투자하는 것에 죄책감을 느낀다면 부모 역할을 잘못 배운 것이다. 아이들도 인재지만 어른들도 인재다. 내가 볼 때는 부모 인재들이 훨씬 더 많다. 20세 이후로 제대로 큰 적이 없는데 마흔에라도 한번 제대로 성장해봐야 하지 않을까.

그러려면 돈의 순환이 가장 잘되는 40대가 적기다. 직장에서 은퇴할 시기가 다가오면 위축되고 무서워서 자신에게 투자를 못 한다. 그나마 직장에서 안정적으로 벌 수 있을 때 전략을 짜야 한다. 40대에 자신에게 투자해 수익을 내고 그 돈으로 50대에 더 투자해 60대에 경제적 안정을 이룰 것인가, 아니면 40대 때 자녀교육에만 투자하고 50대부터는 아무 투자 없이 살다가 60대부터는 남은 돈으로 버틸 것인가.

마흔의 선택이 인생 행로를 바꾸고 세컨드 라이프의 크기를 결정한다. 온 가족의 10년 후 미래를 내다보며 전략을 짜려면 부부 중 한 명은 혁신가가 되어야 한다. 열심히 공부하고 필요하면 싸워서라도 우리 가족의 리스크를 줄이고 합리적으로 '분산 투자'를 해야 한다.

얼마 전, 다른 친구를 통해 남수의 소식을 들었다. 두 딸은 결국 대학원에 진학했고 남수는 곧 퇴직한다고 했다. 가끔 나는 혼자 생각해본다. 대학 때부터 똑똑하고 능력 있었던 남수가 다른 선택을 했으면 어땠을까. 교육비의 일부라도 자신에게 투자했다면 그는 지금 어떤 인생을 살고 있을까. 후회로 가득했던 남수의 표정이 한동안 머릿속에서 떠나지 않았다.

한창 벌고 있는 마흔, 지금이 기회다. 눈앞의 현실만 보며 아이들에게만 투자하지 말고, 성장 잠재력이 가장 높은 나의 미래에 제대로 투자하자.

아이도 인재지만 어른도 인재다.
자신에게 투자하는 것에 죄책감이 든다면
부모 역할을 잘못 배운 것이다.

용돈 30만 원에
지친

남자들에게

코로나 이전까지 나는 5년 동안 전국의 군부대로 강의를 다녔다. 강의료를 받지 않는 일종의 자원봉사로 20대 초반, 이제 막 꿈과의 동행을 시작한 청년들을 응원하고 싶어서 결심한 일이었다. 어떤 부대를 가도 군인들은 진지한 표정으로 강의에 집중했다. 지금 내 미래와 꿈에 대해 치열하게 고민 중이라고 쓰여 있는 듯한 얼굴들이었다.

남자들은 입대 전까지 공부하고 수능 치르고 대학 생활에 적응하느라 정신없이 살다가, 군대에 가서야 처음으로 자신의 인생을 들여다보기 시작한다. 당시 부대에서 만났던 한 상병은 이렇게 말했다.

"깜깜한 밤에 혼자 보초를 서는데 스마트폰도 없지, 대화할 사람도 없지, 정말 태어나 처음으로 '생각'이라는 걸 하게 되더라고요."

그렇게 군대라는 터널을 지나며 남자들은 어느새 어른이 된다. 입대할 때는 고등학교를 졸업한 지 2년 정도 된 어린애인데 제대하면 갑자기 어른 취급받는 현실을 직면한다. '내가 나 스스로를 책임져야 한다'는 인생의 무게를 제대로 느끼는 것이다. 제대 이후엔 본격적인 취업 준비를 시작한다. 미친 듯이 스펙을 쌓고 피나는 자기계발을 한 끝에 마침내 회사에 들어간다. 그리고 30대에 결혼해 가장이 된다.

허리끈을 조이는 40대 남자들

지금의 20~30대 남자들은 자신이 가장이라는 생각을 별로 하지 않는다. 아내가 잘 벌면 기꺼이 살림을 하겠다는 남자들도 많다. 기존의 남녀 역할 구분을 따르지 않는 것이다. 시대는 좀 더 나은 방향으로 흘러간다. 다행이다.

그러나 40대 중에는 아직도 아버지와 가장을 동의어로 생각하는 사람들이 많다. 요즘 40대 남자들은 아내와 맞벌이를 하며 경제와 육아를 함께 책임지는 이들이 절반, 아버지 세대처럼 생계 부양자 마인드로 가정경제를 책임지는 남자가 절반이다.

여자들이 자신의 시간을 자식에게 내어주며 희생하듯 남자들도 생계 부양자로서 최선을 다한다. 가정경제를 운영하는 여자도 그렇지만 수입원을 책임지는 남자도 허리끈을 조이는 게 기본이다. 버는 데는 아무래도 한계가 있으니 씀씀이를 줄이는 것으로 자기 책임을 다하려 하는 것이다.

상황이 이렇다 보니 40대 남자들이 쓰는 한 달 용돈은 대부분 30만 원을 넘지 않는다. 심지어 한 달에 5만 원을 쓴다는 회사원도 있었다. 외벌이로 두 아이를 키우면서 아파트 대출금을 갚으려면 어쩔 수 없다고 하소연을 한다.

"커피는 회사에서 믹스로 마시고, 점심은 구내식당에서 해결해요. 일 끝나고 동료들과 술이라도 한잔하려면 돈이 드니까 술 먹자는 소리도 못 하고요. 제 옷이나 신발을 사본 게 언제인지도 모르겠어요. 제 커리어에 대한 고민이 많아서 책도 사고 강의도 듣고 싶은데 눈치를 보게 돼요. 애들 교육비도 모자란데 자꾸 쓸데없는 곳에 돈을 쓰는 건 아닌가 싶어서요."

도대체 얼마를 아껴야 한 달에 5만 원으로 살 수 있는 것일까? 그를 보며 남자들의 희생도 만만치 않다는 생각이 들었다. 그렇게 아끼면서도 유일하게 돈을 쓰고 싶은 영역이 자기와 가족을 책임질 미래를 위한 공부인데 이마저도 눈치가 보인다니. 집안의 한정된 자원을 모두 아이들에게 쏟아붓느라 소소한 취미 생활이나 공부조차 사치가 되어버린 남자들이 너무나 많다.

남자들이라고 돈 쓰는 재미를 모르겠는가. 돈은 내가 버는데 돈에 대한 의사 결정권이 거의 없다는 것 자체만으로도 자존감은 무너진다. 당연히 스트레스와 우울감이 높아질 수밖에 없다. 나라는 인간의 크기가 꼭 돈의 크기만큼 작아진다.

게다가 인간관계를 맺는 데는 돈이 든다. 마흔이 넘으면 어딜 가도 얻어먹을 일보다 사줘야 할 일이 더 많다. 그러니 돈이 없으면 자연히 인간관계도 좁아질 수밖에 없다. 보상이라곤 '이번 달도 30만 원으로 착실하게 살았다'는 아내의 인정밖에 없는데, 이것도 한두 번이지 이런 상황이 10년 이상 지속되면 자괴감에 빠질 수밖에 없다.

고독사로 내몰리는 50대 남자들

남자들은 아이들이 클수록 집안에서 설 자리도 좁아진다. 밖에서 아무리 잘나가도 집안에서는 아이들과 친한 게 권력이다. 그런데 40대에는 야근도 많고 책임져야 할 일이 많아 가장 바쁠 때이니 아이들과 정서적으로 멀어지기 쉽다.

특히 아이들이 사춘기일 때는 싫다고 밀어내도 자꾸 들여다봐야 관계를 유지할 수 있는데, 일주일에 한 번 보는 정도라면 아빠와 아이의 거리는 이미 저만큼 멀어져 있기 십상이다. 이 시기에 아이와의 유대를 놓치면 집에서도 엄청 외롭고 어색해진다. 가족들을 먹여 살리느라 밤낮없이 일하는데 무관심한 아빠라는 얘기까지 들으면 세상 억울하고 속상하다.

인생의 균형을
유지하는 연습

그래도 이 정도는 참을 수 있다. 가장 큰 위기는 50대에 찾아온다. 회사에서는 자꾸 눈치를 주고, 어느새 희망퇴직 대상자가 되거나 임금피크제가 적용된다. 그때부터 뒤통수가 따가워진다. 아내는 회사 그만두면 어떻게 할 거냐며 자꾸 눈빛으로 물어본다. 남편들은 또 한번 억울해진다. '미래를 대비할 수 있게 밀어주긴 했나?' 매번 회사가 내준 숙제를 풀어내며 내가 이곳에 왜 있어야 하는지 증명하는 것만으로도 벅차다.

그렇게 회사에서 살아남기 위해 온 힘으로 버티다 50대에 준비 없이 회사를 그만두면 극심한 정체성 혼란이 시작된다. 사원증을 반납하고 집에 들어가는 순간, 내가 누군지 모르겠다. 여자들은 '빈둥지증후군'을 호소하지만 남자들은 '빈 둥지'조차 없다. 나를 보호해주던 둥지 자체가 완전히 해체되는 것이다. 돈 벌던 시간이 지나가면서 자신의 쓸모를 확인할 기회가 사라진다. 사회적 연결도 모두 끊어진다. 집에 있는 시간이 많아지니 가족들과의 어색함은 더 커지는데 집안 어디에도 내 공간은 없다. 상황 자체가 50대 남자들을 너무나 고독해지도록 내몬다.

실제로 2021년 보건복지부 조사에 따르면, 50대 남자들의 고독사가 전체 인구 중 가장 많았다. 50대 여자들보다 열 배 많은 수치다. 50대 남자들이 겪는 경제적·정신적 위기는 그만큼 심각하다.

위기와 고립감에서 탈출하는 법

이제 남자들도 달라져야 한다. 옛날 아버지들처럼 시대에 뒤처져 살지 말고 조금 더 영리하게 인생의 견적부터 내보자. 은퇴 시기는 갈수록 빨라지고 아이들은 부모를 책임질 생각이 없다. 예전에는 한 팀 같았던 아내도 어느새 혼자 자신의 인생을 잘 꾸려나간다.

여자들은 혼자 살아가는 힘이 강하다. 남편이 없어도 자식, 친구, 자매들끼리 알아서 놀러 다니고 문화센터와 피트니스 센터에 다니며 자기 관리도 잘한다. 명함이 없어도 소속을 잘 찾아낸다. 그러나 남자들은 사회에서 부여한 소속감이 아니면 어색해한다. 혼자 버티고 혼자 자랑스러워하고 혼자 자존감을 지킬 힘이 상대적으로 약하다.

그러니 50대 이후 퇴사와 함께 찾아올 위기와 고립감을 극복하고 혼자서도 잘 살 수 있는 나를 만들려면, 40대인 지금부터 준비해야 한다. 퇴직 이후에도 경제활동을 이어갈 수 있는 두 번째 명함을 만들어야 한다. 이에 대해 가족과 진지하게 상의하고 자신에게 투자할 수 있는 시간과 돈을 확보해야 한다. 그것이 현실적으로 쉽지 않다면 부업을 해서라도 스스로에게 투자할 수 있는 독립 자금을 반드시 마련해야 한다.

또 하나, 미리 준비해야 할 것이 바로 나만의 '성장 아지트'다. 퇴사 이후 매일 출근할 수 있는 공간을 마련하는 것이다. 집은 오랫동안 아내가 성장해온 공간이다. 주방도 거실도 방도 모두 아내의 취향

대로 꾸며져 있다. 어디에 있어도 내 공간 같지 않은 게 당연하다. 내가 누군지를 보여줄 수 있는 정체성이 담긴 공간, 내 자존감을 지켜줄 수 있는 공간을 집 밖에 두는 게 최선이다. 친구들과 스타벅스에서 시간을 때울 게 아니라 작아도 나만의 아지트를 만들자. 뜻을 같이하는 친구들과 공간을 셰어하거나, 공유 오피스를 활용하는 것도 좋다.

고립감을 없애기 위한 사회적 연결도 신경 써야 한다. 나이 들어 갑자기 사람을 사귀기란 쉽지 않다. 회사 밖 취미 동호회도 좋고, 공부 커뮤니티도 좋다. 오랫동안 함께할 수 있는 좋은 친구들, 내가 자극받을 수 있고 나의 전문성으로 기여할 수 있는 커뮤니티에 들어가 총무라도 해보자. 그들이 나의 세컨드 라이프를 지지해줄 굳건한 버팀목이 되어줄 테니.

마흔은 가장, 남편의 역할이 가장 강하게 작동하는 시기다. 그러나 가장의 역할은 생각보다 빨리 끝난다. 나머지 인생은 다시 한 남자, 한 인간으로서 살아야 한다. 용돈 30만 원이 슬퍼지는 날에는 세컨드 라이프를 상상하며 다시 한번 힘을 내자. 인생 후반전, 나를 위한 가장 좋은 시간을 지금부터 만들어나가자.

나를 위한 아지트를 만들자.
혼자서도 잘 살 수 있도록
나를 만드는 연습을 하자.

평범한 사람이
비범해지는

유일한 방법

✳

"저 자신에게 이렇게 몰입해본 적은 처음인 것 같아요. 덕분에 심각했던 우울증이 사라지고 제가 어떤 사람인지 알게 됐어요."

"지금 암 투병 중인 남편이 떠나면 혼자 살아갈 자신이 없었는데, 이제 버텨낼 힘이 생겼습니다."

"저에게 다양한 재능과 끝까지 해낼 수 있다는 능력이 있다는 걸 처음 알았어요. 덕분에 지금 커뮤니티에서 저만의 챌린지를 진행해 수익을 내고 있습니다. 5년 걸릴 일을 1년 만에 해냈어요."

"평생 꾸준히 뭔가를 해본 적이 없는데, 제가 해낼 수 있는 사람이라는 자신감을 얻었습니다."

지난해 12월, 1년간 이어온 새벽 기상 챌린지를 마치고 참가자들이 들려준 이야기다. 1년간 하루도 안 빠지고 챌린지에 참여한 이들이 무려 2,100명에 달했다. 한마디로 기적 같은 일이다.

매달 14일간 새벽 5시에 일어나는 것은 정말 쉬운 일이 아니다. 매일 일어나야 하는 이유는 하나지만 일어나지 못할 이유는 열 가지가 넘는다. 어떤 날은 전날 과로했고, 어떤 날은 몸이 아프고, 어떤 날은 일찍 출근해야 한다. 매일 생기는 나를 일으키지 못할 매우 합리적인 열 가지 이유를 외면하고 무식할 정도의 강한 의지로 밀어붙여야 1년 완주가 가능하다. 그런데 그 일을 2,000명이 넘는 사람들이 해냈다니, 그저 놀라운 일이 아닐 수 없다.

1년 완주자 중 상당수는 챌린지를 하는 동안 놀라운 변화를 경험했다. 자존감이 높아지며 우울감이 사라진 것은 물론, 잃어버린 자신감을 되찾고 새로운 도전을 시작한 사람은 부지기수다. 1년 동안 실제로 자신만의 비즈니스를 시작해 성과를 낸 사람도 적지 않다. 기상 시간을 앞당겼을 뿐인데, 새로운 아침 습관을 만들었을 뿐인데, 어떻게 이런 변화와 성장이 가능했을까.

달라진 나를 발견하게 해주는 습관

우리는 좋은 습관을 갖는 것이 얼마나 중요한지 '잘 안다'고 생각한다. 꾸준함이 최고의 성공 비결이라는 것도 '머리로는' 안다. 그러나

인생의 균형을
유지하는 연습

아무리 좋은 보약도 귀찮아서 거르듯, 좋은 습관이 중요하다는 것을 알면서도 좀체 실천하지 않는다. 습관을 해마다 다짐하지만 작심삼일로 끝나는 영어 공부나 다이어트쯤으로 생각하는 것이다.

사실상 우리는 습관이 가진 진짜 위력을 절반도 알지 못한다. 습관이 가진 가장 놀라운 힘은 나 자신에게 '몰입'하게 해준다는 것이다. 우리는 새로운 습관을 만들고 싶을 때 자신과 심도 있는 대화를 나누기 시작한다. 예컨대 운동을 시작하려 해도 결심하고 실행하기까지는 많은 대화가 필요하다. 이 운동이 왜 필요한지, 꾸준히 할 자신이 있는지, 꾸준히 하려면 무엇이 필요한지, 운동을 통해 어떤 목표를 달성할지 묻고 생각하는 것이다.

그리고 마침내 도전을 시작하면 수시로 나를 들여다보게 된다. 운동을 지속하기 위해 퇴근 시간을 조정하고, 퇴근 이후 약속도 당분간 잡지 않는다. 스스로를 격려하기 위해 운동복도 새로 마련하고 틈날 때마다 동기부여 영상도 본다. 습관을 몸에 배게 하기 위해 물리적 환경과 시간 등을 세팅하는 것이다.

안 하던 운동을 하느라 힘들고 지칠 때도 많지만 어떤 동작은 생각보다 잘해내는 자신을 보며 놀라기도 한다. 매일 몸무게와 체지방을 체크하며 스스로를 밀착 관리한다. 그렇게 한 달간 꾸준히 운동한 결과, 몸이 가벼워지고 마음도 밝아지면 내가 대견해 자존감도 덩달아 올라간다.

이처럼 뭔가를 꾸준히 하면 할수록 우리는 더 꾸준히 해야 할 이유를 찾게 된다. 공부 잘하는 아이일수록 부족한 점을 찾아서 더 공부하고, 못하는 아이일수록 30분 만에 책을 덮는 것과 같은 이치다.

결국 좋은 습관은 나를 제대로 매니지먼트 해준다. 꾸준히 나에게 몰입해 내 안에 있는 새로운 잠재력을 발견하도록 만드는 것이다. 듬성듬성 보면 작년과 똑같은 나인데 촘촘하게 보면 가능성 있는 나, 믿을 만한 내가 보인다. 즉 새로운 나, 다른 나를 발견하고 싶다면 좋은 습관을 가져야 하는 것이다.

좋은 습관을 '미라클'이라 부르는 이유

우리는 생각보다 자신과 멀리 떨어져서 지낸다. 바쁜 일상에 쫓기듯 살다 보면 내가 뭘 하는지 마는지 관심이 없다. 그런데 좋은 습관 하나가 몰입을 경험하게 해주고, 나의 숨겨진 능력을 발견하게 해준다. 결과적으로 습관은 평범한 나를 '비범하게' 만들어준다.

지금의 나는 수많은 습관이 쌓여 만들어졌다. 걷는 법, 밥 먹는 법, 말하는 법 모두 꾸준한 반복을 통해 체득한 것들이다. 습관이 인간을 만드는 기초 재료인 것이다. 동시에 습관은 우리가 원하는 것을 이루게 해주는 거의 유일한 재료다. 그러니 되고 싶은 모습, 이루고 싶은 꿈이 있으면 반드시 습관으로 만들어야 한다.

내가 강사가 된 것도 습관의 힘 덕분이었다. 평소 세상에 일어나는 모든 일을 강의라는 프레임으로 보는 습관, TV를 볼 때도 포스트 잇에 메모하는 습관, 누군가와 만날 때 중요한 내용은 적으면서 대화하는 습관 등 일상의 다양한 습관이 나를 강사로 만들어주었다.

강사가 된 후로도 잠자는 시간을 뺀 나머지 시간 동안 강의만 생각했다. 매일 꾸준히 책을 읽고 강의를 설계하고 무대에 선 후 리뷰하는 습관을 만들었다. 그렇게 10년 넘게 '무식한 축적기'를 거쳤기에 강사로 살아남을 수 있었다.

정말 이루고 싶은 꿈이 있다면 꿈과 관련된 습관에 무식할 정도로 '강하게' 몰입해야 한다. 일단 한번 제대로 습관을 만들고 나면 자신감이 생기면서 다른 인생 문제들도 이렇게 풀면 되겠다는 확신이 든다. 세상이 아무리 복잡해 보여도 꾸준함으로 안 풀리는 문제는 거의 없기 때문이다.

습관은 평범한 사람이 성공할 수 있는 유일한 방법이다. 습관을 정복하면 평범한 사람도 더 이상 평범하지 않다. 무조건 비범해진다. 새벽 기상이든 다이어트든 공부든, 뭐라도 꾸준히 하면 완전히 다른 사람이 된다. 꾸준함 자체가 브랜딩이 된다. 누구나 할 수 있고 돈이 드는 것도 아니지만, 해내는 사람은 1퍼센트도 안 되기 때문이다. 그래서 나는 늘 강조한다.

"세상 만만하게 봐도 돼요. 누가 여러분처럼 새벽 5시에 꾸준히 일어나겠어요? 이 시간에 다들 자요. 여러분만큼 자기를 열심히 들여다보고 매일 키우는 사람들이 없어요. 자기 꿈도 듬성듬성 대충대

습관은 눈으로 보고 읽으면
아무것도 아닌 단어이지만,
몸으로 해내고 나면 기적이 된다.

내 안에는 기적을 만들어낼
또 다른 내가 있다.

충 보지, 별 관심도 없어요. 그러니 여러분이 얼마나 대단해요? 자신감을 갖고 뭐든지 시작하세요."

새벽 기상을 괜히 '미라클 모닝Miracle Morning'이라고 부르는 게 아니다. 습관은 눈으로 보고 읽으면 아무것도 아닌 단어일 뿐이지만 몸으로 해내면 기적이 된다. 우리에게는 기적을 만들 수 있는 또 다른 내가 있다. 내 안의 또 다른 나를 끄집어낼 수 있는 유일한 열쇠는 오직 '꾸준함'뿐이다.

하루 1시간만 진짜 나로 살아보자

처음 습관을 만들 때는 하루 1시간만 집중하는 것이 좋다. 하루에 딱 1시간만 내가 되고 싶은 나로 살아보는 것이다. 작가를 꿈꾸고 있다면 1시간만 글을 써보고, 창업의 꿈을 꾸고 있다면 1시간 동안 창업 공부를 하는 것이다. 다이어트로 건강해진 나를 꿈꾼다면 1시간만큼은 운동을 한다. 오늘 한 가지만 해도 내일이 달라진다. 달라진 나는 다른 생각을 하고, 다른 방향을 보기 시작한다.

가끔 나는 거울을 보면서 시간이 무섭다는 생각을 할 때가 있다. 내가 살아낸 모든 시간이 내 몸에 새겨지기 때문이다. 기쁜 시간을 살면 거울 속의 나도 영락없이 즐거워 보인다. 일주일이라도 슬프고 우울한 시간을 살면 얼굴색부터 칙칙해 보인다. 그래서 오늘의 나는 어제의 나와 꼭 닮아 있다. 삶이 희망적인 이유는 오늘을 바꾸면 내일이 달라지기 때문이다.

나를 바꾸고 싶다면 오늘 하루에 집중하자. 오늘 하루를 기획하고 아무리 바빠도 하루 1시간 내 꿈에 집중하자. 하루에 1시간씩 꾸준히 노력하면 매일 내가 원하는 나를 만들어나갈 수 있다. 이 책을 읽는 당신도 습관을 통해 비범한 나를 만들어가시길. 내 안의 기적을 꼭 발견하시길 바란다.

4부

두 번째
세상과
나를

연결하는 법

퇴사하기 전에

반드시 알아야
할 것들 1

'직장 생활, 언제까지 할 수 있을까?'

　마흔이 되면 으레 직장인들이 하는 고민이다. 40대 중반쯤 됐다 싶으면 회사에 눈치가 보이기 시작한다. 가뜩이나 경기 침체가 시작되면서 언제 권고사직을 당하거나 희망퇴직 대상자가 될지 알 수 없다. 희망퇴직 대상자 연령을 40대 초반까지 낮췄다는 최근 은행권 소식이 불안의 무게를 더한다. 40대도 희망퇴직에서 자유로울 수 없는 시대가 됐다는 걸 실감하는 요즘이다.

　문제는 이토록 고용 불안이 심각해지고 있음에도 많은 직장인이 '고민만' 몇 년째 하고 있단 거다. 가끔 주변의 40대 직장인에게 앞으로 어떤 계획을 가지고 있냐고 물어보면 열에 아홉은 이렇게 말한다.

"언제까지 회사를 다닐 수는 없죠…."

그러면서 다들 말끝을 흐린다. 대안이 없어서다. 답 없는 고민만 띄엄띄엄하다가 차가운 현실이 닥치면 그제야 후회를 한다. 40대 직장인의 분주한 일상을 나 또한 잘 알고 있지만 이런 친구들을 볼 때마다 걱정이 앞선다. 왜 자기 생계에 대해 고민만 하고 대비하진 않을까.

40대가 회사 밖을 대비하지 못하는 이유

기업 임직원을 상대로 CEO 코칭과 리더십, 조직문화 강연을 하는 그로플 백종화 대표는 회사를 다니는 동안 자신만의 비즈니스 모델을 많이 만들어서 퇴사한 경우다. 그는 퇴사 전 3년 동안 매일 글을 써서 매체에 연재하고, 외부 강연을 하며 자기 커리어를 차곡차곡 쌓았다. 스터디 모임만 네 곳에 나갔다고 한다. 회사 밖에서의 영리 활동을 금지하는 내부 규정을 따르기 위해 외부 코칭과 컨설팅을 무료로 진행했다.

그렇게 업계에서 유능한 HR 전문가로 입소문이 난 그가 마흔한 살에 퇴사 소식을 알렸을 때 어떤 일이 벌어졌을까? 그가 무료로 코칭을 해주던 회사들이 앞다투어 '정식으로 계약하자'며 그에게 계약서를 내밀었다. 물 만난 물고기처럼 움츠린 날개를 활짝 펼친 그의 퇴사 과정을 보며, 나는 고민만 하는 40대 직장인들에게 그와 같은 철두철미한 준비가 딱이란 생각이 들었다.

백 대표는 퇴사 이후에야 진짜 자기가 원하던 일을 하고 있다. 특히 대기업 40~50대 임원을 대상으로 하는 커리어 코칭 분야에서 손꼽히는 전문가로 이름을 알린 건 퇴사 이후의 일이다.

"그런데 대표님, 대기업 임원들을 대상으로 강의할 때 제가 항상 묻거든요? 정기적으로 스터디 모임에 나가거나, 글을 쓰거나, 그동안 쌓은 지식과 경험으로 강연을 하거나 코칭을 해보신 적이 있냐고요. 그러면 백이면 아흔아홉은 없다고 해요. 대기업 임원 정도 되면 은퇴를 대비해 평소 뭔가를 열심히 준비할 것 같은데 막상 현실은 안 그래요. 그렇게 평생 회사 일만 하다가 갑자기 회사 밖으로 나가면 당장 할 일이 아무것도 없을 수밖에요. 그가 누군지, 뭘 잘하는 사람인지 '브랜딩'이 안 되어 있는데 어떻게 알고 찾아오겠어요? 지금까지는 대기업 임원이라는 명함 때문에 사람들이 찾았던 건데, 회사 안에 있을 때는 그걸 잘 몰라요. 나와봐야 알죠."

백 대표의 말이 백번 맞다. 준비 없이 맞이하는 퇴사만큼 위험한 게 있을까.

누구나 타의로든 자의로든 퇴사 충동을 느낀다. 나와 비슷했던 동료가 나보다 먼저 승진하면 자존심이 상해서, 다 큰 나를 여전히 내리찍는 상사가 싫어서, 이 꼴 저 꼴 보기 싫은 순간마다 당장 회사 문을 박차고 나가서 자유로워지고 싶다. 육체의 에너지도 줄어드는 나이여서 몸이 고장 난 것처럼 아프거나, 과중한 업무가 지속되어 번아 웃이라도 오면 퇴사를 심각하게 고민하지 않을 수 없다.

그런데 퇴사란 독립된 개념이 아니다. 퇴사와 함께 반드시 붙어다 니는 단어가 바로 '퇴사 이후'다. 마흔 넘어 이직이 쉽지 않거나, 더 이상 남 밑에서 일하고 싶지 않고, 내가 쌓아온 경험과 전문성을 가 지고 세상과 승부를 보겠다는 자신만만한 사람들은 사업을 진지하 게 고민하기 시작한다. '퇴사'와 '창업'은 그렇게 동의어가 된다.

이렇게 자연스러운 한 쌍인데도 사람들은 의외로 회사를 다니는 동안 '사표'는 가슴속에 품고 다니면서 '퇴사 이후'에 대한 고민을 뒷전으로 둔다. 직장 생활과 창업 준비를 병행하는 게 생각보다 쉽지 않기 때문이다. 직장에서 40대가 되었다면 대부분이 팀을 맡아 리더 역할을 하고 있고, 당장 성과를 보여야 하는 위치에 있기 때문에 자 신을 혹사시키는 경우가 적지 않다. 지금 당장 해결해야 할 골치 아 픈 문제가 매일같이 발생한다. 그러니 내 개인 프로젝트를 할 시간은 늘 부족하고 속도도 안 난다.

시간은 점점 흐르는데 진행되는 건 없고 마음도 더 초조해지면 '이럴 바엔 퇴사하고 나서 본격적으로 내 일을 시작해볼까?' 하는 결 론에 도달한다. 게다가 많은 자기계발서에서는 창업의 동의어가 '도 전'이라고 하지 않나. 머릿속에 도전만 박혀 있으니 '리스크'를 안고 시작하는 건 어찌 보면 합리적이기까지 하다.

도전 정신으로 무장한 가여운 퇴사

왜 사람들은 창업처럼 리스크가 큰 도전을 선택하려 드는 걸까? 창업이란 진짜 그런 걸까?《오리지널스》의 저자 애덤 그랜트_{Adam Grant}는 창업에 대한 이런 생각은 착각이자 잘못된 고정관념이라고 말한다.

이 책에 따르면 미국의 연구팀이 한 가지 흥미로운 질문을 던졌다. '창업을 준비할 때, 직장을 계속 다니는 게 나을까, 아니면 그만두는 게 나을까?' 이 답을 찾기 위해 연구팀은 1994년부터 2008년까지 15년에 걸쳐 5,000명의 창업가를 추적 조사하는 연구를 진행했다. 대부분이 직장을 그만두고 창업에 전념한 사람들의 성공 확률이 더 높았을 것이라 예측했다. 창업이라는 것이 시간과 에너지를 완전히 집중해도 성공할까 말까인데, 직장 일과 병행해서 과연 성공할 수 있겠느냐는 것이다.

그런데 연구 결과는 놀랍게도 정반대였다. 직장을 계속 다닌 창업가들이 직장을 그만둔 창업가들보다 실패할 확률이 33퍼센트나 낮았다. 성공한 창업가들이 위험을 감수하는 성향이 높을 것 같지만 실제로는 반대다. 극도로 신중을 기해 위험을 분산시키려는 성향을 가진 사람들이 오히려 성공한 것이다.

실제로 유명한 창업가들 중에는 직장이나 학교에 다니면서 창업한 이들이 적지 않다. 구글의 창업자인 세르게이 브린_{Sergey Brin}과 래리 페이지_{Larry Page}는 스탠퍼드 대학원을 다니면서 인터넷 검색 기능을 획기적으로 향상시키는 방법을 알아냈다. 그러나 박사과정을 포기할 수 없던 두 사람은 검색엔진을 만든 후에야 대학원을 휴학했다. 혹시라도 일이 생각처럼 안 풀리면 안전하게 돌아갈 곳이 필요했기 때문이다.

이베이 창업자인 피에르 오미다이어Pierre Omidyar도 창업 후 9개월 동안의 수입이 월급보다 많아진 뒤에야 직장을 그만뒀다. 그가 이런 보수적인 선택을 한 까닭은 무엇이었을까? 사람이 돈에 쫓기고 마음의 여유가 없을 때, 한 가지에 모든 것을 걸고 올인했을 때에는 결코 창의적인 생각을 하기 어렵기 때문이다.

애덤 그랜트가 우리에게 전하고자 했던 바는, 마흔의 퇴사와 창업에서 가장 중요한 키워드는 '도전 정신'이 아니라 '위험 분산'이란 사실이었을 게다. 그러니 생계를 위협하는 퇴사라는 어설픈 시도에 함부로 도전이라는 이름을 붙여서는 안 된다. 나를 먹여 살리는 일만큼 진심으로 성실해야 하는 일은 없다.

퇴사 전 '임대 마인드'를 갖자

"회사를 다니면서 창업을 준비한다는 게 좀 미안해서요."

아직도 인생의 쓴맛보다 조직의 쓴맛에 더 익숙한 40대 직장인들은 이런 걱정을 한다. 그런 분들에게는 '임대 마인드'를 가지라고 조언해주고 싶다. 100세 시대를 살아가면서 우리는 나의 가장 젊고 능력 있는 시간을 회사에 '임대'한다. 내가 회사에 고용된 것이 아니라, 나를 회사에 임대했다고 생각해도 좋다.

능력 있는 나를 회사에 10년 넘게 장기 임대했으니 이제는 서서히 '다이렉트 임대'로 전환할 준비를 해야 한다. 세상에 나를 다이렉트로 임대하는 것이 창업이다. 당신의 마음이 머뭇거리는 이유, 퇴사 이후를 대비하지 않는 큰 이유 중 하나도 현실을 몰라서가 아니다. 냉철한 '임대 마인드' 대신 오랜 시간 '고용 마인드'로 살아왔기 때문에 주저한다는 것을 나는 40대 직장인들을 만나면서 알게 되었다.

회사와의 의리는 다니는 동안만 최선을 다해 지키면 된다. 만일 당신의 임대 기간이 거의 끝나간다고 생각한다면, 지금부터 준비해도 늦지 않다. 이제 그동안 쌓은 경험과 능력을 세상에 직접 임대할 시간이 다가오는 것이다. 어차피 100세 시대를 산다면 언젠가 한 번은 세상에 나를 직접 던져야 한다. 세상에 어떤 가치를 던질 것인가? 나를 어떻게 세상에 내던질 것인가? 임대 마인드로 나를 다시 돌아보자. 그리고 준비해보자. 준비되지 않으면 재임대는 절대 불가능하다.

세상에 나를 먹여 살리는 일만큼
진심으로 성실해야 하는 일은 없다.

퇴사하기 전에

반드시 알아야
할 것들 2

유튜버 '신사임당'으로 잘 알려진 주언규 PD는 방송국에서 일할 때를 너무나 불행했다고 회고하곤 한다. 많은 직장인들이 그에게 공감을 보낸다. 그는 상명하복의 조직 문화와 술자리 등 조직 생활 자체가 체질적으로 안 맞는 사람이었다. 회사에 출근하는 게 죽기보다 싫었지만 처자식이 있는 가장이라 함부로 회사를 그만둘 수도 없었다. 그런 그가 퇴사하고 싶은 스스로를 설득하기 위해 매일 쓰고 업데이트한 게 '회사를 그만두면 잃는 일곱 가지'였다.

첫째, 당연히 월급이다. 매달 들어오던 월급이 사라진다. 그는 자신과 아내가 한 달에 얼마를 쓰는지부터 꼼꼼하게 따져봤다고 한다. 이돈이 사라져도 정말 괜찮은지 스스로에게, 그리고 이 사실을 감당해야 할 아내에게 솔직하게 터놓고 물어본 것이다.

둘째는 인맥이다. 지금까지는 잘나가는 방송국 PD 명함으로 비즈니스 파트너들을 만날 수 있었지만 회사를 그만두면 내 이름 뒤에 붙는 수식어가 사라진다. 프리랜서들이 직장인에게 가장 부러워하는것이 명함인 이유다.

셋째는 분업이다. 회사에서는 내가 맡은 일만 잘하면 되지만 회사밖에서는 모든 일이 내 책임이 된다. 회사에 있으면 법적 문제는 법무팀에, 마케팅 고민은 마케팅팀과 얼마든지 상의할 수 있지만, 혼자 하면 이 분업들이 전부 다 내 주머니에서 나가야 할 비용으로 돌아온다.

넷째는 신용이다. 회사를 다닐 때는 은행이 나에게 친절하지만 퇴사하는 순간 은행은 180도 달라진 표정과 태도로 나를 본다. 그러니퇴사 전에 은행의 도움 없이도 당당할 수 있게 자생력 있는 비즈니스를 구축해야 한다.

다섯째는 전문성이다. 지금 하고 있는 일을 버리고 회사 밖으로나오면 그동안 '자동적으로' 주입되던 업계와 트렌드 정보에 뒤처지게 된다. 회사 다닐 땐 잘 모른다. 동료들에게, 상사에게, 파트너사에 얼마나 배우고 있는지. 가만히 앉아 있어도 정보가 술술 주입되는 곳이 회사다. 회사 안에서는 '업무 상식'이던 정보들이 회사 바깥에 나가면 발품 팔아 얻을 '고급 정보'가 된다.

여섯째는 방향성이다. 사람들은 위에서 시키는 일을 하기 싫어서 퇴사를 고민하지만 회사가 방향을 정해주기 때문에 잘못된 판단을 덜하는 것도 사실이다. 퇴사하는 순간부터 내가 모든 방향을 결정해야 한다.

마지막은 거의 모든 것인 '안정성'이다. 위의 여섯 가지가 사라지는 순간 내 삶은 송두리째 불안해질 수밖에 없다.

"이 내용을 쓰면서 회사를 못 그만두도록 저 자신을 설득했는데 나중에는 이것이 저의 '퇴사 준비 리스트'가 되더라고요. 퇴사하기 전에 이 문제들 중 적어도 몇 가지는 해결하자고 마음먹었어요. 결국 회사에 다니면서 부업으로 렌털 스튜디오를 열었고 월급보다 더 많은 수익을 낸 이후에 회사를 그만뒀죠. 지금까지도 저는 퇴사를 후회한 적이 한 번도 없습니다."

주언규답다. 그의 꼼꼼하고 치밀한 퇴사 준비 과정을 들으면서 40대의 퇴사는 바로 이래야 한다는 생각이 들었다. 대충 생각하면 퇴사후에 잃을 것들이 구체적으로 안 보인다. 한 달에 내가 쓰는 돈도 대충 보면 얼마 안 되는 것 같지만, 막상 하나하나 적어보면 늘 예상을 훌쩍 뛰어넘는다.

퇴사 준비란 축적의 시간을 버는 것

직장인들은 회사 안에 있을 때는 내가 가진 구슬 열 개 중 일곱 개가 회사 소유라는 것을 잘 모른다. 퇴사하고 일곱 개가 떨어져 나갔을 때야 비로소 현실을 실감한다. 회사가 가진 시스템과 안정감이 내 일상과 멘탈 유지에 얼마나 큰 영향을 미치는지도 잘 모른다. 퇴사 후 불안을 몸소 겪어본 후에야 회사가 든든한 울타리였음을 체감한다.

직장인일 때는 회사 매출이 떨어져도 넷플릭스를 보며 웃을 수 있다. 그런데 내가 오너가 되면 웃음기가 온데간데없이 사라진다. 창업이란 매출 압박이라는 스트레스를 24시간 견디는 일이다. 단지 회사를 나왔을 뿐인데 전혀 다른 차원의 세상을 만나게 된다. 그러니 회사 밖에서도 자신만의 독자적인 비즈니스를 당당하게 운영하려면 반드시 회사에 있을 때부터 치밀하게 준비하고 충분히 연습해야 한다.

창업은 비즈니스 '기획'이 반이다. 기획은 한 번에 집중해서 터뜨리는 게 아니라 바닥부터 쌓아 올리는 것이다. 최초의 아이디어가 아무리 좋아도 이면에 망할 이유는 늘 스무 가지가 넘는다. 이 스무 가지를 해결하다 보면 수없이 버리고 다시 쌓는 일이 반복된다. 그 축적의 시간을 스스로에게 주어야 살아남을 수 있다.

회사 업무의 일부만 담당했던 나는 당장 창업의 모든 과정을 설계할 역량이 안 된다. 서비스 기획은 되는데 세일즈가 안 된다든지, 마케팅은 되는데 디자인 감각이 떨어진다든지. 초기에는 좋은 능력이

든 나쁜 능력이든 다 꺼내 써야 하기 때문에 나의 가장 밑바닥 능력이 제품에 들어가는 험한 일이 벌어진다. 그렇게 크고 작은 실패를 경험하면서 능력을 끌어올릴 '절대적인 시간'이 필요하다.

물론 회사를 다니면서 준비하면 2년 걸릴 일을, 퇴사 후 몰입하면 1년 만에 해결할 수도 있다. 그러나 이 시간이 미래에 대한 두려움, 생계에 대한 압박으로 가득 차면 가장 중요한 멘탈 유지가 안 된다. 멘탈이 무너지면 나만의 차별화된 가치로 승부해야 살아남는 창업의 세계에서, 결국 남들처럼 돈이 시키는 일을 하게 된다.

<hr /> **가치가 시키는 일을 하기 위하여**

창업의 성패는 결국 돈이 시키는 일을 하느냐, 가치가 시키는 일을 끝까지 해내느냐에 달려 있음을 명심하자. 회사를 다니면서 위험을 분산시킨다는 말의 진정한 뜻은, 기본 생계가 훼손되지 않는 상황이어야 내 창업의 가치를 실현할 여유를 벌 수 있다는 뜻이다.

회사를 다니면서 창업을 준비하는 일이 쉽다는 말이 아니다. 체력적으로 엄청 고달픈 일이라는 것도 잘 안다. 그런데 어차피 창업을 하면 회사에 다닐 때보다 두세 배 더 일해야 하는 건 기본이다. 일이 잘 안 되면 강한 멘탈로 버티면서 없는 체력도 만들어 쓸 수 있어야 한다. 체력과 멘탈에 그 정도로 자신이 붙어야 비로소 퇴사할 수 있다. 그게 없으면 어차피 나가도 생존할 수 없다.

나는 자신만의 비즈니스를 고민하는 40대들에게 늘 당부한다. 아무리 힘들어도 회사를 다니면서 충분히 연습하고 준비해야 한다고. 최소한 시제품을 만들어 시장에 내놓고, 그 수익이 내 월급만큼 나오는 것을 6개월 이상 확인한 뒤에야 회사를 나와야 한다고 말이다.

내 능력과 콘텐츠를 파는 1인 비즈니스도, 온라인 쇼핑몰도 다 마찬가지다. 세상의 모든 창업은 다 어렵다. 고객으로부터 직접 버는 돈 중에 어렵지 않게 벌리는 돈은 없다.

물론 퇴사와 창업만이 정답이라고 말하는 것은 아니다. 성품상 창업이 맞지 않은 이들은 너무나 많다. 회사에서 정년까지 버틸 수 있다면 그것도 좋은 선택지다. 그러나 우리의 인생은 늘 변수투성이다. 50세가 넘으면 회사를 나와야 할 가능성이 높아지는 것은 엄연한 현실이다. 원하든 원하지 않든, 누구나 자신만의 비즈니스를 펼쳐야 할 날이 한 번은 온다.

나는 일과 직업에도 존엄이 있다고 생각한다. 첫 번째 직장에서 쌓은 20년간의 자존과 존엄만 중요한 것이 아니다. 오히려 50~60대에 어떤 일을 하는가, 내가 정말 가치 있다고 생각하는 일을 하는가, 하고 싶은 일을 하면서 돈을 벌고 있느냐가 50세 이후의 존엄성과 즉각적으로 연결된다.

물론 현재를 사느라 벅차고 힘든 거, 안다. 그러나 60까지 와서 보니 '하고 싶은 일', '내가 스스로 가치를 느끼는 일'이 주는 자존과 존엄이 없으면 매일 스스로의 초라함에 변명하듯 살아야 한다.

갑자기 하면 어렵다. 그러니 미리 준비하자. 생각만이라도 쌓아놓자. 자존과 존엄은 지극히 개인적인 감정이라서 나만이 해결할 수 있다. 자꾸 부담을 주어 미안하지만 곧 다가올 미래다. 당신의 10년 후 일의 자존과 존엄에 대해, 잠시 바쁜 일상을 멈추고 생각해보길 바란다.

현재를 사느라 벅차다고
미래를 내버릴 수 없다.

돈이 아니라 가치가 시키는 일,
가슴을 뜨겁게 데우는 일을
지금 시작하라.

불황을
기회로 만드는

세 가지 힘

요즘 뉴스 보기가 겁난다. 경제 뉴스는 전부 암울한 예측뿐이다. 경기 불황 중에도 물가가 계속 오르는 스태그플레이션이 전 세계를 휩쓸고 있다. 경제학과 교수들의 52퍼센트가 '지금의 경제 상황이 2008년 글로벌 금융위기 때와 비슷하거나 더 어렵다'고 진단했다.

3년 전, 갑자기 창궐한 코로나 바이러스에 전 세계가 떨었는데 이제 조금 적응했나 싶더니 '불황 바이러스'가 덮쳤다. 생각해보면 2023년의 경제 불황은 지금의 40대들이 본격적으로 겪는 최초의 경제 위기다. IMF 때는 아직 학생이었고, 2008년 금융위기 때는 사회 초년생이었으니.

시대를 막론하고 경제 불황의 최대 피해자는 언제나 마흔이다. 가장 왕성하게 경제활동을 할 때라 투자도, 대출도, 사업 규모도 가장 많이 키운 상태이기 때문이다.

실제로 열심히 재테크에 몰두했던 40대들의 상황은 심각하다. 코로나 직후 한동안 주식 부자, 코인 부자가 속출하며 한순간에 '벼락거지'가 된 상실감에 시달리다가 너나 할 것 없이 투자에 나선 마흔들. 지금은 눈앞의 마이너스 수익률에 '호구'가 된 기분이다. 웬만해서는 안 떨어진다는 서울 아파트 가격이 뚝뚝 떨어지고 있고, 전 세계적 불황으로 미국 주식, 한국 주식, 코인 할 것 없이 다 곤두박질치고 있다. 최근에 만난 40대 재테크 유튜버도 경제 불황을 피해 가진 못했다.

"제가 갖고 있던 비트코인이 반 토막 났어요. 나머지 알트코인들도 80퍼센트씩 떨어졌고요. 원래 이쪽 시장이 변동성이 크긴 했지만 최근에 안 좋은 뉴스가 많아 언제 시장이 다시 살아날지 알 수가 없네요."

제일 안타까운 것은 빚을 내어 투자한 40대들이다. 대출 금리가 8퍼센트를 돌파했고 주택담보대출 금리도 6퍼센트를 넘었다. 매달 나가는 대출금이 기본 수십만 원씩 오르거나 앞자리가 달라지니 '이런 게 불황이구나' 현실을 체감하게 된다. 살아보니 세상의 모든 스트레스 중 돈과 빚에 쫓기는 것만큼 지독한 게 없다.

이럴 때 사람들은 정말 진지하게 고민하기 시작한다. 가장 먼저 떠오르는 솔루션은 뭘까? 첫째, 무조건 허리띠를 졸라맨다. 둘째, 버티다가 안 되겠으면 손해를 보더라도 판다. 주식이든 집이든 손해를 감수하고 뭐라도 팔든가 자산 규모를 줄이는 것이다. 그런데 이게 정말 대안일까? 이 방법밖에 답이 없는 것일까?

금리를 따라잡는 '나'라는 고금리 상품

나는 지난 코로나 때 인생에서 처음으로 백수가 됐다. 모든 강의가 없어지면서 강연 수입이 0원이 됐다. 그때 처절하게 생존을 위해 뛰면서 깨달은 진실이 있다. 어떤 위기와 불황에도 세상은 멈춘 적이 없다는 사실이다. 인류가 존재하는 한, 경제는 절대 멈추지 않는다. 다만 돈이 다른 곳으로 이동하거나 돈 버는 방식이 변화할 뿐이다. 그걸 기어이 찾아내 다시 연결하면 모든 위기는 기회가 될 수 있다.

부자들은 이 위기를 절대 놓치지 않는다. 남들이 막힌 곳만 보고 있을 때 부자들은 뚫린 곳을 반드시 찾아낸다. 막힌 것처럼 보이는 상황만 보고 지레 겁먹지 말라는 뜻이다. 어차피 경제라는 것은 파도처럼 늘 요동친다. 올라가면 내려오고, 내려왔다 싶으면 다시 올라간다. 좋았다가 나빴다가를 수없이 반복하는데 그때마다 통장 잔고를 보며 좌절하고 멈출 수만은 없다. 싸워보지도 않고 백기부터 들 수는 없다. 그렇다면 조금 더 능동적인 솔루션을 찾는 건 어떨까?

내가 찾은 첫 번째 솔루션은 숫자에 겁먹지 말고 '오른 만큼 더 벌어서 금리를 따라잡는 것'이다.

'아파트 대출금이 3퍼센트였는데 8퍼센트로 뛰었네. 많이 바라는 건 아니고, 네가 지금보다 딱 5퍼센트만 더 벌면 안 되겠니? 내가 볼 때는 네가 제일 나을 것 같은데?'

스스로에게 이렇게 물어보는 것이다. 최근 '영끌'로 집을 산 많은 30~40대들이 오르는 대출 금리 때문에 아파트를 되팔고 있다고 한다. 그러나 부동산 전문가인 서울대학교 김경민 교수는 '팔뚝의 힘이 다 빠져나갈 때까지 버티라'고 조언한다.

"6억 아파트를 3억 대출을 끼고 샀어요. 그런데 집값이 30퍼센트 떨어져서 1억 8,000만 원을 손해 보게 된 거예요. 이때 3억 빚은 그대로 있으니 3억이었던 내 자산이 1억 2,000만 원으로 줄어든 셈이죠. 그런데 이 돈으로 살 수 있는 집이 없잖아요. 이럴 때는 버티면서 1억 8,000만 원이 다시 회수되기를 기다리는 게 최선입니다."

요즘 내 주변 사람들은 고금리 예적금 상품에 대한 관심이 대단하다. 이자가 5퍼센트라고 하면 바로 갈아탄다. 그렇다면 고금리 상품만 찾아다닐 게 아니라 나를 '고금리 적금 상품'이라고 생각하면 안 될까? 만약 내가 움직여서 지금 버는 돈의 5퍼센트만 더 벌 수 있다면 이보다 높은 금리가 없다. 요즘은 건물 임대 수익률도 5퍼센트가 안 된다. 매달 50만 원씩 꾸준히 추가 수익을 낸다면 나는 몇 억짜리 건물이나 다름없다.

IMF 때도 그랬지만 불황 때마다 아내들은 일하러 나온다. 남편 혼자 벌어서는 해결이 안 되기 때문이다. 한 사람이 사이드잡을 하면서 더 뛰든지 두 사람이 같이 벌어야 감당할 수 있다.

　불황일 때 버는 돈은 호황일 때 버는 돈의 세 배 역할을 한다. 자존감과 자신감까지 계산하면 그 이상이다. 그런데 내가 아무리 강조해도 사람들은 쉽게 시도하지 않는다. 발등에 불이 떨어지지 않는 한 어제 살던 대로 산다. 돈 버는 것 자체가 엄청난 스트레스를 동반하는 일이기 때문이다. 그런데 어차피 5퍼센트 금리 때문에 힘들다면 돈이 없어서 힘든 것보다 돈을 버느라 힘든 게 훨씬 낫지 않을까.

　불황일 때는 모든 것이 위축된다. 돈만 위축되는 게 아니라 마음까지 저절로 위축된다. 그러니 호황일 때보다 더 용감해지고, 남보다 자신감을 갖고 한 번 더 덤벼야 한다. 불황을 기회 삼아 소비자가 아닌 생산자로서 당장 세상과 거래할 수 있는 모든 방법을 시도해보자. 5퍼센트 금리에 겁먹지 말고 딱 5퍼센트만 더 벌겠다는 마음으로.

씨종자를 버리는 농사꾼은 없다

불황을 이기는 나의 두 번째 해답은 '버티는 것'과 '망하는 것'을 구분하는 것이다. 벌면서 금리를 감당할 수 있다면 그래도 괜찮은 상황이다. 정말 힘들 때는 자산을 팔고 살림 규모 자체를 줄여야 하는 상황이 올 수도 있다. 이럴 때 버티는 것과 망하는 것을 구분해야 한다.

씨종자를 팔지 않았다면
망하지 않은 것이다.
다시 일어서기 위해
장하게 버티는 중이다.

불황을 많이 겪어보지 못한 40대들은 버티는 것과 망하는 것을 잘 구분하지 못한다. 30평형대 아파트에서 살다가 10평형대 연립주택으로 이사를 하면 하늘에서 땅으로 떨어진 것마냥 '망했다'는 생각이 들면서 좌절감이 밀려온다. 남들의 '망했다가 다시 일어난 스토리'는 술안주처럼 듣지만 막상 자기 얘기가 되면 죽을 것 같고 감정 컨트롤이 안 된다.

그러나 인생을 살다 보면 이런 위기는 적어도 예닐곱 번 온다. 그때마다 망했다는 생각을 하면서 좌절감 때문에 평정심을 내려놓을 것인가? 사람은 자산이 무너지면 멘탈도 쉽게 무너진다. 내 자존감은 물론이고 가족 관계도 힘들어진다. 좌절과 실망이 누적되면 순간적으로 다 때려치우고 싶은 마음이 들 수 있다. 돈으로 받는 스트레스도 심하지만 돈을 벌면서 받은 상처가 커서 아예 업계를 떠나고 싶은 마음이 들 수도 있다.

그러나 아무리 힘들어도 결코 버려서는 안 되는 게 바로 '씨종자'다. 옛말에 '농부는 굶어 죽어도 종자는 베고 죽는다'는 말이 있다. 아무리 배가 고파도 내년에 농사 지을 씨종자는 지킨다는 뜻이다.

농부의 씨종자처럼 마지막까지 내가 돈을 벌 수 있는 수단은 꼭 지켜야 한다. 아무리 빈털털이가 되어도 평생 일했던 터전을 쉽게 팔아서는 안 된다. 씨종자를 팔지 않는 한, 나는 망하지 않은 것이다. 다시 일어서기 위해 장하게 버티는 중이다. 살면서 몇 번이고 닥칠 위기를 이번에 제대로 연습한다는 생각으로 정신 똑바로 차리자.

줄이는 대신 채우고 따라잡자

세 번째로, 이 위기를 기회로 만들려면 '채워야' 한다. 위기가 닥쳤을 때 부자들이 어떻게 움직이는지를 보면 길이 보인다. 경기가 안 좋아서 기업들이 속도를 늦출 때마다 오히려 성황을 이루는 곳이 있다. 바로 MBA 코스다. 에너지를 10만큼 써도 결과가 4밖에 안 나올 때, 4의 에너지를 써서 10만큼 내면을 축적하는 게 바로 공부라는 것을 CEO들은 너무 잘 알기 때문이다.

바쁠 때는 공부하기가 어렵다. 돈이 잘 벌릴 때는 지혜가 안 벌리는 게 당연하다. 코로나 이전에 나는 전국을 돌며 하루에 두세 곳으로 강의를 하러 다녔다. 이렇게 지식 노동만 계속하면 콘텐츠가 고갈되고 만다. 그래서 나는 예전부터 늘 함께 공부하고 연구하는 직원들을 곁에 두었다. 내가 강의를 하느라 멈춰 있는 동안 직원들이 내 곁에서 콘텐츠를 함께 채워준 것이다. 다른 강사들은 그런 나를 볼 때마다 이런 충고를 했다.

"미경 씨는 돈 벌어서 집에 다 가져가면 빨리 모을 텐데 왜 힘들게 직원을 둬요? 직원 두지 말고 우리처럼 혼자 뛰어요. 그러면 벌써 돈 벌었겠다."

죄송한 말이지만, 그렇게 충고하셨던 분들이 콘텐츠가 떨어져 제일 먼저 집으로 들어가셨다. 내가 번 돈을 내가 다 가져가면 집으로 빨리 가게 된다. 사람은 자기가 돈을 투자한 곳에서 성장하게 되어 있으니까.

나뿐만 아니다. 대부분의 CEO는 자신의 공부가 회사의 성장과 얼마나 긴밀하게 연결되어 있는지 알기 때문에 불황이 오면 곧바로 태세를 전환한다. 10에서 5로 줄인 현재의 규모를 앞으로 무엇으로 채울지, 어떤 새로운 비전을 세우고 비즈니스 모델을 만들지에 몰입한다.

세상은 돈이 풀릴 때도 바뀌지만 돈이 고갈될 때도 바뀐다. 시장이 죽은 것 같을 때 늘 판이 바뀌고 새로운 비즈니스가 등장한다. 부족한 자본으로 살아남기 위해 돈 대신 머리를 쓰는 사람들 때문에 세상이 빨리 바뀌는 것이다. 그런데도 보통 사람들은 겉으로 드러나는 불황만 보고 무조건 줄이기 바쁘다. 밥도 줄이고 능력도 줄이고 공부도 줄이고, 다 줄인다.

문제는 10이었던 규모를 3으로 줄여놨어도 몇 년 뒤 다시 세상이 10이 된다는 것이다. 그때 몇 년간 3으로 규모를 줄이고 멈춰 있었던 이들은 10이 된 세상을 따라갈 수 없으니 기회를 놓친다. 그러나 규모를 3으로 줄여도 공부로 10을 채워놓은 사람들은 결국 이를 따라잡는다.

줄이는 게 중요한 게 아니라, 줄인 만큼 무엇을 채울지 생각하는 것이 중요하다. 일을 줄이면 시간이 남는다. 그 시간이 바로 미래의 돈이다. 그 돈을 어디에 쓰느냐에 따라 우리의 미래가 결정된다.

결국 버텨내는 사람들의 비밀

"일본 무역 일을 했는데 한일 관계가 안 좋아지면서 매출이 반 토막이 났고 코로나 때 더 심각해지면서 매출이 종전의 30퍼센트까지 줄었어요. '이러다 정말 망하는 건가', '내가 잘못 살았나' 싶은 생각이 많이 들었죠. 그럴 때마다 선생님 유튜브 영상을 보면서 버티고 있어요. 선생님도 살면서 많은 위기를 겪으셨지만 결국 이겨내셨잖아요. 선생님을 보면서 다시 힘을 내려고요."

얼마 전 만난 40대 중소기업 대표는 나를 보자마자 손을 덥석 붙잡으며 말했다. 그는 요즘 남는 시간에 새로운 비즈니스 모델을 연구하고 사람들을 만나며 바쁘게 지낸다고 했다.

불황일 때 불황처럼 사는 사람이 있는가 하면 호황처럼 사는 사람이 있다. 호황처럼 사는 사람들은 당장 버는 게 없어도 부지런히 사람들을 만나고 경험을 쌓고 공부를 하면서 바쁘게 산다. 이런 사람들이 결국 끝까지 버틴다.

지금 불황 때문에 힘든 사람은 나뿐만이 아니다. 나만 잘못하고 나만 바보 같아서 힘든 것이 아니다. 다만 '위기가 기회'라는 말을 내 것으로 가져오느냐 못 가져오느냐는 전적으로 내 몫이다. 따라잡고, 버티고, 채우기. 이 세 가지를 열심히 하면서 미리 기회를 잡고 판을 깔아놓자. 이 위기가 끝나면 우리는 스스로도 놀랄 만큼 성장해 있을 것이고, 성장의 결과는 더 많은 기회가 보상해줄 것이다.

나는
오늘부터

1인
스타트업이다

MKYU를 만들고 본격적인 회사 경영을 시작한 지 올해로 벌써 4년째다. 그전에도 내 곁에서 강사로서의 나, 유튜브 크리에이터로서의 나를 지원해주는 팀과 직원들이 있긴 했지만 제대로 된 회사를 만든 것은 처음이다.

회사가 갑자기 커지자 매일이 문제 해결의 연속이었다. 의사결정이 필요한 일도 점차 늘어났고, 빈틈을 채워야 할 일도 매일같이 생겼다. 나도 몸이 하나고 내 하루도 24시간인데, 일의 규모가 어마어마하게 커지니 어느 순간에는 일이 나를 잡아먹는 듯한 느낌이 들었다.

그때 나에게 가장 필요했던 것은 다름 아닌 '사람'이었다. 오프라인 강연 사업에서 온라인 교육 플랫폼 사업으로 갑자기 피봇_{Pivot}을 하게 되니 내가 할 수 없는 일도 많았다. 디지털 분야의 전문 인력이 절실했다. 특히 데이터를 기반으로 한 디지털 마케팅, 전략 기획 등을 믿고 맡길 수 있는 전문가가 필요했다.

문제는 이런 인재들을 구하기가 정말 어렵다는 점이다. 생긴 지 얼마 안 된 포지션이라 인력 자체가 별로 없으니 연봉이 어마어마할 뿐더러 우리 같은 초기 스타트업에는 잘 오려고 하지도 않는다. 좋은 조건으로 모셔 가겠다는 회사가 차고 넘치기 때문이다.

아마 이때 '슈퍼 프리랜서'들을 만나지 못했다면 지금의 나와 우리 회사는 없었을지 모른다. 슈퍼 프리랜서란 2021년 소프트정책연구소에서 정의한 개념으로, '프로젝트 단위로 업무를 수행하고, 업계의 명성을 얻어 고액의 일감을 받는 사람들'을 가리킨다. 혼자 혹은 팀으로 움직이며 업계에서 검증된 경력과 실력을 바탕으로 다양한 기업과 일하고 있는 사람들이다. 이들은 워낙 기존의 프로젝트로 스케줄이 꽉 차 있어서 계약하는 것조차 쉽지 않다.

슈퍼 프리랜서들을 처음 만나기 전까지, 나는 IT 개발자가 아닌 마케팅이나 전략 기획 같은 포지션은 무조건 내부에 사람을 두어야 한다고 생각했다. 그런데 세상은 이미 달라져 있었다. 이제는 정규직으로 채용하지 않고도 슈퍼 프리랜서들과 협업하면서 문제를 해결할 수 있게 된 것이다.

실제로 우리 회사 직원들은 몇 달 동안 그들과 프로젝트를 함께하며 노하우와 일하는 방식, 네트워크를 다져왔고 그 과정을 지켜보며 나는 노동시장이 엄청난 속도로 바뀌고 있다는 것을 실감했다. 디지털을 기반으로 한 강력한 확장성과 차별화된 콘텐츠 역량, 네트워크를 가진 개인은 그 자체가 하나의 기업, 스타트업이 될 수 있는 시대가 온 것이다.

슈퍼 프리랜서가 등장하자 달라진 것들

《트렌드코리아 2023》에는 '오피스 빅뱅'이라는 키워드가 등장한다. 인재가 떠나고 조직 문화가 바뀌고 슈퍼 프리랜서가 증가하는 등 노동시장 시스템이 폭발적으로 변하고 있다는 것이다. 실제로 슈퍼 프리랜서와 기업들을 이어주는 플랫폼 거래액은 두 배 가까운 성장세를 기록하고 있다.

갈수록 일의 형태도 유연해지고 다양해진다. 우리 회사만 해도 주 5일 출근하는 정규직만 있는 게 아니다. 일주일에 4일만 출근하는 사람도 있고, 3일만 출근하는 이들도 있다. 일주일에 딱 하루만 출근하는 어드바이저들도 있다. 이런 오피스 빅뱅은 기업이 주도하는 게 아니다. 자유롭게 일하기를 원하는 개인들이 만들어나가는 진짜 빅뱅이다.

이들은 '을'로 회사에 고용되는 게 아니라 동등한 '갑'으로서 스스로를 '거래'하길 원한다. 여기서 거래란 나의 지식과 역량을 잠시 회사에 임대하는 것을 말한다. 물론 나를 임대한다는 것이 쉬운 일은 아니다. 자신을 여러 기업에 임대하려면 본인 실력과 더불어 자신감이 있어야 가능하다. 또한 '이 분야는 이 사람이 잘한다'라는 업계의 레퍼런스가 분명해야 한다. 그래서 대부분의 슈퍼 프리랜서, 혹은 프리워커들은 회사를 다닐 때, 그러니까 퇴사 이전에 이미 해당 분야의 전문가로 개인 브랜딩을 해두는 것이다.

우리 회사에서 1년 가까이 어드바이저로 일했던 록담 님도 그랬다. 백영선이라는 본명보다 '록담'이라는 닉네임으로 잘 알려진 그는 카카오에서 일할 때부터 '커뮤니티', '살롱', '모더레이터'라는 키워드로 통했다. 현재 그는 커뮤니티 기획자이자 커뮤니티 디벨로퍼로서 대기업과 스타트업들이 만드는 다양한 고객 커뮤니티를 기획하고 코칭하는 일을 한다. 또한 회사에서 다양한 문화 행사를 성공시킨 경험을 살려, 각종 컨퍼런스의 콘텐츠 기획과 모더레이팅도 한다. 자신처럼 프리워커로 일하고 싶어하는 30~40대 직장인들을 대상으로 커리어 코칭도 하고 있다.

흥미로운 것은 그가 커뮤니티 디벨로퍼라는 브랜드를 갖게 된 과정이다. 이는 전적으로 회사 밖 '딴짓'에서 시작됐다. 영화제, 페스티벌 등 문화 마케팅 전문가로 다음Daum에서 최고의 전성기를 누리던 록담 님은 갑자기 대세가 된 SNS 마케팅에 밀려 사내에서 점점 입지를 잃었다. 곧이어 다음과 카카오가 합병하면서 변화의 물결이 그 어느 때보다 빠르게 몰아쳤다. 그 흐름을 예견하고 제대로 준비할 수

있었다면 어땠을까. 난생처음 '능력 없다'는 소리를 들으면서 자존
감이 추락했다. 새로운 기회를 위해 수없이 퇴사를 고민했지만 마흔
을 바라보는 두 아이의 아버지로서 쉽게 선택을 내릴 수도 없었다.

그는 결국 회사 밖에서 돌파구를 찾았다. 비슷한 나이대의 친구들
을 모아 '낯선 대학'이라는 커뮤니티를 만든 것이다. 자신의 분야에
서 최소 10년 넘게 일한 직장인들이 매주 마이크를 잡고 자신의 경험
과 지식, 고민을 함께 나눴다. 낯선 사람에게 받는 신선한 자극, 처음
접하는 새로운 형태의 커뮤니티에 30~40대 직장인들은 열광했다.

록담 님은 낯선 대학의 네트워크를 활용해 회사 업무에서도 좋은
성과를 냈다. 내친김에 사내에서 동료들을 모아 '100일 프로젝트'를
진행하기도 했다. 각자 미션을 정하고 100일 동안 이행 여부를 인증
하는 일종의 '챌린지'였다. 이런 크고 작은 사이드 프로젝트들이 쌓
이면서 록담 님은 회사 안팎에서 자연스레 커뮤니티 전문가로 알려
지기 시작했다.

"처음부터 돈을 벌겠다는 생각으로 시작한 건 아니었는데 진심을
담아 하다 보니 저만의 키워드가 생기고 결국 이걸로 비즈니스가 만
들어지더라고요. 회사에서는 우리가 가진 역량 중 특정한 것만 발휘
하잖아요. 그런데 스스로를 살펴보면 내 일상과 업무에 감춰져 있는
보석 같은 키워드가 생각보다 많아요. 회사 안에 있을 때 그걸 발견
하고 키워가는 연습이 꼭 필요합니다. 그러려면 하루에 단 30분이라
도 내가 좋아하는 '딴짓'을 해봐야죠. 저는 그러면서 '야생성'을 회

복한 것 같아요.ˮ

록담 님은 마흔넷에 회사를 나와 자신만의 비즈니스를 시작했다. 회사에 있을 때부터 다양한 사이드 프로젝트로 야생성을 길러놓은 덕분이다.

——————————— 야생의 사자가 되려면 필요한 네 가지

직장인으로 오래 살다 보면 동물원의 사자처럼 월급에 길들여져 야생성을 잃기 쉽다. 그러니 직장 밖으로 나갔을 때 독자적으로 생존하기가 더욱 어려워진다. 이 때문에 더욱이 회사에 있을 때부터 자신만의 키워드와 브랜딩을 고민해야 한다.

꼭 업무와 관련된 일이 아니어도 좋다. 좋아하는 일, 진심을 담을 수 있는 사이드 프로젝트에 도전하다 보면 새로운 일, 새로운 영감, 새로운 사람들을 만날 수 있다.

록담 님은 현재 플라잉웨일이라는 1인 기업의 대표로서 매일 프로페셔널하게 일하고 있다. 자신만의 미션과 비전이 있고 결과물 또한 확실하니 여러 회사와 동등하게 계약한다. 개인을 기업처럼 경영하고 있으니 분명히 그는 10년 뒤에 자신의 두 번째 전성기를 만들어낼 것이다.

오피스 빅뱅의 시대가 열렸다. 개인이 하나의 회사 못지않은 강력한 힘과 영향력을 가지는 세상이 왔다. 이러한 시대에 기회를 잡고 경제적 자유를 얻으려면 나를 개인이 아닌 '1인 스타트업 CEO'라 생각하고 마인드부터 바꿔야 한다.

CEO로서 회사를 경영한다고 생각하면 우선 책임감부터 달라진다. 의무감 때문에 억지로라도 구조와 체계를 잡게 된다. 시스템이 없는 회사가 성장할 수 없듯이 1인 기업도 마찬가지다. 회사에 있을 때는 한 가지만 잘해도 살 수 있지만 야생에서 살아남으려면 '기획, 개발, 운영, 마케팅' 역량 네 가지가 전부 있어야 한다.

내가 처음 미래여성연구원이라는 1인 기업을 만들었을 때 내가 가진 역량이라곤 기획력밖에 없었다. 강의 콘텐츠와 강연 기획은 자신 있었지만 홈페이지 도메인을 사는 법조차 몰랐다. 혼자 공부하고 전문가들에게 하나하나 조언을 구하면서 처음으로 나라는 기업의 웹사이트를 혼자 만들었다. 개발팀 역할을 오롯이 혼자 해낸 것이다.

직원이라곤 나밖에 없으니 운영도 당연히 내 몫이다. 혼자서 지속적으로 고객을 끌어들일 수 있는 이벤트를 준비하고, 장소를 예약하고, 문의 전화를 받고, 비용 정산도 했다. 매일 밤을 새며 강연 상세페이지를 만들고 사진과 영상을 찍고 편집했다. 덕분에 지금도 나는 웬만한 영상 편집은 혼자 하고 SNS도 전부 직접 관리한다. 그때 쌓은 운영 실력을 지금까지도 요긴하게 쓰고 있다.

그렇게 기획, 개발, 운영, 마케팅 네 가지 능력 전부를 어느 정도

두 번째 세상과
나를 연결하는 법   239

쌓기까지 10년은 넘게 걸렸던 것 같다. 실무를 알기에 좋은 직원들을 뽑을 수 있었고 남들보다 빨리 성과를 낼 수 있었다.

그런데 직장인들을 보면 한 가지 이외에는 전부 빠져 있는 경우가 대부분이다. 기획은 잘하는데 개발과 마케팅이 안 되고, 운영은 되는 데 기획과 마케팅이 빠져 있는 경우가 많다. 이런 사람들이 성급히 퇴사하면 큰일 난다.

회사 안에 있어도 문제인 건 장기적으로는 똑같다. 조직의 입장에서 부분적인 일만 하는 사람은 언제든지 대체 가능하기 때문이다. 독보적인 스페셜리스트가 아닌 한, 전체를 보는 시야와 타이밍을 놓치면 직장인의 가치는 갈수록 떨어진다. 전체를 볼 줄 아는 소수의 사람만이 최고경영자가 되거나 임원이 될 수 있다. 회사라는 울타리 안에 있을 때 조직 안팎에서 다양한 역량을 키우고 전체를 경험해보는 것이 중요하다는 얘기다.

또 하나, 스타트업 정신을 장착해야 각종 변수와 역경에 쓰러지지 않는다. 어떤 일이든 사업으로 해야 독한 피드백을 감당할 수 있다. 어떤 비즈니스든 욕을 들으면서 크는 것이 정상이다. 돈은 언제나 남들의 독한 피드백 뒤에 숨어 있다. 그걸 받아들이고 탁월한 수준까지 올라가야 돈을 벌 수 있다.

문화센터 취미반 같은 마음가짐으로는 피드백을 감당해내지 못한다. 취미로 하면 남들 말에 삐치고, 사업으로 하면 받아들이는 법이다. 남들 피드백에 자꾸 토라진다면 사업할 생각을 접어야 한다. 나를 1인 기업으로 생각하는가 아닌가에 따라 어디까지 감당할지가 결정된다.

지금 나만의 프로젝트를 가지고 무엇인가를 꾸준히 하고 있다면, 그 일을 100일 넘게 지속하고 있다면, 이미 당신은 1인 기업으로 살고 있는 것이다. 이루고 싶은 나만의 비전과 미션이 있다면, 그것을 이루기 위해 지속적으로 무엇인가를 하고 있다면, 그 행동이 바로 신호다.

프로젝트를 시작한 날이 당신의 창립일이다. 1인 기업이 되어 경제적 자유를 얻고 멋진 세컨드 라이프를 만들고 싶다면 창립일부터 정하자. 다이어리에 쓰고 주변에 적극적으로 알리자. 그날이 당신의 인생을 바꿀 것이다.

하루 30분의 '딴짓'이
우리의 '야생성'을 회복시켜준다.

나만의
'원씽'으로

성장 근육을
키워라

지난해에 인상 깊게 읽은 책 중 하나가《원씽 The One Thing》이다. 자신에게 중요한 한 가지 일에 집중해서 파고들라는 메시지가 핵심인 책이다. 고구마 줄기를 뽑듯 하나를 해결하면 내 인생의 여러 가지 문제를 함께 풀 수 있는 가장 본질적인 한 가지, '원씽'을 찾고 몰입하라는 것. 책을 읽고 나는 원씽에 홀딱 빠졌다.

우리는 새해 계획을 세울 때 야심 찬 목표를 정한다. '운동으로 10 킬로그램을 빼고, 재테크로 1,000만 원을 모으고, 영어 회화에 집중해서 달라진 나를 보여주자!' 1년이라는 시간은 길어 보이고 중요하지 않은 계획은 없으니 카테고리별로 목표를 세운다. 그러나 결과는 어떤가. 언제나 실패다. 바쁜 일상을 살다 보면 한 달도 안 돼 계획을 세웠다는 사실조차 잊어버리기 일쑤다.

우리는 모두 똑같이 24시간을 산다. 오늘의 생계를 유지하기 위해 일하는 시간, 밥 먹고 쉬는 시간, 가족을 챙기는 최소한의 시간을 제외하면 하루 중 내가 자유롭게 쓸 수 있는 시간은 2시간도 채 안 될 때가 많다. 그 시간 동안 운동과 영어 공부, 재테크 모두를 해내기란 여간 어려운 일이 아니다. 그렇다면 욕심을 버리고 지금 나에게 가장 간절한 것, 하나로 여러 가지 효과를 동시에 얻을 수 있는 원씽에 집중하는 것이 가장 현실적인 방법이 아닐까. 원씽에 마음을 빼앗긴 이유다.

바람을 현실로 만들어줄 단 하나, 원씽

나의 원씽은 5년 전부터 영어 공부다. 다른 목표는 수없이 들락날락하는데 영어만은 꾸준히 파고 있다. 영어 공부가 나의 원씽이 되기까지 무수한 고민을 거쳤기 때문이다.

'세컨드 라이프에 나는 어떤 모습으로 살고 싶은가?'

50대 중반, 나는 이 질문을 스스로에게 수없이 던졌다. 그 결과 이런 대답을 얻었다.

'아이들이 독립하면 한국이 아닌 외국에서 살면서 새로운 사람들을 많이 만나보고 싶어.'

'이제는 혼자만의 시간을 갖고 싶고, 마음대로 여행도 다니고 싶어.'

'30대에 강사라는 커리어를 다시 쌓기 시작한 것처럼 가슴 설레는 도전을 해보고 싶어.'

'음악, 영화 같은 K-콘텐츠처럼 내 강의도 해외에서 통하는지 직접 확인하고 싶어.'

그런데 이 모든 버킷 리스트를 현실로 만들려면 반드시 해결해야 하는 한 가지가 바로 영어였다. 외국에서 살아보는 것, 자유롭게 여행을 하는 것, 새로운 커리어에 도전하고 영어로 강의하는 것 모두 영어를 유창하게 하지 못하면 불가능한 일이다. 내가 영어 공부에 집중해야 할 분명한 이유가 생긴 것이다. 그런데 내 바람만큼이나 난이도가 높은 게 문제다. 많은 문제를 해결해주는 원씽일수록 감당하기가 쉽지 않기 때문에 스스로와 부단히 싸워야 한다.

MKTV에서 해외 저자들과 인터뷰를 하게 되면 날짜가 잡히는 순간부터 나는 고3 수험생이 되곤 했다. 사람들은 내가 영어로 인터뷰하는 모습만 보고 영어를 잘하는 줄 아는데, 55세에 영어 공부를 처음 시작한 내가 몇 년 만에 유창하게 대화할 수 있을 리 없다. 카메라 앞에서 부끄럽지 않으려면 열심히 공부하는 수밖에.

몇 년 전, 나는 재레드 다이아몬드Jared Diamond 교수님을 인터뷰한 적이 있다. 《총, 균, 쇠》를 쓰신 세계적인 석학이다. 이제야 고백하자면 인터뷰 전날 너무 불안해서 잠을 못 잤다. 교수님이 쓰신 책을 몇 달에 걸쳐 원서로 다 읽고 교수님의 영상 스크립트도 뽑아서 외우다

마흔에 한 번 성장 근육을 찢는 데 성공하면
그 경험이 고스란히 우리 안에 저장된다.
그리고 그 고통스러운 경험으로,
우리는 어떤 인생 문제도 풀어갈 수 있다.

시피 했다. 질문할 내용도 미리 다 외웠다. 일주일 전부터는 영어 선생님과 매일 역할을 바꿔가며 실전처럼 연습했다. 그래야 인터뷰 때 교수님 얘기를 대충이라도 이해하고 고개라도 끄덕일 수 있을 테니까. 한마디로 그 인터뷰는 '억지로' 되게 만든 것이지 자연스럽게 만들어진 인터뷰가 아니었다.

이후 10여 명의 해외 명사들과 인터뷰할 때도 마찬가지였다. 매번 너무 부담스럽고 힘들어서 취소하고 싶은 유혹을 간신히 눌러야만 했다. 그리고 그때마다 스스로에게 이런 얘기를 했다.

'나는 지금 성장 근육을 키우고 있는 중이야. 근육에 상처가 날 정도로 운동해야 근육이 단단해지는 것처럼, 지금의 힘든 과정을 거쳐야 내 영어 실력도 탄탄해질 수 있어.'

─────────────── 생활 근육 쓰지 말고 성장 근육 키우자

세상의 모든 일이 그렇듯 영어도 배울 때는 근육이 찢어질 정도로 세게 몰입해야 한다. 원씽에 하루 2시간 이상 몰입해야 근육이 찢어지지 10분으로는 어림없다. 안 되는 시간을 억지로 만들어내느라 고생을 해야 어느 순간 급격하게 실력이 좋아지는 'J-커브'를 경험할 수 있다.

생각해보면 우리는 고3 때든 20대 때든 한 가지에 무섭게 몰입해서 성장 근육을 키워본 경험이 있다. J-커브를 이뤄낸 스스로를 뿌듯해하며 달콤한 성공을 맛본 경험도 한 번은 있을 것이다. 그런데 웨이트 트레이닝을 1년만 안 해도 근육이 다 없어져 버리듯 성장 근육도 쓰지 않으면 흐물흐물해진다.

지난해에는 회사 경영을 하느라 1년 정도 영어 공부를 거의 못 했더니 나도 모르게 확신이 생겼다. 나는 앞으로도 절대 영어 강의는 못 할 것이라는 확신. 강의 원고를 써서 외우는 것까지는 하겠는데 머릿속 이야기를 영어로 꺼내는 것은 죽어도 못 하겠다는 생각이 들었다. 성장 근육이 무너지니 자신감도 같이 무너지면서 포기해야겠다는 생각이 든 것이다.

수많은 40대들이 새로운 꿈을 꾸지 못하고 자꾸 늘어지는 이유도 이 때문이다. 생활 근육만 있고 성장 근육이 없기 때문이다. 세끼 밥을 먹고 회사를 다니고 일상을 사는 데는 생활 근육만으로도 충분해서 굳이 성장 근육을 만들 필요가 없다.

그러나 새로운 꿈과 커리어를 만드는 원씽은 생활 근육만으로는 안 된다. 오랫동안 몰입하고 슬럼프를 견디면서 단 하나의 목표를 이루려면 강한 성장 근육이 필요하다. 성장 근육이 약해진 사람들은 무거운 원씽을 감당할 엄두가 안 나 아무런 꿈도 못 꾼다. 몸은 게을러져 있고 의심만 많아지니 이 나이에 이걸 해서 뭐 하겠냐는 생각만 든다.

그럼에도 불구하고 마흔에 한 번 근육을 찢는 데 성공하면 그 경험이 고스란히 내 육체에 저장된다. 그 근육으로 다른 인생 문제들도 풀어갈 수 있고, 어떤 미션이든 나를 믿고 맡길 수 있다. 세상의 성공 법칙과 성공 프로세스는 과목만 다를 뿐 작동 원리가 거의 비슷하기 때문이다.

지금 내가 몰입할 원씽을 찾는 법

또 하나, 우리가 알아야 할 것은 원씽이 하나로 고정돼 있는 것이 아니라 꿈의 스테이지마다 달라질 수 있다는 것이다. 내가 원씽에 대해 얘기하면 어떤 사람들은 바로 이해하고, 어떤 사람들은 난감한 표정을 짓는다. 바로 알아듣고 대충이라도 감을 잡는 사람들은 꿈의 스테이지가 적어도 3단계 혹은 4단계 이상은 되는 경우다. 이들은 다양한 공부와 경험을 통해 적어도 자신이 뭘 좋아하고 잘하는지를 분명히 안다.

꿈의 스테이지가 높아질수록 원씽이 점점 더 확실하고 뾰족해지면서 자신이 무엇에 집중해야 할지 알게 된다. 이런 사람들은 지금 단계에서 나에게 '에브리씽'이 될 수 있는 원씽을 찾고 성장 근육을 키우는 훈련만 하면 된다.

문제는 원씽이 도대체 뭔지 감을 못 잡는 이들이다. 내가 지금 꿈의 스테이지에서 0단계나 1단계에 머물러 있다는 소리다. 영어를 시작해야 내가 영어를 얼마나 못하는지 아는 것처럼 꿈을 아직 정하지 못한 사람들은 자신이 어느 단계에 있는지조차 모른다. 내가 지금 어느 단계에 와 있는지 아는 것 자체도 엄청난 실력이라는 것이다.

이때는 조급해하지 말고 나를 오픈하는 연습부터 해야 한다. 내 주변만 봐도 오랫동안 생계에 치이다가 스스로를 꽁꽁 닫아버린 40대들이 정말 많다. 다양한 사람들로부터 자극을 받는 것이 귀찮기도 하고 부담스럽기도 하고 상처가 되기 때문이다. 그러나 오랫동안 닫아놓았던 마음을 열려면 남의 잔소리를 계속 들어야 한다.

제일 쉬운 게 책이다. 책에는 잘난 사람들의 잔소리도 많고, 남이 성공한 얘기들도 많다. 나를 질투 나게 만들고 화나게 만들고 내가 얼마나 부족한 사람인지 늘 알려준다. 그렇게 남들을 질투하는 것도 꾸준히 하다 보면 어느새 나도 저 사람처럼 되고 싶다는 마음이 들기 시작한다. 초보 단계에서는 이 정도의 '스몰 원씽'만으로도 충분하다. 성장 근육이 없는 초보는 처음부터 원씽을 제대로 찾기 힘들뿐더러, 찾는다 해도 달성하기 어렵다.

우리가 원씽을 설정하는 핵심적인 이유는 원씽 그 자체가 아니라 '완수'하기 위함이라는 것을 잊어서는 안 된다. 그렇게 스몰 원씽을 연습하다 보면 두 번째 원씽도 저절로 알게 된다.

원씽이 에브리씽이 되는 기적

지난 몇 년간 영어 공부라는 나의 원씽은 생각지도 못했던 선물을 가져다주었다. 펜실베이니아 주립대학교에서 영어로 강의하는 영상이 유튜브에서 580만 조회수를 기록하면서 수많은 팬이 생겼다. 또한 재레드 다이아몬드 교수를 비롯해《오리지널스》의 저자 애덤 그랜트, 세계 3대 투자자라 불리는 짐 로저스Jim Rogers, 미국 최고의 인플루언서이자 마케팅의 대가인 게리 바이너척Gary Vaynerchuk,《2030 축의 전환》을 쓴 마우로 기엔Mauro F. Guillén 케임브리지대학교 교수와 만나 친분을 쌓았다.

애덤 그랜트는 나에게 더 많은 유명 저자들을 소개해주겠다고 약속했고, 짐 로저스는 1964년 제작된 한정판 금화를 선물로 보내주었다. 마우로 기엔 교수는 한국 최초로 MKYU에서 온라인 강의를 론칭했다. 몇 년 전까지만 해도 상상할 수 없는 일들이 벌어진 것이다. 덕분에 용기를 얻어《김미경의 리부트》영문판을 출간했는데 미국 아마존 '비즈니스 계획 및 전망' 분야에서 1위를 하는 놀라운 경험을 하기도 했다.

올해 나는 다시 힘을 내어 '미국에서 영어로 강의하기'에 도전해볼 생각이다. 과정은 힘들겠지만 그 꿈이 성공했을 때 또 얼마나 많은 기회들이 열릴지 기대가 된다. 여러분도 40대가 끝나기 전에 '원씽'을 '에브리씽'으로 바꿔놓는 놀라운 기적을 꼭 경험하시길 바란다.

미래의
돈을 버는

유일한 방법

"선생님, 지난 10년 동안 도대체 무슨 일이 있으셨던 거예요?《언니의 독설》을 쓰셨던 선생님이 어떻게 '웹 3.0' 책을 내시냐고요."

얼마 전, 인터뷰를 하자며 만난 한 유튜버는 나를 보자마자《언니의 독설》과 얼마 전 출간한《웹 3.0 넥스트 이코노미》를 동시에 내밀었다. 10년 전, 방송 무대에서 여자의 꿈에 대해 얘기했던 강사 김미경과 웹 3.0 세상, 메타버스, NFT를 강의하는 크리에이터 김미경 사이의 간극이 너무 크다는 것이다.

"요새 웹 3.0과 블록체인 연구하는 젊은 친구들이 선생님 얘기를 많이 해요. 웹 3.0에 대해서 일반인들도 이해할 수 있게 가장 설명을 잘하신다고요. 선생님 나이에 어떻게 그게 가능하지 싶어서 계속 지켜봤는데 결국 '공부'였어요. 몇 년 전부터 선생님은 항상 반걸음 앞서 눈앞에 다가온 미래를 공부하고 계시더라고요. 그렇게 먼저 학습한 내용을 사람들과 끊임없이 나누고 계시고요."

웹 3.0은 최근에 각광받기 시작한 분야라 전문가들도 대부분 2030세대다. 그들이 보기에 나이 60에 웹 3.0에 대해 이야기하는 내가 낯설면서도 신기했나 보다.

——————————— 생계형 공부가 만들어준 놀라운 변화

이전부터 새로운 것을 배우는 것을 좋아하긴 했지만 나에게 웹 3.0은 단순히 지적 호기심을 충족하기 위한 공부가 아니다. 처음부터 철저히 '생계형 공부'였다.

그 시작은 3년 전 코로나와 함께 찾아온 엄청난 충격에서 비롯됐다. 앞에서도 언급했다시피, 코로나로 모든 강의가 취소되며 한 달 수입이 0원이 되는 최악의 상황이 벌어진 것이다. 30년 가까이 강사 생활을 하면서 한 번도 겪어보지 못했던 가장 큰 위기였다. 그동안 오프라인 세상에서 아날로그 돈만 벌어왔던 나는 한순간에 길을 잃었다. 도대체 내가 어디서 길을 잃었는지, 어디로 가야 하는지 알려면 답은 공부밖에 없었다.

그렇게 몇 달을 미친 듯이 공부만 하다가 발견한 단어가 바로 '디지털 트랜스포메이션'이었다. 당시 모든 기사와 리포트에 빠지지 않고 등장한 핵심 키워드다. 그런데 이걸 막상 내 비즈니스에 적용하는 것은 쉽지 않았다.

'내 강의를 디지털로 전환하려면 어떻게 해야 하지?'

'나를 디지털화하려면 어떤 모습이어야 하지?'

처음에는 감이 안 잡혔다. 그러다가 지속적으로 책을 읽으며 공부하고, 전문가들을 만나고, 커뮤니티에서 팬들과 소통하며 비로소 찾은 답이 MKYU였다. 나처럼 공부를 통해 생계를 이어가고 자존감을 찾으려는 이들이 모여들면서 나는 디지털 세상에서 다시 길을 찾았다.

MKYU를 만든 이후에도 나는 공부를 멈추지 않았다. 코로나로 인한 거대한 변화가 시작되었다는 것을 눈치챘기 때문이다. 비대면 상황에서 살아남고자 하는 개인들의 끈질긴 생명력은 디지털 세상을 무서운 속도로 진화시키고 있었다. 순식간에 나보다 훨씬 똑똑해지는 세상을 계속 따라잡지 않으면 기회를 놓치는 것은 물론이고, 또다시 길을 잃게 되리라는 것이 너무나 명확히 보였다.

내가 할 수 있는 일은 공부, 그리고 내가 공부한 내용을 나와 함께 공부하려는 사람들과 나누는 것뿐이었다. 나는 얼른 전문가 한 분 한 분께 연락을 드려 반드시 알아야 할 일곱 가지 미래 기술을 소개하는 온라인 강의 〈세븐테크〉를 만들었고, 이를 바탕으로 책을 출간했다. 그러고 나니 공부할 게 더 보였다. 메타버스와 제페토, 이프랜드도 공부했고, NFT 교육과정도 국내 최초로 MKYU에서 론칭했다. 얼마 전에는 처음으로 NFT를 발행했는데 가상 지갑인 '메타 마스크'를 만든 학생들이 무려 8,000명에 달했다. 단일 NFT 커뮤니티 규모로는 국내 최대다.

더 놀라운 사실은 이들 대부분이 블록체인이나 웹 3.0 세상과 멀리 떨어져 있던 40~50대 여성들이라는 점이다. 카카오톡과 유튜브 정도가 디지털 활용의 전부였던 이들이 1년 만에 SNS에서 인플루언서가 되고 제페토에서 메타버스 생활을 즐기고 웹 3.0 생태계의 크리에이터로 활약하는 놀라운 일들이 매일 벌어지고 있다. 1년 만에 무섭게 성장하는 학생들을 보며 이들은 4년 전의 나처럼 길을 잃지 않으리라는 확신이 들었다.

세상의 작동법을 알아야 돈 벌기 쉬워진다

그러나 나는 안다. 놀라운 변화를 경험한 나와 우리 학생들은 여전히 극소수의 특이 케이스일 뿐이라는 것을. 여전히 동창회에 나가면 NFT 뜻조차 모르는 친구들이 대부분이다. 우리 학생들도 학부모 모임이나 친구들 모임에 나가서 메타버스와 웹 3.0을 이야기하면 이상한 사람 취급을 받는다고들 한다.

"우리와 메타버스가 도대체 무슨 상관인데?"

사람들은 현재 나이로 미래의 공부를 할지 안 할지 결정한다. 그리고 유독 마흔이 넘으면 본인이 알아서 뒤로 빠진다.

"살던 대로 살지 이 나이에 뭘 새로 배워?"

그래도 '세상이 변한다', '판이 바뀐다'는 뉴스가 계속 나오면 마음이 불안해진다. 따라가기는 틀린 것 같은데 너무 빨리 변하는 세상을 보면 벌컥 화가 난다.

'이놈의 세상은 왜 한시도 가만히 있질 않는 거야, 살던 대로 살게 좀 내버려두지!'

하지만 세상이 바뀌어서 개인을 바꾸는 것이 아니다. 새로운 개인들이 세상을 바꾸는 것이다. 이 세상 최고의 발명품은 사람이다. 이전보다 정당하고 자유롭고 행복하게 살 권리를 만드는 개인들이 탄생할 때마다 세상은 조금씩 진화해왔다. 1990년대에 등장한 웹 1.0도 세상에 흩어져 있던 정보를 편리하게 검색하도록 만들겠다는 의지 덕분에 생겨났고, 개인들의 자유와 권한을 강화하고자 하는 열망이 쌓여 웹 2.0 시대가 열린 것이다.

웹 3.0 세상도 마찬가지다. '왜 나는 아무 보상도 없는 데이터 노동을 계속해야 하지?' 하는 개인의 질문들이 모여 블록체인 기술로 중간 거래자 없이 직거래가 가능한 화폐, 가상 지갑, 거래소, 은행, NFT 등을 발명하면서 열린 게 웹 3.0 세상이다. 이 모든 기술 발전을 이끌어가는 것은 개인의 권리와 자유를 더 강화하고 개인이 거대 권력에 의해 손해 보지 않는 세상을 만들겠다는 우리 모두의 의지다.

"웹 3.0이니 AI 같은 건 10~20대 애들한테나 해당되는 세상이지 우리 같은 사람들에게 해당이 있겠어요?"

이렇게 말하지만 찜찜하기는 하다. 세상 공부로부터 멀어지고 새로운 것을 두려워하기 시작하는 것이다. 새로운 세상의 작동법을 익히기만 한다면 얼마든지 자신에게 유리하고 돈 벌기 좋은 세상을 만날 텐데 말이다.

게다가 웹 3.0 세상은 이제 시작이라 어차피 20대도 60대도 모른다. 모두가 1학년이니 먼저 공부하고 선점하는 사람이 주인이다. 늦고 말고 할 게 없단 소리다. 그러니 지레 겁먹지 말고 나보다 '3개월 먼저 시작한' 사람에게 배우면 된다. 워낙 변화 속도가 빨라 대학에 가도 못 배우는 게 요즘 기술이니까.

공부하는 법도 쉽다. 요즘 가장 좋은 공부방은 우리가 매일 쓰고 있는 오픈채팅방이다. 실시간으로 최신 정보와 인사이트를 공유받기에 이만한 장소가 없다.

그러니 이제는 나이를 핑계로 늦었다는 생각만 하지 말자. 중년 프레임으로 남의 세상 보듯 하지 말자. 지금의 40대가 100세까지 돈을 벌고 커리어를 만들며 자존감 있게 살아가야 할 세상은 어차피 웹 3.0 세상이다.

세상이 바뀌어서 개인을 바꾸는 것이 아니다.
새로운 개인들이 세상을 바꾸는 것이다.

세상의 돈은 언제나 미래로 흐른다

지금까지 수십 권의 동화책을 써낸 유명 동화작가 양승숙 님은 나처럼 평생을 아날로그 세상에서 살았던 사람이다. 그런데 지난해 그녀는 스스로 놀라운 커리어를 만들었다. '국내 최초의 동화책 NFT 발행 작가.' 올해 55세인 그녀가 직접 코딩을 독학해 자신의 동화책으로 NFT를 만든 것이다.

"지금까지 세상이 변할 때마다 기회를 계속 놓쳤어요. 처음 인터넷이 생길 때도, 플랫폼이 막 생겨날 때도 우물쭈물하다가 놓쳤죠. 이번만은 놓치고 싶지 않아 공부를 시작했는데 생각보다 어렵지 않더라고요. 제일 저렴하게 배울 수 있는 매체가 책이에요. 책을 열 권 정도 읽고 유튜브를 보면서 따라 하면 누구나 할 수 있어요. NFT 코딩도 요즘은 개발자들이 만들어놓은 프로그램들이 많아서 내 스타일대로 바꾸기만 하면 돼요."

양승숙 작가는 NFT로 작가와 출판사뿐만 아니라 독자도 책의 주인이 될 수 있는 세상을 꿈꾼다. 동화책을 NFT 1,000개로 만들어 각각의 NFT에 소유권을 주는 것이다. 그렇게 되면 독자들도 언제든지 NFT를 사고파는 과정에서 수익을 얻을 수 있다. 이를 통해 독자들과 끈끈한 파트너가 되고 지속적인 커뮤니티를 만들 수 있다는 것이 그녀의 생각이다. 그녀는 웹 3.0 세상의 작동 방식을 정확히 이해하고 있다.

양 작가는 요즘 자신처럼 NFT를 발행하고 싶어하는 사람들에게 NFT 기초 코딩을 무료로 가르쳐주는 수업도 진행하고 있다. 그리고 그들과 세계 최초로 '인공지능 동화책'을 출간하는 프로젝트도 진행 중이다. AI 프로그램을 활용해 만든 동화책을 미국 아마존과 국내 출판사에서 온·오프라인으로 출간하는 게 목표다.

"AI 덕분에 이제 특별한 재능과 숙련된 노하우가 없어도 누구나 콘텐츠를 만들고 작가가 될 수 있는 시대잖아요."

나는 그녀를 보며 40~50대들의 숙련된 내공에 IT 기술만 탑재하면 웹 3.0 세상을 충분히 주도하고도 남겠다는 확신이 들었다. 1년 만에 동화작가에서 NFT 동화책 전문가, AI 콘텐츠 전문가로 변신한 양승숙 작가. 그녀는 앞으로도 이전에 없던 새로운 미래 커리어들을 만들어나갈 것이다.

세상의 돈은 과거로 흐르는 법이 없다. 언제나 미래로 흐른다. 그러니 우리도 미래에서 새로운 커리어를 찾아 나서자.

마흔, 시작하기 딱 좋은 나이

3년 전, 나는 '디지털 트랜스포메이션'을 공부하다가 '디지털튜터'라는 직업을 처음 떠올렸다. 코로나로 디지털 격차가 심화되면서 시니어들의 소외 문제가 심각한 사회문제가 될 것이라 예측했기 때문이다. 동시에 경력 단절 여성들의 일자리 문제도 해결할 수 있으니 의지만 있다면 시작할 수 있도록 수업료도 단돈 1,000원을 받았다.

다행히 디지털튜터의 가능성과 취지에 공감한 학생들 3만여 명이 수업을 들었고 지금까지 4,000명이 디지털튜터 자격증을 취득해 활동하고 있다. 홈플러스 문화센터에서 강사로 일하는 디지털튜터들은 손주들을 스마트폰 카메라로 찍지도, 저장하지도 못하던 할머니들에게 기쁨과 자부심을 선물했고, 배달의민족이나 당근마켓과 함께 일대일로 현장 수업을 나가 SNS와 애플리케이션을 다룰 줄 몰라 가게 홍보와 운영에 어려움을 겪던 소상공인 시니어 사장님들에게 새로운 돌파구를 열어주었다.

얼마 전 카카오임팩트와 디지털튜터가 협업한 '우리동네 단골시장' 프로젝트에서는 평생 시장에서만 장사를 해오던 사장님들에게 온라인에서 고객들과 소통하고 매출을 높일 수 있는 터닝 포인트를 만들어드렸다. 이 모든 프로젝트를 진행한 사람들은 놀랍게도 40~50대들이었다.

"2년 전만 해도 디지털이나 인스타그램엔 별 관심이 없었는데 열심히 공부해서 사람들에게 도움을 줄 수 있는 사람이 됐다는 것을 믿을 수가 없어요. 남편도 처음엔 나이 들어 뭘 그렇게 공부하느냐, 지금 한다고 뭐가 되기나 하겠냐는 핀잔을 줬는데 제가 돈을 벌고 선생님 대접을 받으니 180도 달라졌어요. 지금은 저를 '존경'한대요. 2년 전 작은 용기를 냈던 것이 인생을 바꿔놓았어요. 저는 지금 완전히 다른 세상에서 살고 있어요."

이제 우리가 사는 터전을 땅의 관점으로 보지 말고 웹의 관점, 디지털의 관점으로 바라보자. 디지털 세상에서 산다는 것은 마치 새로운 터전으로 이민을 가는 것과 같다. 이민자의 기본은 나에 대한 강한 책임감을 바탕으로 새로운 환경에 잘 적응하고 자신감 있게 사는 것이다. 그러려면 당연히 새로운 환경을 최대한 이해하고 활용하면서 돈을 벌고 커리어를 쌓아야 한다.

우리가 조만간 이민 가야 할 나라는 이미 정해졌다. 좋든 싫든 우리는 죽을 때까지 그 땅에서 살아야 한다. 절대 나를 열외로 취급하지 말고, 외곽으로 빠지지 말고, 중심가에서 끝까지 당당하게 살아보자. 마흔은 누군가 지나가도록 비켜설 때가 아니라, 용기를 내어 적극적으로 끼어들 때다.

자본금 없이
시작할 수 있는

최고의 직업

경희 님은 18년간 남편과 함께 무역회사를 운영하던 워킹맘이었다. 세계 각국의 다양한 회사와 거래하다 보니 두 딸과 함께 출장 겸 여행을 다니며 노마드족처럼 살 기회가 많았다. 회사는 작지만 해외 거래처들과 오랫동안 신뢰를 쌓아 독점 계약을 맺고 안정적으로 비즈니스를 운영해온 그녀였다.

그런데 2019년 갑자기 날벼락이 떨어졌다. 거래처들이 더 싼 값을 제시하는 중국 회사와 계약하면서 거의 모든 거래가 끊긴 것이다. 남편은 밤잠을 이루지 못했고 새벽마다 한숨 소리가 끊이지 않았다. 그때 경희 님은 처음으로 자신을 되돌아보았다.

'만일 회사를 정리한다면 뭘 할 수 있을까?'

'회사를 떠난 개인으로서 나만의 전문성이 뭘까?'

'내 이름 석 자에 어떤 타이틀을 붙일 수 있지?'

아무리 생각해도 떠오르는 게 없었다. 그때 경희 님은 개인의 역량을 키우지 못하면 지금의 어려움을 해결하지 못하는 것은 물론, 앞으로의 미래도 장담할 수 없다는 현실을 깨달았다.

꾸준히 하면 브랜드가 된다

당장 뭐라도 해야겠다는 마음에 고민하다 우연히 내 유튜브를 보고 시작한 것이 '새벽 4시 반에 일어나 공부하기'였다.

"제가 원래 아침잠이 많아서 처음에는 새벽에 일어나는 게 너무 힘들더라고요. 책상에 앉아 계속 꾸벅꾸벅 조는 거예요. 이런 제 모습을 볼 때마다 한심하고 오히려 자존감만 낮아질 것 같아 꾸준히 할 수 있는 방법을 찾기 시작했어요"

그렇게 찾은 방법은 인스타그램에 '새벽 기상 인증 샷' 올리기였다. 매일 하루도 빠뜨리지 않고 올리다 보니 저절로 루틴이 생기게 되었고, 자신을 응원하는 팔로워도 하루가 다르게 늘어났다. 1~2분이라도 늦으면 무슨 일이 있냐며 수십 통의 DM이 도착했다. 경희 님은 자신도 모르게 새벽을 밝히는 등대가 되어 있었던 것이다.

그녀는 팔로워들에게 제안해 아예 '미래를 사는 시간, 미사시'라는 커뮤니티도 만들었다. 함께 새벽 기상을 하고 싶은 사람들을 모으고 매일 새벽 라이브 방송을 하며 사람들을 깨웠다. 그만두고 싶을 때마다 스스로를 격려했고 목표를 달성한 사람들에게는 칭찬과 용기를 아끼지 않았다.

또한 저자를 초청해 함께 강의를 듣고 멤버들의 공부와 성장을 도울 수 있는 다양한 이벤트도 진행하면서 커뮤니티는 더욱 견고해졌다. 지난해에는 110명이 오프라인에서 만나는 1박 2일짜리 모임을 진행하기도 했다. 그사이에 그녀의 새벽 기상은 무려 1,000일이 지났고 팔로워는 2만 명까지 늘어났다.

그녀는 요즘 본명인 남경희보다 부캐인 '새벽 거인'으로 통한다. 지금 그녀는 다양한 비즈니스 모델을 테스트하고 있다. 자기계발 인스타그램에 어울리는 제품을 공동 구매도 해보고, '꾸준함도 브랜딩이다'라는 습관 만들기 프로그램도 유료로 진행하고, 오프라인 강의를 나가고, 메타버스 플랫폼 이프랜드에서 매주 모임을 개최해 수익을 내는 경험을 미사시 멤버들에게 소개하기도 했다. 이 모임에 참석한 멤버들은 모두 메타버스에서 수익을 내고 있다.

경희 님은 당장의 수익보다 서로의 공부와 성장을 돕는 미사시의 철학을 지키고 커뮤니티를 탄탄하게 키우는 게 가장 중요하다고 말한다. 그렇게 함께 서로의 성장에 기여하다 보면 더 많은 기회가 자연스럽게 생길 것이라 믿는다. 이미 커뮤니티가 그녀를 '새벽 기상 전문가'로 만들어준 것처럼. 올해 경희 님은 책 출간을 통해 '저자'라는 새로운 타이틀도 얻는다.

 "많은 분들이 자신만의 코어 콘텐츠가 뭔지 모르겠다며 고민을 정말 많이 하시더라고요. 그런데 제가 해보니 특별한 콘텐츠가 없어도 무엇이든 1,000일 이상 꾸준히 하면 그 자체가 브랜드가 될 수 있다는 것을 알았어요. 일단 무엇이든 시작하는 게 가장 중요합니다. 흔들리지 않고 자기 길을 가다 보면 생각지도 못한 여러 기회가 찾아오니까요."

커뮤니티가 무한 확장되는 시대가 온다

진짜 '새벽 거인'이 된 경희 님처럼 두 번째 명함을 만들고 싶은 40대들이 가장 고민하는 것이 뭘까? 비즈니스 모델이다. 뭐라도 시작해서 안정적인 수익을 만들고 싶은데 기존의 경력으로는 연결이 잘 안 된다. 특히나 일반 사무직, 관리직에 종사했던 이들은 조직 밖으로 나오면 당장 막막해한다. 물론 자기만의 전문성은 있겠지만 그것 하나로 돈을 벌기는 어렵다. 그래서 몇 가지 능력과 노하우를 합치거나 공부를 다시 해야 한다. 직장인들도 그러니 전업주부는 더 쉽지 않다.

 그러나 자본금이나 코어 콘텐츠 없이도 누구나 도전해볼 만한 비즈니스가 있다. 바로 커뮤니티다. 커뮤니티는 자본금이 필요 없다.

열정과 끈기, 시간만 있으면 된다. 나만의 차별화된 코어 콘텐츠가 있다면 커뮤니티를 만드는 데 유리하겠지만 없어도 상관없다. 커뮤니티 비즈니스의 핵심은 사람들을 돕는 것이기 때문이다. 사람들에게 유용한 무엇인가를 준다든가 불편했던 기존의 방식을 더 쉽게 바꿔준다든가 사람들이 원하는 것을 실현할 수 있게 도와주는 데 커뮤니티의 가치가 있다.

그래서 커뮤니티 비즈니스에서 가장 중요한 것은 다름 아닌 '소통 능력'이다. 사람들이 커뮤니티 내에서 서로 도움을 주고받으며 원하는 것을 얻을 수 있도록 분위기를 만들고, 사람들의 의견을 경청하고, 소외되는 사람이 없도록 챙기는 능력. 이 정도의 소통 능력만 있으면 누구나 커뮤니티를 만들고 잘 이끌어나갈 수 있다.

커뮤니티의 종류도 다양하다. 첫째, 취향 기반의 커뮤니티다. 인테리어, 요리, 여행, 운동, 독서 등 각자의 관심사와 취향을 중심으로 만드는 커뮤니티다. 이런 커뮤니티는 나중에 다양한 비즈니스 모델로 발전시키기가 유리하다. 커뮤니티에 필요한 제품을 공동 구매하거나 직접 제작해 판매할 수도 있고, 유료 수업이나 유료 코칭으로 수익을 낼 수도 있다.

두 번째는 공감 기반의 커뮤니티이다. 예를 들면 사춘기 아이를 둔 엄마들의 모임이나 탈모인들의 커뮤니티처럼 같은 상황과 처지에 놓인 이들끼리의 공감대를 중심으로 하는 커뮤니티다. 머리숱이 적어서 고민이라면 같은 고민을 가진 사람들끼리 어떤 샴푸가 좋은

지, 겨울에는 어떤 모자를 쓰는 게 탈모 예방에 도움이 되는지 등의 정보를 공유하고 서로 격려도 해주는 것이다.

공감 커뮤니티는 말 그대로 공감 능력과 소통 능력만 있으면 누구나 만들 수 있다. 이곳에서도 멤버들의 공통된 고민을 해결해줄 수 있는 클래스나 코칭 등을 기획할 수 있다. 나중에 규모가 커지면 관련 기업들로부터 광고 제안을 받을 수도 있다.

세 번째는 가치 기반의 커뮤니티다. 해결하고 싶은 공통의 사회문제를 위해 모이는 커뮤니티다. 유기견을 돌보는 커뮤니티, 함께 걸으면서 쓰레기를 줍고 운동도 하는 플로깅 모임 같은 것들이다. 평소 사회문제에 관심이 많다면 가치 기반의 커뮤니티를 만들어보는 것도 좋다. 가치 커뮤니티도 다른 커뮤니티 못지않게 열정적이다. 커뮤니티가 단단해지면 빠르게 사회적 기업으로 전환할 수 있고 정부나 지자체의 지원을 받을 수도 있다. 소셜 임팩트 투자 등을 받기에도 유리하다.

나를 최고의 전문가로 만드는 법

중간 거래자가 연결해주는 시스템이 사라지고 개인과 개인 간의 직거래가 활성화되는 세상이 오고 있다. 그렇게 되면 지금처럼 몇 만 명, 몇 십 만 명씩 모여 있는 플랫폼들이 점점 사라지고 크고 작은 커뮤니티들이 무한 확장될 것이다.

요즘은 기업들도 예전처럼 수많은 돈을 쏟아부어야 하는 플랫폼 광고 대신 자신들이 원하는 고객들이 모여 있는 커뮤니티를 찾아다닌다. 규모는 작아도 그 편이 훨씬 실속 있다. 요즘 기업들이 경쟁적으로 자체 커뮤니티를 만드는 것도 같은 이유에서다. 웹 3.0 세상이 가속화될수록 신뢰를 기반으로 탄탄하게 키운 커뮤니티의 가치는 점점 더 커질 것이다. 100명이 모인 '찐 커뮤니티'만 있어도 충분히 먹고사는 세상이 오는 것이다.

다만 커뮤니티 비즈니스에서 가장 중요한 것이 '사람'임을 잊어서는 안 된다. 커뮤니티 멤버들이 잘되도록 돕는 것이 비즈니스의 핵심이기 때문에 신뢰와 지속성이 가장 중요하다. 처음부터 사람들을 모아 돈을 벌 목적으로 시작하면 그건 영업이지 커뮤니티가 아니다. 그런 커뮤니티는 애초에 지속할 수가 없다.

경희 님처럼 혼자 뭔가를 꾸준히 하는 와중에 주변에서 함께하자, 도와주겠다 해서 자연스럽게 만들어지는 게 커뮤니티다. 그 일에 진심인 사람이 리더가 되어 커뮤니티에서 역할을 맡고, 열심히 운영하다 보니 개인과 커뮤니티가 함께 성장하고, 구성원들에게 보상이 돌아가는 경제 생태계를 찬찬히 구축하는 것이 진정한 커뮤니티 비즈니스의 발전 과정이다.

따라서 지금 당장 월급만큼의 돈을 벌겠다는 목적을 가지고 있다면 커뮤니티 비즈니스는 적합하지 않다. 그 대신에 길게 보면서 사람들도 돕고 나도 수익을 얻으며 자존감 있게 세컨드 라이프를 만들고 싶다면 강력하게 추천한다.

무엇보다 커뮤니티 리더가 되면 가장 큰 혜택을 받는 것은 나 자신이다. 사람들과 소통하면서 얻는 경험과 통찰, 구성원들을 도와주면서 얻는 자부심, 비즈니스를 하면서 얻는 새로운 기회 등 돈만으로 따질 수 없는 엄청난 자산을 갖게 될 것이다.

일단 평소 관심 있던 커뮤니티에 들어가 다양한 경험부터 해보자. 이 커뮤니티가 왜 잘 운영되는지, 만약 내가 운영한다면 어떻게 할 것인지 생각하면서 적극적으로 체험해보자. 커뮤니티 활동을 하다 보면 나는 어떤 커뮤니티를 만들 수 있을지 점점 구체적으로 보일 것이다. 대단한 코어 콘텐츠나 전문성이 있어야만 커뮤니티를 시작하는 게 아니다. 거꾸로 커뮤니티가 나를 최고의 전문가로 만들어줄 것이다.

무엇이든 1,000일 이상 하면
그 자체로 브랜드가 된다.
중요한 것은
'일단 시작'하는 것이다.

꼴찌를
두려워 말고

거침없이
연결하라

지난해, 나는 미국에서 온 특별한 손님과 저녁 식사를 했다. 《당신을 초대합니다》라는 책을 쓴 존 리비John Levy다. 그는 영향력과 인간관계에 대한 연구로 유명한 미국의 행동과학자다. 구글, 마이크로소프트 등 글로벌 기업을 상대로 마케팅, 세일즈, 기업 문화에 대해 컨설팅하고 있는데 그의 책이 한국에서 출간된 것을 계기로 처음 한국을 방문했고 나를 만나게 된 것이다.

그때가 마침 미국의 추수감사절 기간이라 칠면조 요리를 준비했는데 서글서글한 존은 만나자마자 소매를 걷어붙이더니 나와 함께 신나게 요리를 했다. 옆에서 보니 한두 번 해본 솜씨가 아니다. 그럴 만한 이유가 있었다. 그가 유명해진 계기가 10년간 꾸준히 진행한 저녁 식사 모임이었기 때문이다. 그 유명한 '인플루언서 디너'가 바로 그것이다.

"성공 세미나에서 강연을 듣는데 '우리 인생에 가장 큰 영향을 미치는 것은 우리가 함께 살아가는 사람들과, 그들과 나누는 대화'라고 하더라고요. 이게 사실이라면 제가 살아가는 방식을 바꿔야겠다고 생각했죠. 이전까지 저는 하고 싶은 것을 혼자만의 노력으로 이루려 했거든요. 하지만 이후부터는 매일 괴로워하면서 헬스장으로 몸을 끌고 가는 대신, 운동선수들과 친해지면 운동이 제 일상으로 스며들 수 있겠다는 생각을 하게 됐죠. 그때부터 저는 성공한 사람들과 어떻게든 연결되고 싶었지만 그들은 제가 누구인지 알지 못했고 관심도 없었어요. 그래서 만든 것이 '인플루언서 디너'예요."

시작은 누구나 초라하다

스타트업을 하다가 파산한 스물여덟 청년 존 리비를 아는 사람은 세상에 아무도 없었다. 그래서 그는 흠모하는 인물들을 자신의 디너 파티에 초대하기 위해 재미있는 규칙을 만들었다. 각 디너마다 열두 명을 초대하는데 참가자들은 처음에 이름은 물론, 직업과 경력에 대해 일체 말하지 않는다. 그 대신 다 함께 팔을 걷어붙이고 요리와 식사 준비를 한다.

모두가 자리에 앉아 식사를 시작하고 나서야 자기가 누구인지 소개할 수 있는데 알고 보면 노벨상 수상자, 올림픽 메달리스트, 기업 CEO 등 각자의 분야에서 대단한 영향력을 가진 이들이다. 어딜 가도 화려한 곳에서 대접만 받는 이들에게 소박한 집에 초대받아 저녁 식사를 손수 만들고 설거지를 한 다음, 바닥 청소까지 깔끔하게 할 기회를 준 것. 이런 흥미롭고 특별한 경험 덕분에 그의 인플루언서 디너는 점점 입소문이 났고 뉴욕의 셀럽이라면 누구나 초대받고 싶은 모임이 됐다.

물론 처음부터 유명한 사람들이 참석한 것은 아니다. 처음에는 존 리비가 아는 범위 내에서 영향력 있는 사람들을 초대했다. 그런데 한번 다녀간 사람들이 주변 사람들을 소개하면서 다섯 번째 모임에 처음으로 에미상Emmy Awards 수상자가 참석했다. 그 뒤로 무려 250번의 인플루언서 디너가 지속적으로 열렸고 존 리비는 스물여덟에 꿈꿨던 모든 것을 10년 만에 이뤘다. 사업 실패로 진 빚을 청산했고 컨설팅 회사를 설립했으며 테드에서 강연하는 유명 인사가 됐다. 10여 년 전, 자신이 그토록 만나고 싶었던 영향력을 가진 사람이 된 것이다.

그날 존 리비는 내가 뉴욕에 오면 자신의 인플루언서 디너에 초대하겠다고 말했다. 그리고 1년 후, 나는 그에게 연락했다.

"올해 말 뉴욕에서 강연회를 열려고 해요. 미리 준비할 겸 다음 달에 뉴욕에 가는데 우리 만날까요?"

"그럼요! 지난번에 약속한 대로 인플루언서 디너에 초대할 테니 꼭 와요! 소개해줄 좋은 친구들이 엄청 많아요."

확장의 씨앗을 뿌리기

'우리 인생에 가장 큰 영향을 주는 것은 우리가 함께 살아가는 사람들, 그리고 그들과 나누는 대화이다.'

언뜻 보면 평범해 보이는 말이지만, 존 리비에게는 인생을 바꾼 한 줄이다. 어린 나이에 가장 중요한 성공의 비밀을 알아내고, 10년 동안 이 한 가지에 집중한 그의 통찰과 끈기가 놀라웠다.

그의 이야기를 듣고 보니 주변의 성공한 사람들, 어떤 어려움과 변수에도 끝까지 살아남는 사람들에게는 한 가지 공통점이 있었다. 모두 '연결의 귀재'라는 점이다. 이들은 존 리비처럼 만나고 싶은 사람 혹은 커뮤니티와 어떻게든 자신을 연결해낸다. 연결을 통해 스스로를 확장시키는 것이다. 연결이 단단할수록 위기에도 쉽게 흔들리지 않는다. 성공은 결코 나 혼자 열심히 해서 이룰 수 있는 게 아니기 때문이다. 내가 벌어야 할 돈을 갖고 있는 주체도, 돈을 가진 사람과 연결해주는 대상도 사람이고, 나를 다음 단계로 밀어 올려주는 것도 사람이다.

그러니 우리는 부지런히 누군가를 만나 씨를 뿌려야 한다. 언제 싹을 틔울지 모르지만 일단 만남을 통해 나라는 씨앗을 상대방의 마음속에 심어두는 것이다. 물론 싹이 죽을 수도 있다. 명함을 주고받았어도 얼굴과 이름이 기억나지 않으면 이미 그 싹은 죽은 것과 다름없다. 뭔가 하나라도 상대방과 연락을 주고받거나 도와줘야 비로소 싹이 돋아나기 시작한다.

이런 식으로 누군가와 새로운 아이디어와 비즈니스를 주고받다 보면 내가 변형되고 확장된다. 누군가와의 만남을 통해 갑자기 책을 쓰기도 하고, 누군가의 제안으로 강연할 기회를 얻기도 하고, 누군가의 도움으로 내 제품을 기업에 납품할 수도 있다. 존 리비는 나를 통해 한국에 자신의 책을 소개하면서 더 유명해졌다. 뉴욕에 가면 나역시 그의 도움을 통해 인플루언서들에게 알려지고 확장될 것이다.

그런데 요즘 같은 디지털 세상에서 나를 확장시키려면 나 하나만으로는 부족하다. 메타버스의 아바타처럼 나의 부캐가 같이 움직여줘야 시너지가 생긴다. 인스타그램과 블로그, 유튜브, 제페토 등 디지털 공간에서 각각의 닉네임으로 불리는 나의 부캐들이 있어야 내가 자는 시간에도 아바타들이 활동하면서 나를 세상에 드러내고 새로운 기회와 연결될 수 있다.

그러니 세컨드 라이프를 위한 새로운 커리어, 새로운 비즈니스를 구상하고 있다면 내가 지금 누구에게 확장의 씨앗을 뿌려야 하는지, 나와 함께 씨를 뿌려줄 부캐가 있는지부터 살펴봐야 한다.

주변과 단단하게 연결되는 사람은
쉽게 흔들리지 않는다.
성공은 혼자 열심히 한다고
이룰 수 있는 것이 아니기 때문이다.

당신을 두 번째 세상과 연결하라

처음에는 내가 원하는 사람, 원하는 커뮤니티와 바로 연결되기가 쉽지 않다. 서로 도움을 주고받아야 하는데 내가 상대방에게 줄 것이 없으면 연결 자체가 쉽지 않다. 하지만 안 만나준다고 화를 낼 게 아니라 단계적으로 관계를 풀어가야 한다. 초반에는 나와 비슷한 사람들과 연결되는 정도로도 충분하다. 내가 먼저 영향력을 키우며 확장되는 만큼 내가 만나는 사람들도 달라지기 시작할 것이다.

아직 연결될 사람이나 커뮤니티가 없다면 일단 공부 커뮤니티, 특히 미래 트렌드와 변화를 공부하는 커뮤니티에 들어가 나를 드러내는 연습부터 해보자. 우리는 미래의 돈을 벌어야 한다. 가고자 하는 판에 나를 미리 올려놓고 그곳의 메인 스트림과 연결되는 법을 배워야 한다. 그들에게 얻을 것은 단순히 정보와 스킬만이 아니다. 그들이 주로 쓰는 키워드, 소통하는 방법, 돈 버는 감각과 그 업계의 전반적인 문화까지 익힐 게 한두 가지가 아니다.

물론 처음에는 어색한 기분을 느낄 것이다. 나만 못 알아듣고, 다들 친한데 나만 소외된 것 같은 불편감도 느낄 것이다. 그런데 이런 '꼴찌 감성'을 감당하지 못하는 사람들이 의외로 정말 많다. 어떤 사람들은 뒤에서 팔짱을 낀 채 이런 말을 하기도 한다.

"저건 뭐 하러 해?"

"난 저런 사람 딱 싫어, 왜 나서고 난리야?"

"그까짓 대접 받으려고 그걸 하냐?"

하지만 이렇게 의욕을 꺾는 말들만 늘어놓는 이들이야말로 적응도 못하고 제일 먼저 퇴보하고 만다.

나도 안다. 나이가 들면 세상에서 제일 두려운 게 자신이 속한 곳에서 꼴찌가 되는 것이다. 어디서 꼴찌를 한 지가 너무 오래되어서다. 그런데 이 상황을 못 견디는 사람은 동네 헬스클럽에서 운동도 못 배운다. 아이들에게는 반장을 하라고 그렇게 등을 떠밀면서 부모인 자신은 새로운 집단에 들어가지도 못하고 새로운 사람들을 만나지도 못하면 그게 어른인가.

내가 지금까지 살면서 가장 많이 한 것 중 하나가 꼴찌로 시작하기였다. 나도 처음 뭔가를 배울 때는 어딜 가든 꼴찌였다. 처음 강의를 시작할 때도, 유튜브를 시작할 때도, 영어를 배울 때도 늘 꼴찌에서 시작했고 창피함과 어색함을 수없이 감당했다.

존 리비를 만나러 뉴욕에 가면 나는 그 모임에서 영어도 제일 못하고 인맥도 하나 없는 꼴찌가 될 것이다. 그래도 괜찮다. 처음의 어색함과 불편함을 견디면 얼마나 많은 사람들의 마음속에 나라는 씨앗을 심을 수 있을지 알기 때문이다.

사람은 누군가와 연결되어야 본인이 그동안 얼마나 고립된 상태였는지, 내 좌표가 어딘지 알 수 있다. 돈과 커뮤니티에서 멀어져 있으면 자신이 고립되어 있다는 사실도 모른다. 마흔이 넘으면서 인간관계가 좁아졌다는 것은 나도 모르는 사이에 나를 고립시켰다는 뜻

두 번째 세상과
나를 연결하는 법

이다. 내가 당당하게 자리 잡고 있어야 할 판에서 멀어졌다는 뜻이다.

이제 회사와 집만 오가는 일상에서 벗어나 적극적으로 세상과 연결하고 나를 확장하자. 나라는 씨앗을 세상 곳곳에 퍼뜨리자. 내가 가고자 하는 곳에 이미 자리 잡고 있는 사람들 속으로 나를 거침없이 보내자. 언젠가 그들과 나란히 서는 순간, 그 세상은 내 것이 될 것이다.

5부

원하는
인생을 만드는

최고의
방법

내 나이에서

17살을 빼라

*

오래 살고 볼 일이다. 도대체 나는 죽기 전에 어떤 세상을 보게 될까? 올해 초부터 온 지구를 떠들썩하게 만들었던 챗GPT가 무서운 속도로 일상을 바꾸고 있다. 이제는 그림을 못 그려도, 글을 못 써도, 영상 편집을 못 해도 문장 몇 줄만 입력하면 다 만들어낼 수 있다. 얼마 전, 나는 완벽한 발음으로 영어 강의를 하는 '김미경AI'를 만들었다. 인공지능한테 내 목소리를 학습시켰더니 너무나 유창하게 영어 스크립트를 읽어나갔다. 인공지능 덕에 전 세계 어떤 언어로도 강의할 수 있는 시대가 온 것이다.

변화는 이뿐만이 아니다. 요즘 양자컴퓨터에 대한 기사가 종종 올라오는데 양자컴퓨터는 일반컴퓨터보다 30조 배 빠른 연산이 가능하다고 한다. 30조 배라니 그 속도를 상상이나 할 수 있는가? 슈퍼컴퓨터로 100만 년 이상 걸리는 연산도 양자컴퓨터로 평균 10시간, 빠르면 1초만에도 처리할 수 있다고 한다.

인공지능도 적응이 안되는데 양자컴퓨터까지 일상에 들어오면 도대체 어떻게 될까? 전문가들은 머지않아 인간의 지능을 훨씬 뛰어넘은 '초지능superintelligence'이 등장할 것으로 보고 있다. 챗GPT를 만든 오픈AI는 '10년 안에 초지능이 나온다'며 인간의 안전을 확보하기 위한 연구에 착수하기로 했단다.

한마디로 한 치 앞도 알 수 없는 '불확실성의 시대'가 앞으로 우리가 살아나갈 세상이다. 세상이 변화하는 방향과 속도가 예측 불가능하니 갈수록 불안감이 커진다. 실제로 많은 40대들이 위기감을 호소한다. 인공지능과 로봇이 사람의 일자리를 대체한다는 기사를 볼 때마다 등골이 서늘하다. 이렇게 무서운 속도로 기술이 발전하면 사회에서 잉여인간이 되고 메인 생태계에서 밀려날까 봐 두렵다.

이 모든 불확실성 속에서도 한 가지 분명한 것은 있다. 기술의 발달은 인간의 수명을 '확실히' 늘리고 있다는 것이다. 모든 암 중에서도 가장 지독한 암으로 알려진 것이 바로 췌장암이다. 5년 생존율이 30년째 10%를 벗어나지 못했다. 때문에 췌장암 진단 자체를 사형선고로 여기는 환자들이 많았다. 그런데 최근 미국과 덴마크 연구진이 인공지능 알고리즘으로 예측시스템을 만들어 테스트했다. 덴마크 환자의 의료기록을 대량 수집해 환자의 증상, 질병과 췌장암과의 연결고리를 조사했다. 놀랍게도 인공지능은 일정한 패턴을 찾아내 췌장암 발병을 3년 전에 예측해냈다. 이렇게 조기진단이 가능해지면 생존율을 높이는 건 시간문제라고 한다.

가장 극복하기 힘든 암인 췌장암도 이렇다면 다른 암은 어떨 것인가. 테크와 함께 바이오 신약개발에 속도가 붙으면서 인간의 수명은 갈수록 늘어날 것이다. 100세 시대가 그저 구호가 아니라 눈앞의 현실로 다가오고 있다.

기업들은 돈을 벌기 위해 우리의 수명을 반드시 100살까지 잡아 늘릴 것이다. 그러나 가장 중요한 것은 그 숫자가 아니다. 100세까지 늘어난 '내 인생'이다. 그 시간 안에서 나는 어떻게 살아가야 할 것인가. 아니 그전에, 나는 지금의 내 나이를 '몇 살의 감성'으로 살아가야 할까.

사회의 중심인 나이, 45.6세

내 나이가 내년이면 벌써 60이다. 나는 내가 60이 되면 할머니가 되어 있을 줄 알았다. 그런데 막상 그 나이가 되고 보니 늙지를 않는다. 할머니라기보다 커리어우먼으로서 정점에 이른 모습이라고 보는 게 맞다. 그런데 엄마의 환갑 때 사진을 보니 딱 봐도 할머니다. 그때는 20대면 다 결혼을 했으니 손자 손녀가 서너 명 있었다. 그러니 정서적으로도 딱 할머니였다. 집에서 밥하고 손자 손녀에게 무슨 일 있으면 대신 뛰어가는 사람으로 포지셔닝이 됐다. 그런데 지난 30년간 참 많은 것들이 바뀌었다. 요새는 나와 내 주변의 60세들을 보면 라이프스타일도, 감성도 전혀 할머니가 아니다. 맞벌이로 아직 일하는 사람들이 많고, 자녀들은 결혼을 서른 넘어 늦게 한다. 같은 60세라도 30년 전과 비교해 '라이프스타일 나이' '감성 나이'가 완전히 다른 것이다.

이것을 숫자로 정확히 보여주는 것이 바로 '중위연령'라는 개념이다. 중위연령은 국내인구를 출생연도별로 줄을 세웠을 때 가운데 위치한 나이다. 30년 전인 1994년에 통계청이 발표한 중위연령은 28.8세였다. 그해 가수 김광석은 「서른 즈음에」를 발표했고 최영미 시인은 『서른, 잔치는 끝났다』라는 시집을 발표했다.

당시 많은 30대 남자들이 「서른 즈음에」를 들으며 맥주 마시면서 울고는 했다. 지금은 이해가 잘 안 될 테지만 실제로 그 또래 서른들의 감성은 그랬다. 벌써 결혼해 아이 한둘씩은 있을 때였으니 인생의 정점이 지나면서 청춘의 불꽃이 사그라드는 느낌이었다. 이제는 무모한 도전도 끝이 나고, 책임감으로 생활인이 된 자신만이 남은 모습을 보면 뭔가 아쉬운 기분이 들었다. 실제로 그때는 서른이 전체 인구에서 딱 중간허리였던 것이다.

그런데 올해 한국의 중위연령은 몇 살일까? 45.6세다. 30년 전에 비해 무려 16.8세가 높아졌다. 지금은 서른이 아니라 45.6세가 사회의 중심이자 경제를 역동적으로 끌고 나가는 나이라는 것이다.

　나는 중위연령이 높아졌다는 뉴스를 보며 처음으로 생각했다. 지금 중위연령인 46세들은 30년 전 중위연령인 29세처럼 살아야 100세 시대를 견딜 수 있지 않을까. 아니, 모든 사람들이 달라진 중위연령의 격차만큼 17살을 빼야 하지 않을까. 30년 전보다 뒤에 남겨진 수명이 훨씬 더 길어졌으니까. 늘어난 시간만큼 현실에 맞게 라이프스타일 나이, 감성 나이를 맞춰야 인생의 균형감을 잃지 않을 수 있다.

———— '엘더노믹스'의 시대가 온다

지금 내 나이에서 17살을 빼면 42세다. 생각해보니 나는 이미 그전부터 딱 42세처럼 살고 있었다. 그것도 '아이 없는' 42살. 막내까지 스무 살이 넘어 성인이 됐으니 나는 지금 딱 아이 없는 42세처럼 산다. 오래 벌었으니 집도 있고, 돈도 있고, 내 마음대로 할 수 있는 게 훨씬 많아졌다. 실제 42살 때는 20대 때 도전하지 않았던 꿈에 대한 후회가 많았다. 그때는 너무 젊었지만 아이가 있고 생계에 허덕였으니 두고 온 꿈을 펼칠 겨를이 없었다. 그런데 60살이 되고 보니 마침내 가장 좋은 때가 왔다. 그래서 나는 나를 할머니로 대하지 않고 내 나이에서 17살을 빼기로 했다. 외국에서 공부하고 강의하고 싶다는 내 꿈을 펼칠 수 있는 가장 좋은 나이, 42살로 다시 리셋을 했다. 내가 나를 60살로 대했다면 영어 공부도, 해외에 유학 갈 생각도 전혀 하지 못했을 것이다. 딱 나이 60살에 할 것 같은 생각만 했을 것이다. 게다가 요새는 세상도 달라지고 있다. 시니어들이 워낙 많아지고 경제력도 있어 나이 제한 같은 장벽도 점점 없어지고 있다.

미국의 미래학자 브래들리 셔먼은 시니어들이 취업, 소비, 창업 등에서 경제주체가 되는 '엘더노믹스Eldernomics' 시대가 온다고 예고했다. 실제로 미국에서 새 차를 구입하는 고객의 3분의 2가 50세 이상이며, 애플워치의 사용자 평균연령은 42세에서 매년 증가하고 있다.

그는 "초고령 사회를 대비하려면 60세면 은퇴한다는 고정관념을 버리고 생물학적으로 일할 수 있을 때까지 일한다는 생각을 일상화해야 한다"고 강조했다. 2050년이면 전 세계 인구 6명 중 1명이 65세 이상이 된다. 노동력이 절대적으로 부족한 상황에서 정년퇴임이나 은퇴라는 개념은 아예 사라질 수 있다. 커리어적인 면에서도 100세 시대에 맞는 새로운 전략이 필요하다는 얘기다. 이제는 나이 마흔에 새로운 직업과 커리어에 도전하는 것이 절대 늦지 않다. 완전한 노후에 접어들기 전까지 적어도 직업을 두세 번 더 바꿀 수도 있다.

—————————— **오히려 생물학적 나이가 '허상'일 수 있다**

요즘 나는 강의에 갈 때마다 본인 나이에서 17살을 빼라고 말한다.

그러면 다들 얼굴이 엄청 밝아진다. 60대는 40대가 되고 50대는 30대가 된다. 40대들은 이제 서른도 안 된 '아가'들이 엄청 많다. 지난번에는 청도에 강의 갔다가 깜짝 놀랐다. 어떤 중년의 남자분한테 17살을 빼면 몇 살이냐고 물었더니 47살이란다. 아무리 봐도 47살처럼 생겨서 농담하지 말라고 했더니 지금 나이가 64세인 한의사란다. 그분처럼 17살을 뺀 나이가 겉모습과 딱 맞아 떨어지는 경우도 요새 종종 보인다.

내 대학 동창인 민주도 그렇다. 어찌나 관리를 잘 했는지 나랑 동갑인데 40대처럼 보인다. 옷 입는 스타일이나 라이프스타일도 젊다. 누가 봐도 40대 중반이다. 단, 입을 열기 전까지는.

"너희 남편 이번에 은퇴한다며. 같이 하고 싶은 거 생각해봤어?"

"그냥 뭐 슬슬 등산이나 다녀야지. 노후에 하긴 뭘 해."

"너는 딱 봐도 40대처럼 보이는데 벌써 노후 타령이야?"

"그러게. 뭐라도 해야 되는데…… 이 나이 되니까 자신이 없네."

아무리 겉모습이 젊어 보이면 뭘 하나. 나오는 말은 다 할머니 같은데. 민주는 안티에이징에 목숨을 걸지만 진짜 걱정해야 할 것은 주름이 아니다. 안티에이징 백날 해서 100살까지 살 수 있나. 남은 인생을 뜨겁게 사랑하며 살아갈 수 있는 마음, 내 나이를 대하는 역동적인 마음가짐, 이것이 진짜 안티에이징 돼야 한다.

민주가 30년 전의 노후라는 프레임으로 스스로를 보면 자신감이 떨어질 수밖에 없다. 반면 자신을 진심으로 42살로 대하면 할 게 많

원하는 인생을 만드는
최고의 방법

60살이 되고 보니
마침내 가장 좋은 때가 왔다.
내 꿈을 펼칠 수 있는 나이,
42살로 다시 리셋을 했다.

아진다. 남은 인생을 '노후'라고 퉁치지 않고 한 번 더 자신에게 기회를 주면 원하는 삶을 만들어갈 수 있다. 노인이 아닌데 자신을 노인 취급하면 자꾸 자기 안에서 소외와 괴리가 일어난다. 결국 마음도 우울하고 힘들어진다. 게다가 남은 시간은 기술과 함께 급격하게 변화하는 세상 속에서 살아야 한다. 세상이 진화하면 나 역시 진화하고 변화하는 게 일상이 돼야 한다.

우리나라는 유독 나이에 대한 고정관념이 강하다. 세상은 너무 빨리 바뀌었는데 나이에 대한 고정관념은 30년 전에 멈춰 있는 경우가 많다. 그래서 나는 반드시 내 나이에서 17살을 빼라고 말한다. 덕담처럼 말하는 나이, 기분 좋으라고 하는 말이 아니다. 수명이 갑자기 늘어난 지금은 오히려 지금의 생물학적 나이가 '허상'일 수 있다. 지금 나이에서 17살을 뺀 나이. 그것이 실제 100세까지 살아갈 '현실 나이'이자 '라이프스타일 나이'다. 지금의 나이가 49세라면 라이프스타일 나이는 32세다. 실제로 32세처럼 살아야 100세 시대의 생애 주기에 맞게 살아갈 수 있다.

마흔들이 자신의 나이에서 17살을 빼면 이제 막 23살에서 32살밖에 되지 않는다. 절대 늦었다는 말을 할 수 없는 나이, 뭐든지 시작하기 딱 좋은 나이다. 100세 시대라는 현실에 맞게 나이를 다시 '리셋'하고 마인드도 바꾸자. 라이프스타일 역시 17살을 뺀 나이에 맞게 바꿔야 한다. 젊은 나를 어떻게 데리고 살지, 무엇을 하면서 살지 새롭게 설계하자. 청춘의 시절에 두고 와서 아쉬웠던 꿈, 이제는 늦었다며 포기했던 꿈을 다시 소환해도 괜찮다. 스물의 패기와 뜨거운 열정으로 두 번째 인생을 다시 시작하기에 충분하다.

좋아하는 게
뭔지

모르겠어요

내가 자기계발 강사로 30년간 일하면서 사람들에게 가장 많이 들었던 질문 중 첫 번째는 바로 이거다.

"선생님, 저는 뭘 좋아하는지 모르겠어요. 제가 뭘 하면 좋을까요?"

모든 자기계발, 자기 변화의 시작이라는 건 결국 단순하다. 좋아하는 것을 찾아 오늘 당장 시작하는 것. 그런데 가장 기본적인 대답조차 사람들은 어려워한다. 간절한 눈빛으로 이런 질문을 하는 사람들을 볼 때마다 무척 난감하다. 요즘 트렌드에 맞는 성공 아이템을 찍어 달라는 게 차라리 낫다. '좋아하는 것'만큼 주관적인 게 없으니까. 아무리 남들이 좋아하는 것도 본인이 싫으면 그만이다. 전적으로 자기만의 주관적인 데이터가 쌓여야 알 수 있는데 그걸 무슨 수로 내가

원하는 인생을 만드는   293
최고의 방법

말해주나?

　그러나 더 걱정되는 것은 사실 이 질문 자체가 아니다. 이 질문을 하는 '태도'이다. 서슴없이, 아무런 문제의식 없이 이런 질문을 하는 이들을 볼 때면 가슴이 답답해진다. 아직 인생 경험이 부족한 청소년들이나 20대들은 이해가 간다. 그런데 마흔이 넘어서도 여전히 같은 질문을 한다면 스스로에게 미안해야 한다. 내가 나 자신을 모르는 상태로 오랫동안 방치했다는 뜻이니까. 그런 스스로에게 문제의식조차 없었다는 뜻이니까.

　'내가 뭘 좋아하는지 모르겠다'는 말 속에는 생각보다 많은 것들이 포함돼 있다. 내가 모르는 게 단순히 '좋아하는 것'에서 그치지 않을 수 있다. 사람은 누구나 작은 질문에 답해야 큰 질문에도 답할 수 있다. '내가 좋아하는 것'이라는 비교적 작은 질문에도 대답을 못한다면 '내가 진정 원하는 삶은 무엇인가', '나에게 행복이란 무엇인가', '이대로 사는 게 맞나?' 같은 질문은 너무 어렵다.

　이렇게 꼭 대답해야 할 인생의 질문에 오랫동안 대답하지 못하면 어떻게 될까. 내 생각대로 사는 게 아니라 결국 사는 대로 생각하게 된다. 자기 주도성이 약할 수밖에 없다. 나이가 들수록 '나답게 못 살았다', '내 뜻대로 못 살았다'는 한탄이 나오는 이유다. 마흔 넘어서도 여전히 삶에서 자기 주도성이 없으면 필연적으로 우울증이 오기 쉽다.

자기정의가 분명한 사람

자기 주도적인 삶을 살기 위해 가장 첫 번째 필요한 것이 바로 '자기정의'다. 아주 작은 것부터 나는 '이런 사람'이라고 정의할 수 있어야 한다. 자기정의는 '내가 좋아하고 싫어하는 것'에서부터 시작된다. 그것이 기본 중의 기본이다. 그런데 이걸 찾는 게 생각보다 쉽지 않다. 음식도 먹어봐야 아는 것처럼 좋아하는 것도 마찬가지다. 직접 몸으로 부딪쳐봐야만 데이터가 생긴다. 어떤 것은 좋아하는 줄 알았는데 시간이 지날수록 아닌 것도 있고, 반대로 처음엔 아닌 것 같았는데 시간이 지날수록 좋아지는 것도 있다.

머리로 생각했을 때는 나랑 전혀 안 맞을 것 같았는데 막상 해보면 의외로 잘 맞는 것도 있고 좋아할 줄 알았는데 몸으로 부딪쳐보니 아닌 것도 있다. 정적인 것부터 아주 동적인 것까지 육체노동부터 정신노동까지 다 해봐야 안다. 굉장히 추상적인 것부터 구체적인 것까지, 아주 현실적인 것부터 예술적인 것까지 그 사이사이의 미세한 차이들을 경험해봐야 안다. 수많은 선택을 해보고 무수한 시행착오를 거쳐야 마침내 내가 좋아하는 것들의 실체가 선명하게 드러난다.

아이를 키우는 부모들은 모두가 공감할 것이다. 아이가 좋아하는 것을 찾는 게 얼마나 비용이 많이 드는 '투자'인지를. 어른이라고 크게 다르지 않다. 물론 살아온 경험이 많으니 아이들만큼은 아니겠지만 다 큰 성인도 시간과 비용을 들여야 자기한테 최적화된 것을 찾아

원하는 인생을 만드는
최고의 방법

넬 수 있다. 그 과정 없이 누군가 족집게처럼 자기를 정의해주길 바라는 것은 어리석은 생각이다.

때문에 나는 자기 삶의 변화를 시작하고 싶은 모든 사람들에게 가장 먼저 '라이크 리스트Like List'를 써보라고 말한다. 내가 좋아하는 것, 좋아할 수도 있는 것, 하고 싶은 모든 일을 일단 써보는 것이다.

친구와 여행가는 것도 좋고, 하고 싶었지만 시간이 없어서 미뤄두었던 취미도 좋다. 읽고 싶었던 책의 리스트를 적는 것도 좋다. 좋아하는 것의 단서를 찾는 것이 목적인만큼 일단 생각나는 대로 적고 실행해보는 것이 중요하다. 이렇게 해야 자신의 작은 욕구에 민감해지고, 자신을 파악하는 것이 자연스러운 습관이 된다. 자기정의가 분명한 사람만이 자신의 선택에 대해서도 자신감을 느낀다. 지금 자신감이 떨어져 있다면, 혹은 자주 무기력함을 느낀다면 라이크 리스트부터 만들자. 정체된 삶은 아주 작은 '좋아요'에서부터 비로소 움직이기 시작한다.

──────────────── **딱 한 가지라도 좋아하는 일을 하자**

좋아하는 일이 가진 힘은 생각보다 강력하다. 누군가와 연애를 하면 그와 있는 3시간이 30분처럼 느껴지듯, 좋아하는 일을 하면 시간가는 줄 모른다. 사랑에 빠지면 주변에서 아무리 말려도 안 들리는 것 좋아하는 일의 힘은 강력하다.
지구력, 몰입력, 집중력이 높아지고
빠른 속도로 성장하게 된다.

처럼 좋아하는 일을 하면 어려움을 견디는 힘이 강해진다. 다른 일보다 쉽게 지치지 않고, 하면 할수록 더 잘하고 싶은 내적동기가 생긴다. 지구력, 몰입력, 집중력이 비약적으로 높아지면서 강한 성장 엔진이 생긴다. 어떤 일을 그저 좋아했을 뿐인데 자연스럽게 빠른 속도로 성장하게 되는 것이다.

운이 좋으면 이걸로 거래 가능한 '프로덕트'를 만들 수도 있다. 좋아하는 일이 일정한 경지에 오르면 저절로 진화해 실체를 만들어낸다. 취미로 시작한 캘리그래피로 SNS에서 활약하는 작가가 되고, 사람을 모아서 캘리그래피 클래스를 여는 식이다. 나중에는 기업이나 공공기관에서 유료로 작품을 의뢰 받는 작가가 되기도 한다. 특히 마흔은 좋아하는 것에서부터 여유 있게 두 번째 직업으로 넘어가는 게 좋다. 스무 살 때처럼 당장 생계를 위해서만 일을 찾다보면 시야가 좁아지고 만족감은 더 떨어진다. 결과적으로 지속가능하지 않은 경우가 더 많다.

반드시 미래의 커리어와 연결되지 않더라도 좋아하는 일을 한다는 것은 지금 당장, 너무나 중요하다. 남이 시키는 일을 하면 그냥 '일'이지만 내가 시키는 일을 하면 '보상'이 된다. 지금 내가 생계를 위해 9가지를 하고 딱 1가지 좋아하는 일을 한다 해도 그 1이 나머지 9를 상쇄시켜줄 수 있다. 어쩔 수 없이 해야만 하는 일을 견디고 다시 살아갈 힘을 주기도 한다.

나는 강의가 많아지고 일이 너무 바빠질 때마다 항상 좋아하는 1을 일부러 배치했다. 반드시 시간과 비용을 아껴서 내가 좋아하는 일에 대해 투자하려고 애썼다. 덕분에 수상스키도 배우고, 가드닝도 해보고, 재봉기술도 엄청 늘었다. 그러다 보니 짧은 순간이지만 기분 좋은 승리감을 만끽할 수 있었다. 아무리 내가 좋아하는 강의이고 내가 나한테 시켜서 하더라도 일만 하다 보면 사람은 소진될 수밖에 없기 때문이다.

삶의 주도성을 회복하는 법

생계를 위해 일한다는 것은 그 자체로 늘 스트레스를 동반한다. 어느 날은 열심히 준비한 프로젝트가 실패하기도 하고, 어떤 날은 같이 일하는 사람 때문에 다 그만두고 싶다. 이 돈 벌려고 내가 이 고생을 해야 하나 깊은 번뇌에 빠지기도 한다. 그런 일상의 스트레스에 지면 회사를 다닐 수가 없다. 실제로 많은 사람들이 당장 생계가 흔들리는 것을 알면서도 스트레스 때문에 손해 보는 선택을 한다.

그런데 좋아하는 일을 하는 동안은 이 모든 질문들이 사라진다. 즐거운 승리가 일상의 패배를 덮어준다. '그래도 나는 이것 하나는 제대로 하고 있다'는 느낌이 삶의 주도성을 회복시켜 준다. 가장 중요한 것은 즐거운 일이 나의 '정체성'을 만들어준다는 것이다. 사회에서 늘 활용당하고 평가받는 내가 아니라 스스로 좋아하는 일을 통해서 기뻐하는 사람, 승리하는 사람으로 스스로의 정체성을 바꾸어 간다. 이것이 일상이 되면 삶을 끌어나가는 엄청난 에너지가 된다. 때문에 이제 '내가 뭘 좋아하는지 모르겠다'는 말은 더 이상 하지 말자. 남에게 묻지도 말자. 그냥 아주 작은 것이라도 라이크 리스트를 쓰고 일단 해보자. 그러면 그 작은 '좋아요'가 매일 조금씩 스스로 진화해 나가는 기적을 보게 될 것이다.

　마흔에 무언가 새롭게 시작한다는 것은 두렵다. 뒤늦게 시작했으니 남보다 더 뛰어난 무언가를 찾아서 빠르게 완성해야 한다는 조급함이 앞선다. 그럴 때일수록 여유 있게 접근해야 한다. 더욱 내가 좋아하는 것으로 시작하고 10여년 정도 시간을 가지고 천천히 완성해 나가야 한다. 내가 좋아하는 것으로 시작했으니 잘돼서 누군가에게 도움을 줄 수도 있고, 더 나아가 직업이 되면 더 좋다. 직업이 되지 못해도 내가 평생 죽을 때까지 행복하게 즐길 일이 있으니 그것만으로도 큰 성공이다. 마흔은 좋아하는 일에서 시작해도 충분한 나이다. 10년 안에 뭔가 이루지 못하면 안 된다는 조급함과 성급함이 오히려 독이 된다. 마흔이란 나이에 짓눌려 좋아하는 것도 시작하지 못하는 실수를 범하지 말자. 좋아하는 것으로부터 시작해도 넉넉한 나이가 마흔이다.

인생은
성공이 아니라

'성취'다

40대의 끝 무렵, 나는 인생에서 가장 바쁜 시간을 보내고 있었다. TV에서 내 이름으로 된 쇼를 하고 있었고, 그 덕에 책도 베스트셀러가 됐다. 방송이며 강의 스케줄이 너무 많아서 가족들과 밥 먹을 시간조차 없었다.

'성공계산법'이라는 게 있다면 그때의 나는 아마 100점 만점에 80점 이상은 됐을 것이다. 돈과 유명세라는 '사회적 기준'으로 보자면 김미경은 성공한 인생으로 보였을 테니까. 성공은 철저하게 내가 기준이 아니고 남들이다. '이 정도면 성공한 인생'이라고 아무리 우겨도 사람들은 인정하지 않는다. 성공이라는 말 자체의 주체도 내가 아니라 '사회'이기 때문이다.

그러나 돌이켜 보면 그때의 나는 '주관적으로' 가장 불행했다. 부와 명예라는 인생의 한 가지 축 외에 또 하나 가장 중요한 '가족'의 축이 내려앉고 있었기 때문이다. 그 무렵 고등학생이었던 아들 녀석은 인생에서 가장 힘든 시기를 보내고 있었다. 뒤늦게 음악으로 진로를 정하고 운 좋게 예술 고등학교에 진학한 것까지는 좋았다. 그러나 다른 아이들과 달리 기본기를 충분히 쌓지 못했던 둘째는 매일같이 자존감이 무너져 내렸다. 결국 등교한다며 나갔던 아이는 학교 대신 혼자 거리를 방황하기 시작했다.

그런 아이를 이해하지 못했던 남편과 아이의 갈등도 극도로 치달았다. 아이는 어떤 날은 분노로 가득 차 있었고 어떤 날은 우울에 갇혀 있었다. 한마디로 우리집은 언제 터질지 모르는 시한폭탄이나 마찬가지였다.

밖에서는 스타 강사로 이름을 날렸지만 집에 들어올 때마다 나는 철저하게 '빵점'짜리 엄마였다. 밖에서 쌓은 80점이 집 안에서는 아무런 소용이 없었다.

내가 서 있는 자리가 내가 올 곳이 아닌 느낌, 내가 쌓은 모든 것이 모래성처럼 와르르 무너지는 느낌이었다. 그때 나는 처음으로 성공 계산법이 아닌 다른 계산법으로 내 인생을 돌아봤다. 소중한 가족과 인간관계, 몸과 마음의 건강을 포함한 전반적인 '삶의 밸런스'를 놓고 새로운 계산법을 고민했다.

그것이 바로 '성취계산법'이다. 성취fulfilment는 성공success보다 훨씬

지금까지 쌓은 것들이 무너지는 느낌이 든다면
남이 아니라 내가 기준인
성취계산법으로 인생을 바라보자.

광범위한 의미로 내 인생을 아우르는 만족과 행복을 포함하는 개념이다. 때문에 이는 기준이 남이 아니라 나일 수밖에 없다. 성공계산법으로 100점인 사람도 성취계산법으로 보면 20점일 수 있고, 거꾸로 성공계산법이 20점인 사람도 성취계산법으로 보면 100점일 수 있다. 낮에 웃는 사람이 밤에 울고, SNS에서는 웃는데 집에서는 혼자 운다.

그때 내 삶은 성취계산법으로 정산하면 도무지 답이 안 나왔다. 더 이상 빵점짜리 인생을 감당하고 싶지 않았던 나는 주저 없이 돌아갔다. 스케줄을 최소한으로 줄이고 집에서 밥해주는 엄마가 됐다. 아이가 돌아오는 시간에 맞춰 낮이건 밤이건 새벽이건 직접 밥을 해서 먹였다. 아이와 사사건건 충돌하는 남편을 중간에서 막고 아이를 기다려주자고 설득했다. 결국 둘째는 학교를 자퇴했고 서서히 안정을 찾아나갔다.

생각해보면 그때 내가 아이에게 알려주고 싶었던 것도 성취계산법이었던 것 같다. 아이는 끊임없이 자신을 성공계산법으로 계산하고 마이너스 점수를 주고 있었다. 자신처럼 학교를 자퇴한 녀석은 아무것도 될 수 없다고 스스로를 다그쳤던 것이다. 그러나 성취계산법으로 보면 다르다. 어쩔 수 없이 친구들과 비교하게 되는 학교를 벗어나자 아이의 몸은 점점 건강해지고 있었고, 아주 조금씩 자존감도 회복하고 있었다.

"천재 아티스트는 자퇴 정도는 해야 알아주는 거야."

그 시절 아들에게 가장 많이 했던 말이다. 이런 말도 안 되는 우기기까지 해가며 나는 아이의 불행을 행운으로 바꿔주기 위해 온 힘을 다했다. 덕분에 아이는 다시 자신의 길을 찾아나갔고 가족들도 안정되기 시작했다. 오직 성공 하나에 치우쳐져 있던 내 일상도 균형을 잡아나갔다. 당시 나는 둘째의 방황으로 심적으로 힘든 시간을 보냈지만, 사실 그것은 무너진 인생의 균형을 되찾고 가장 중요한 것을 놓치지 말라는 신호였다.

내 인생을 위한 계산법이 따로 있다

누구나 40대가 되면 자꾸 나도 모르게 중간정산을 하고 싶어진다. 살고 있는 집 평수, 연봉, 자동차 기종, 사회적 지위, 애들이 공부 잘하나 못하나까지 따져가면서 나 정도면 성공계산법으로 몇 점이나 받을 수 있을지 계산해본다. 그러나 철저히 남의 기준에 맞춰진 성공계산법으로 정산하면 웃을 수 있는 사람이 별로 없다. 게다가 살다보면 성공의 궤도에서 이탈하게 만드는 뜻밖의 사건들이 찾아온다.

가장 흔한 것 중의 하나가 건강 문제이다. 마흔이 되어서 갑자기 아픈 이들이 내 주변에도 꽤나 많다. 일에서 재미와 만족감을 느끼는 나 같은 워커홀릭들이 특히 그렇다. 누가 시키지 않아도 새로운 일에 도전하고 성취하는 게 재미있어서, 혹은 남들보다 강한 책임감으로 열심히 일해 왔던 이들 중에 건강의 적신호가 켜지는 일이 많다.

'아프면 다 소용없다'는 주변의 충고를 늘 듣지만 사람은 막상 자신의 일이 되기 전까지는 실감하기 어렵다. 특히 성공의 트랙을 한창 달리고 있을 때는 그런 얘기가 안 들린다. 아프고 나서야 비로소 인생에서 무엇이 중요한지를 알게 된다.

나처럼 가족 중에 누군가가 아프거나 정신적으로 힘든 일도 얼마든지 생길 수 있다. 고민상담을 할 때면 아이 때문에 직장을 그만두고 싶다는 워킹맘들의 사연을 숱하게 만난다. 얼마 전에도 아이에게 틱이 왔는데 직장을 그만둬야 하냐고 묻는 40대 엄마에게 나는 말했다.

"아이가 아프다는 건 지금 멈추고 돌아가라는 신호예요. 걱정 말고 아이부터 잘 챙겨요."

한창 커리어적으로 달려야 할 때인 40대에 내 몸이 아파서, 혹은 가족이 아파서 집으로 돌아가는 자신을 보면 성공계산법으로 답이 안 나온다. 그럴 때는 서러워하지 말고 과감하게 계산기를 바꿔야 한다. 성취의 관점에서 내 인생을 다시 돌아볼 필요가 있다.

다른 문이 열렸다면 외면하지 말자

사람은 누구나 하루 24시간을 산다. 누구나 한정된 시간을 살기 때문에 일에서 성공하려면 24시간을 최대한 끌어다 쓸 수밖에 없다. 아니, 사회적으로 꼭 대단한 성공이 아니더라도 나와 내 가족의 생계를 유지하기 위해 어쩔 수 없는 경우도 많다.

아는 후배 중의 하나는 선생님 5명을 두고 유치원을 운영한다. 아이는 아직 6살 밖에 안 됐는데 감기를 달고 산다. 그래서 일 마치면 빨리 집에 가서 아이를 챙겨야 하는데 쉽지 않다. 선생님 중 한 명이 '당장 그만둘 것 같은 얼굴'을 하는 날에는 아이와 선생님 중 누구를 택해야 할까? 아픈 아이 대신 선생님과의 회식을 택할 수밖에 없다.

경쟁에서 성공하려면 무엇보다 속도가 중요하다. 가족, 건강, 인간관계 다 무겁게 이고 지고 갈 수가 없다. 그래서 나머지를 두고 혼자서 빠른 속도로 걸어간다. 그런데 결국 그 끝에서 혼자 외롭게 서 있는 자신을 발견하는 경우가 많다. 그리고 뜻밖의 질문과 맞닥뜨린다. 내가 뭐 하려고 교수가 됐지? 내가 뭐 하려고 이렇게 돈에 목숨을 걸었지? 내가 왜 이 고생 하면서 사장이 됐지?

가치 없는 일에 너무 많은 시간과 노력을 투자했다는 생각이 드는 것이다. 의미 없는 곳에서 너무 많은 의미를 쌓은 느낌도 든다. 세상은 워낙 바빠서 나에게만 박수쳐주지 않는다. 박수쳐주는 사람들은 결국 다른 사람들을 박수쳐주기 위해 떠난다. 내 건강이건 가족이건 뒤에 두고 왔기에 결국 고독하게 혼자 서 있게 된다. 그걸 지금이라도 알았다면, 아니면 외부 충격에 의해 억지로 다른 문이 열렸다면 더 이상 그걸 거부하거나 외면해서는 안 된다.

나는 아들로 인해 성공이 아닌 성취에 대해 눈을 뜨게 된 것을 지금도 감사하게 생각한다. 만약 그때도 내가 외면했다면 엄청난 아픔으로 무너진 인생을 끌고 갔어야 했을 것이다. 나이가 들수록 사람은 앞으로 나아가는 힘보다 뒤에서 잡아당기는 힘이 훨씬 세다. 결국 아무리 가려고 해도 앞으로 한 발짝도 나아가지 못한다. 성취에서 20점 맞은 대가를 100살까지 치러야 했을 것이다.

돌아가야 한다는 깨달음이 축복이다

마흔은 계산법을 바꿔야 하는 대변혁의 시기이다. 성공이라는 것은 인생의 여러 과목 중에 한 가지일 뿐이다. 인생은 절대 한 과목이 아닌 전 과목으로 평가받는다. 사람들이 죽을 때 후회하는 것은 성공이 아니라 성취가 대부분이다. 이렇게 계산법을 바꾸기에 마흔은 참 적당한 나이이다. 성공을 향해 달려도 봤고, 자기의 한계도 깨달았고, 진짜 원하는 가치가 무엇인지도 알기 때문이다. 경험적으로 볼 때 40대 중반이 넘으면 서서히 '귀'가 바뀐다. 성공이 아닌 성취의 이야기를 들을 줄 아는 귀로 바뀌는 것이다.

때문에 혼자 너무 멀리 떠나왔다는 내면의 소리가 들린다면, 인생 끝까지 함께 할 가족의 목소리가 들린다면 주저 말고 돌아가자. 돌아가야 한다는 깨달음이 축복이고 행운이다. 돌아가는 길에 너무 서러워하지도, 슬퍼하지도 말자. 나중에 돌이켜 보면 그것이 가장 빠른 길이었다는 것을 깨닫게 될 것이다.

멀리 떠나온 나를 자책하지도 말자. 인생의 균형을 처음부터 완벽하게 맞추고 사는 사람은 없다. 다들 삐뚤빼뚤 살아간다. 아무 일 없이 일직선으로 살아가는 인생보다 비틀거리며 좌우로 흔들리며 살아가는 것이 오히려 인생의 영토를 확장하게 한다. 성공하고 돈 버는 것 하나도 누구에게나 벅찬 일이다. 이만큼 온 것도 장하고 기특하다. 그저 이 모든 것은 진정한 인생의 균형을 회복하기 위해 꼭 필요한 과정일 뿐이라고 생각하자. 내일의 성공을 위해 오늘을 희생하지 말고, 매일 성취하는 삶을 살아가자.

원하는
인생을 만드는

미라클 루틴
B.O.D

29살에 대출을 왕창 받아 피아노학원을 차렸을 때, 나는 무척이나 두려웠다. 매달 갚아야 할 빚 때문에 잠이 안 왔다. 그때 나는 지금 '당장' 할 수 있는 것부터 시작했다. 새벽 4시 반에 일어나기. 처음에 그것은 아주 작은 점일 뿐이었다. 그런데 일단 일어나 보니 다음 할 일이 생각났다. 어제 가르친 아이가 '엘리제를 위하여'를 얼마나 멋지게 쳤는지를 편지에 써서 집에 보냈다. 그러자 다음날 아이 엄마가 환한 표정으로 찾아왔다. 편지의 효과가 입증되자 나는 매일 새벽마다 편지를 쓰기 시작했다. 그렇게 작은 점들이 꾸준히 찍히면서 선이 만들어졌다. '아이를 사랑하고 제대로 가르치는 학원'이라는 평판이 생긴 것이다. 그리고 그 선이 1년 반 정도 한 바퀴 돌자 입체적인 면

이 생겨났다. 입소문 덕분에 원생 200명의 대형 피아노 학원 원장이 된 것이다.

이 과정은 마치 수백 번 오가면서 스스로 형태를 만들어나가는 3D프린터와 같다. 처음 3D프린터가 움직일 때는 저렇게 분주히 왔다 갔다 하는데 도대체 뭐가 될까 싶다. 그런데 노즐이 움직일 때마다 점이 선이 되고, 선이 면이 되면서 입체적인 형태를 잡아나간다. 때로는 내가 상상했던 것보다 훨씬 더 크고 멋진 모습이 되기도 한다. 당시 나의 새벽 기상은 대출을 갚기 위한 몸부림이었지만 나중에 돌이켜 보면 그때 이미 나는 평생의 직업인 '강사'라는 점을 찍고 있었다. 엄마들에게 감동적인 편지를 쓰기 위해 처음으로 책을 읽기 시작했고, 학부모들과 수많은 대화를 통해 영업 스킬을 익혔고, 그때의 성공 사례 덕분에 첫 번째 강의를 하게 됐으니까. 그때 내가 했던 모든 점의 노력들은 10년 뒤에 내가 상상했던 것 이상의 실체가 되어 있었다.

그것이 지난 30년간 내 몸이 깨달은 '차원적인 믿음'이다. 별것 아닌 오늘 1시간의 노력이 반드시 10년 후의 미래와 연결 된다는 것. 지금 무엇인가 꾸준히 한다면 반드시 5년 후 10년 후에 만난다는 것. 내가 가진 최고의 능력도 바로 이것이다. '오늘을 오늘로 생각하지 않는 것.' 오늘 1시간으로 미래가 동시에 바뀌는 것을 믿는 능력이다.

매일 들 수 있는 성공의 무게, 루틴

내 머릿속에는 원하는 꿈을 만드는 3D프린터가 들어가 있다. 그래서 나는 시작하는 것을 겁내지 않고 중간에 힘든 일을 만나도 쉽게 좌절하지 않는다. 이 별것 아닌 점들이 모여서 실체가 만들어지고 있다는 것을 알기 때문이다. 여기서 가장 중요한 것은 계속 점을 찍는 것이다. 선이 되고 면이 될 때까지 포기하지 않고 꾸준히 찍어야 한다. 그 최소의 점을 나는 '루틴'이라고 부른다. 하루의 가장 작은 단위인 30분 혹은 1시간 동안 매일, 혹은 일정한 주기로 쌓아나갈 수 있는 몸의 실천.

우리는 모두 자신이 꿈꾸는 대로 미래를 바꾸고 싶어 한다. 그런데 미래를 바꿀 수 있는 유일한 방법은 내가 원하는 것들을 루틴 안에 넣는 것밖에 없다. 그러려면 가장 중요한 게 뭘까? '무게'다. 뭐든지 꾸준히 하려면 하루 30분, 1시간 정도로 가벼워야 한다. 내가 들수 없을 정도의 무게면 계속 반복하는 루틴이 될 수가 없다.

20대까지는 수능을 비롯해 테스트가 많으니 챌린지를 자주 하게 된다. 몇 날 며칠 밤을 새더라도 목표를 위해 성과를 만들어내야 한다. 그러나 대학 졸업하고 서른 넘어서부터는 체력도 여력도 안 된다. 수능처럼 점수로 한번에 인생이 안 바뀐다. 매일의 점수로 인생을 바꾸는 것. 그것이 바로 루틴이다. 그때부터는 편안하게 호흡하듯 천천히 갈 수 있는 루틴으로 인생을 만들어가야 한다.

루틴은 매일 하는 것이기에 뭔가를 새롭게 만들고 지속하는 힘이 있다. 또한 점이 쌓이면 입체적인 실체가 되듯 루틴이 쌓이면 정체성이 바뀐다. 하루에 10시간을 뛰었다고 갑자기 사람이 바뀌지 않는다. 그러나 10년을 매일 뛰면 '뛰는 사람'이 된다. 정신도 바꾸고 신념도 바꾸고 미래도 바꿔나간다. 대표적인 사람이 바로 가수 션이다. 션은 매일 새벽 루틴이 러닝이다. 새벽마다 친한 크루들과 함께 한강변을 뛴다. 취미 삼아 시작한 러닝이 10년 넘게 지속되자 그의 '브랜드'가 됐다. 815런처럼 기부와 러닝을 결합한 각종 대회도 직접 개최한다. 그렇게 기부한 액수만 50억 원이 넘는다. 매일 뛰는 새벽 1시간이 그의 정체성을 바꾼 것이다. 션처럼 앞으로 10년간 살고 싶은 모습을 루틴으로 만들어 내 하루에 넣으면 나라는 사람의 정체성이 바뀐다. 내가 원하고 꿈꾸던 모습으로 살게 되는 것이다.

내 하루는 루틴을 생산하는 가장 좋은 재료다. 절약과 저축의 루틴을 하루 안에 넣으면 저절로 부자가 되고, 운동이라는 루틴을 넣으면 저절로 몸이 건강해진다. 하고 싶은 취미를 루틴에 넣으면 10년 뒤에는 누군가를 가르칠 수도 있다. 루틴으로 좋은 에너지를 만들고 그것이 1000개가 쌓이면 영향력이 된다. 이는 갖고 있으면 자존감, 밖에 팔면 제품이 된다.

지속가능한 루틴 방정식 B.O.D

오랫동안 루틴의 힘에 대해 연구하면서 나는 사람들과 함께 할 수 있는 루틴에 대해서도 많이 고민했다. 그리고 5월부터 루틴으로 함께 성장하는 '미라클 모닝' 프로그램을 시작했다. 요즘 나는 매주 월요일 새벽 5시마다 5000여 명의 '미모리안'들과 만난다. 작년 514챌린지에서는 매달 14일 동안 연속으로 했는데 올해는 위클리 프로그램으로 바꿨다. 루틴은 '손에 들 수 있을 만큼 가볍게' 해야 지속가능하기 때문이다. 일주일에 한 번인 만큼 사람들에게 충분히 자극이 되고 동기부여가 될 만한 콘텐츠들로 꽉 채워 넣는다. 30분 정도 정신이 번쩍 드는 특강을 하고 반드시 알아야 할 최신 트렌드들을 소개한다. 함께 하는 미모리안들과 소통하며 공감하는 시간도 갖는다. 한 달에 한 번 외부에서 유명 저자나 전문가의 강의도 청해 듣는다. 그렇게 미모리안들은 미라클 모닝이라는 루틴을 통해 새로운 에너지와 자극, 유용한 정보들을 공유하며 함께 성장하고 있다.

지난 반년간 미라클 모닝을 지속적으로 하다 보니 사람들이 루틴에 대해 어려워하거나 고민하는 점에 대해서도 자연히 알게 됐다. 일단 어떤 루틴을 세팅해야 하는지부터 머리가 복잡하다. 수많은 것들 중에 우선순위를 정하는 게 말처럼 쉽지 않다. 방향성에 대한 고민 없이 매일 투 두 리스트만 쓰면, 열심히 살았는데 남는 게 없는 느낌이다. 내가 만든 루틴을 하루 스케줄 안에 효율적으로 배치하고 실

존재와의 대화를 통해
미라클 리스트를 만든다.

Being
철학자

Organizing
기획자

Doing
집행자

오늘 하루의 시간과 노력을
어떻게 배분할지 기획한다.

시간에 배분된
태스크를 집행한다.

행하는 것도 보통 힘든 일이 아니다.

이런 미모리안들의 고민들과 내가 지난 30년간 루틴을 만들고 실행하면서 느꼈던 것들을 종합해 루틴을 내 삶에 안착시키는 방법을 체계화시켰다. 그것이 바로 '원하는 인생을 만드는 미라클 루틴, B.O.D'이다. 매일의 루틴을 쪼개보면 크게 B.O.D의 시간으로 나뉘어진다.

B는 비잉Being의 줄임말로 나의 존재와 대화하는 시간이며 B.O.D 중에서 가장 중요한 본질적인 시간, 루틴의 심장과도 같다. 하루 중

에 나와 대화하는 비잉의 시간이 제대로 있어야 흔들리는 마음을 치유하고 인생의 방향키를 내가 원하는 방향으로 끌고 갈 수 있다.

O는 오거나이징Organizing으로 하루의 스케줄을 정리하는 시간이며 루틴의 머리와도 같다. 비잉의 시간에서 나온 답들을 구체적인 하루 안에 배치하고 우선순위를 정하는 시간이다. 오거나이징의 노하우가 쌓일수록 시간을 효율적으로 쓰고 실행력도 높아진다.

D는 두잉Doing으로 루틴을 실행하는 팔과 다리의 역할을 한다. 미리 오거나이징 한대로 실행하는 것으로 하루 대부분의 시간을 차지한다. 내가 앞에서 말한 대로 두잉이 부지런히 쌓이면 몸이 똑똑해져서 비잉의 시간에 내 존재가 전보다 훨씬 지혜로운 질문을 한다.

이렇게 B.O.D의 3가지 축은 긴밀하게 연결되어 있어 원활히 돌아가면 서로에게 엄청난 시너지 효과를 불러일으킨다. 이는 나부터 느끼는 점이다. 예전에 그냥 열심히 살았을 때와 B.O.D를 하는 지금은 너무 다르다. 가장 깊은 '존재'부터 가장 현실적인 '실행'까지 촘촘히 챙겨가니 삶의 전반적인 만족도와 행복도가 함께 올라간다. 내가 원하는 곳에 와서 제대로 살고 있다는 느낌. 진정한 '성취'를 이뤄가는 구체적인 방법을 찾은 것이다. 데일리 루틴으로 원하는 인생을 만들고 싶다면 B.O.D를 기억하자. 그리고 하루 안에 반드시 B.O.D의 시간을 배치하자.

데일리 루틴으로 원하는
인생을 만들고 싶다면 B.O.D를 기억하자.

그리고 하루 안에 반드시
B.O.D의 시간을 배치하자.

성찰과 반성으로
스스로를 치유하는 시간,

비잉

오늘 아침, 눈 뜨자마자 당신은 어떤 감정과 생각을 떠올렸나. 기분
좋은 상쾌함이라면 다행이다. 하루를 시작하는 첫 단어가 감사함, 행
복감 같은 긍정적인 단어라면 더 바랄게 없다. 그런데 살다보면 그렇
지 않은 날이 더 많다. 그건 나도 마찬가지다. 얼마 전, 나는 내가 아
침마다 느꼈던 부정적 감정과 생각들을 단어로 일일이 써본 적이 있
다. 무려 45가지에 달했다.

후회 비참함 패배감 무능감 무기력 불안 거짓된 두려움 공포감 궁지
에 몰림 충격 위험 분노 억울함 시달림 음모 험담 어리석음 미련함
시기 질투 비교 자책 열등감 열패감 절박함 실망감 낙심 의심 빈곤

열악함 취약함 억눌림 압박감 몰락감 추락감 무시당함 무의미 무가
치 부질없음 착취 우울감 걱정 건강 걱정 등등

　사실 이 단어들은 우리 모두가 피하고 싶지만 늘 마주칠 수밖에
없는 것들이다. 그런데 아침에 눈 뜨자마자 생각났다는 것은 둘 중
하나다. 지금 시급하게 해결해야 하는 문제이거나, 나를 오랫동안 괴
롭혔던 문제이거나.

　'우리 아들은 며칠 전부터 왜 나랑 대화를 피하지? 혹시 우울증 아
닌가?'

　'오늘도 출근해서 김 부장 얼굴을 봐야 한다니 정말 짜증나 죽겠네.'

　그러나 이런 생각들은 바쁜 출근 준비와 함께 금방 사라져 버린
다. 일하는 중에도, 친구와 커피를 마시는 중에도 이런 고민과 걱정
이 툭툭 올라올 때가 있다. 그러나 잠깐 생각하다 밥 먹으러 가고, 잠
깐 고민하다 다시 거래처 미팅에 들어간다.

　뇌과학자들에 따르면 사람은 하루에 6천 개 이상의 생각을 한다
고 한다. 매분 매초마다 새로운 생각이 지금 하는 생각을 밀어내는
것이다. 그렇게 우리는 일상에 쫓겨 번번이 생각의 끈을 놓친다. 그
리고 결국 이렇게 말한다.

　"나 요즘 애랑 직장 상사 때문에 너무 스트레스 받아."

　며칠 동안 떠올렸던 생각과 감정을 '스트레스'라는 한 단어로 뭉
뚱그리는 것이다. 그런데 정말 그렇게 쉽게 결론 내고 넘어가도 되는

문제일까? 사실 따지고 보면 이것은 내가 나한테 하는 '질문'이다.

'아이가 요새 왜 그럴까?'

'아이와 어떻게 소통하는 것이 최선일까?'

엄마로서 반드시 대답해야 하는 중요한 질문이다.

한 달 내내 아침에 일어나자마자 김 부장 때문에 짜증이 났다면 이것도 나에게 질문을 하는 중이다.

'왜 나는 김 부장한테 맨날 끌려 다닐까.'

'그렇다고 그 사람 때문에 회사를 그만두는 게 나를 위한 최선의 선택일까?'

짜증, 우울, 불안 같은 부정적 감정의 모습을 하고 있지만 사실 이것은 내가 나를 걱정해서 던지는 질문들이다. 감정의 크기만큼 더 절실하게 대답을 원하는 중이다. 그런데 우리는 바쁜 일상에 치여 이 질문에 진지하게 답을 못한다. 그러면 어떻게 될까?

지금까지 살아왔던 대로, 평소의 내 성격과 기질대로 똑같은 선택을 한다. 타고난 성격이 문제가 생겼을 때 회피하는 쪽이라면, 이번에도 아무 생각 없이 충돌을 피하는 선택을 하게 된다. 기질이 예민하고 밖으로 쏟아내는 편이라면 신경질적으로 누군가를 쏘아붙이고 매번 후회할 수 있다. 이게 문제라고 인식하고 고민하고 수정하는 과정이 전혀 없으니 당연한 결과다.

또한 내 뜻이 없으니 '남의 뜻'에 끌려 다니게 된다. 문제에 대한 분석도, 결론도, 결심도 아무것도 없으니 더 강한 사람이 잡아 끌면 끌려갈 수밖에 없다. 아이와 상사의 눈치를 보며 상대의 기분, 상대의 말과 행동에 따라 나도 울고 웃으며 살 수밖에 없다. 그러다 보면 결국 남는 것은 '남 탓' 혹은 '내 탓'이라는 '감정'뿐이다. 스트레스를 만든 상대와 그 상황을 바꾸지 못하는 자신에 대한 분노와 자책만 남는다. 이렇게 답하지 못한 질문들이 쌓일수록 삶은 당연히 우울하고 불안해질 수밖에 없다. 내가 내 인생의 방향키를 쥐고 있지 않다는 '현타'가 오면 사람은 누구나 자존감이 떨어진다.

———— 지금 나에게 가장 중요한 질문, 빅 퀘스천을 찾아라

내가 나에게 던진 질문에 끝까지 대답하는 시간. 그 시간을 나는 '비잉Being의 시간'이라 부른다. 비잉, 즉 나라는 존재와 대화하는 시간이다. 비잉이라는 말 자체가 어렵고 철학적으로 들리지만 가장 현실적인 나의 인생 숙제들을 푸는 시간이다. 바쁜 일상에 쫓겨 제대로 들여다보지 못했던 나의 아픔과 후회, 결핍을 직시하는 시간이다.

'비잉의 시간'은 오늘 나를 힘들게 했던 수많은 감정과 엉킨 생각 속에서 가장 핵심적인 질문을 찾아내는 것으로 시작된다. 지금 나에게 가장 중요한 질문 한 가지. 그것이 바로 '빅 퀘스천Big Question'이다. 오랫동안 내 마음을 무겁게 짓눌렀지만 외면했던 문제, 요즘 아침에 눈을 뜨자마자 엄습하는 어떤 감정, 하루 중 가장 많이 하는 생각이라면 빅 퀘스천으로 가져와야 한다. 사람마다 빅 퀘스천은 다 다를 수 있다. 어떤 사람은 경제적 어려움에서 벗어나는 게 가장 빅 퀘스천이다. 마흔에 새로운 꿈을 갖고 도전을 시작한다면 그것이 빅 퀘스천이 될 것이다. 질병으로 힘든 시기를 겪었던 사람은 건강 문제가 첫 번째 인생 숙제일 것이다. 그중에서도 복잡한 인간관계야말로 가장 풀기 힘든 대표적인 빅 퀘스천 중 하나다.

은혜님의 빅 퀘스천도 '남편과 꼬인 관계를 어떻게 풀 것인가?'였다. 결혼 10년 차인 은혜님은 남편과 싸우는 일이 잦았다. 어렸을 때 외롭게 자란 그녀는 따뜻한 사랑과 관심을 바랐지만 남편은 무뚝뚝하고 말도 예쁘게 할 줄 몰랐다. 게다가 고지식하고 융통성도 없어서 자신이 정한 기준에 맞지 않으면 화부터 내곤 했다. 참다못해 그녀가 화를 내면 말싸움으로 번져 며칠 동안 냉전이 이어졌다. 어린 두 아이는 그럴 때마다 엄마 아빠 눈치를 보며 마음을 졸였고, 은혜 씨는 그런 아이들을 볼 때마다 너무 미안했다. 그러나 꼬인 실마리를 어디서부터 풀어야 할지 막막하기만 했다.

이런 빅 퀘스천에 스스로 답하려면 어떻게 해야 할까. 가장 첫 번째가 '성찰과 반성의 과정'이다. 그게 모든 문제를 푸는 첫 번째 열쇠다. 인간관계에서 문제가 생길 때 우리는 누구나 감정에 휩싸이게 된다. 피해자의 입장에서 그가 얼마나 이상하고 못되고 이기적인 사람인지를 곱씹으며 분노와 억울함 속으로 빠져든다.

은혜님의 마음도 오랫동안 그랬다. 집안의 모든 불화가 남편 때문이니 그가 바뀌어야 문제가 해결된다고 믿었다. 그런데 그 상태에서는 그녀가 할 수 있는 게 아무것도 없다. 남편이 쉽게 바뀔 리 없었고 은혜님은 무력감을 느꼈다. 그녀가 할 수 있는 것은 남편을 원망하는 것 밖에 없었다.

인간관계는 남으로부터 문제를 해결하려 하면 답이 없다. 그 어떤 사람도 다른 사람을 바꾸기 힘들다. 내가 낳은 자식도 마음대로 못하는데 남편은 오죽한가. 바꾸지 못할 것에 대해 계속 분노하고 원망하면 관계는 더 악화되고 본인 역시 삶이 힘들어진다. 그렇다면 그가 바뀌길 기다릴 것이 아니라 내가 문제를 해결하고 끌고 가는 '주체'가 돼야 한다. 내가 이 문제의 방관자나 피해자가 아닌 주인이 되겠다는 선언, 그것이 바로 성찰과 반성이다.

──────────────── **인생의 기적을 만드는 미라클 리스트**

내가 쥐고 있던 원망을 내려놓고 스스로와 가장 정직한 대화를 나누기 시작하는 것에서 성찰과 반성은 시작된다.

'남편과 나는 어디서부터 잘못됐을까'

'나는 그의 어떤 점 때문에 이토록 화가 나는 걸까'

'남편과 아빠로서 그래도 그가 괜찮은 점은 무엇일까'

'오랫동안 다투면서 내 자존감이 낮아지진 않았나?'

은혜님은 이렇게 스스로에게 질문을 던지면서 점점 자신과 깊은 대화를 나누기 시작했고, 그 내용을 다이어리에 적어나갔다. 시작은 남편과의 관계였는데 질문과 답을 반복할수록 어느새 자신에 대한 얘기를 쓰고 있는 스스로를 발견했단다.

성찰과 반성의 핵심은 기존에 갖고 있던 모든 감정과 생각들을 다 내려놓고 부숴버린다는 각오로 밑바닥까지 가보는 것이다. 대충 생각하다 마는 게 아니라 끝까지 성찰해서 가장 정직한 마음의 결론을 건져 올리는 것이다. 그래야 내 말과 행동에 힘이 생긴다. 진심어린 반성 없이 어설프게 남의 것을 베껴오면 스스로에게조차 설득력이 안 생긴다. 어떤 결심도 힘없는 선언에 불과하다.

또한 성찰과 반성은 생각에서만 그쳐서는 안 된다. 반성은 '내가 나한테 하는 지시'다. 아주 작은 것이라도 구체적인 실천이 있어야 현실이 바뀐다. 그것이 바로 '미라클 리스트'이다. 비잉의 시간을 통해 나온 성찰을 구체적인 현실에 적용하는 실천 과제들이다. 남이 시키는 일이 아니라 내가 나에게 시키는 일. 원하는 인생을 만들기 위한 가장 중요한 일들이다. 지금까지 다이어리 안에 생계를 위한 투두 리스트만 가득했다면, 이제는 내가 나에게 시키는 미라클 리스트가 반드시 있어야 한다. 내 인생의 기적을 만드는 것은 바로 미라클 리스트다. 은혜님은 남편에게 향해 있던 시선을 자기에게 돌리는 미라클 리스트를 만들었다.

'자존감에 대한 책 1권 읽기', '오늘 저녁 30분 걸으며 감정 가라

앉히기' 같은 리스트를 썼고, 어떤 날에는 '저녁에 밥 먹으면서 남편 3번 칭찬하기'처럼 디테일한 리스트도 썼다. 그리고 하루를 설계하는 오거나이징 시간에 미라클 리스트를 우선적으로 배치하고 이를 매일 실행해나갔다.

몇 주 뒤 B.O.D 워크숍에서 만난 은혜님의 얼굴은 몰라보게 밝아져 있었다.

"문제가 당장 없어진 것은 아니지만, 두려움이 많이 없어졌어요. 매일 제가 조금씩 더 나은 방향으로 걸어가고 있다는 것만으로도 편안해졌습니다."

B.O.D를 성실하게 해낸 이들이 공통적으로 하는 말이다. 문제는 쉽게 사라지지 않는다. 특히 은혜님처럼 오랫동안 겹겹이 쌓인 인간 관계는 결코 한 번에 풀리지 않는다. 300겹이 쌓였으면 300번을 풀어야 한다. 매일 비잉의 시간에 성찰하고 수많은 미라클 리스트를 실행하면서 서서히 해결해야 한다. 특히나 당장 내 안의 재료가 너무 작을 때는 한계가 온다. 그럴 때는 해답을 찾을 때까지 기다리면서 나에게도 시간을 줘야 한다.

그럼에도 불구하고 중요한 것은 그녀가 바뀌고 있다는 사실이다. 그렇다면 문제의 반은 풀고 있는 셈이다. 이전에는 상대도 나도 통제가 안 됐는데 나 스스로가 컨트롤 가능해지면 이 문제는 컨트롤 가능한 문제로 바뀐다. 그리고 이 때문에 두려움이 사라진다. 은혜님이 바뀌고 있는 만큼 머지않아 남편과의 관계도 서서히 바뀌어갈 것이다.

'세상의 모든 문제는 문제 그 자체가 아니라 문제를 바라보는 나를 바꿀 수 있어야 결국 해결된다.'

그것이 지금껏 내가 수많은 문제들과 몸으로 부딪치며 얻은 한 줄의 깨달음이다.

뒤틀린 마음을 되돌리는 치유의 시간

무거운 짐을 오랫동안 들면 뼈가 뒤틀리고 디스크가 오듯 사람 마음도 고통에 눌리면 뒤틀린다. 오늘 하루 내가 받은 스트레스만큼 다음 날 뒤틀려 있는 게 사람 마음이다. 이렇게 뒤틀린 상태로 계속 살면 나라는 존재마저 변형된다. 그래서 반드시 마음의 '카이로프랙틱'이 필요하다. 뼈를 맞추듯이 뒤틀린 마음을 다시 정상으로 되돌리는 치유의 시간이 있어야 한다. 그게 바로 비잉의 시간이다.

마흔이 넘었다면 위로와 공감, 치유는 내가 나에게 스스로 해줄 수 있어야 한다. 남이 해주는 위로는 도움은 되지만 결국 내 인생의 빅 퀘스천을 풀 사람은 나뿐이다. 실제로 내 안에 문제를 해결하고 치유하는 더 큰 존재가 있다. 한번 빅 퀘스천을 제대로 풀어보면 당신도 그 존재를 만나게 될 것이다. 그리고 매일 생기는 스몰 퀘스천들은 얼마든지 해결할 수 있게 된다. 크고 작은 문제들을 풀다보면 문제에 대한 센서티브도 달라진다. 예전에는 문제라고 생각하지 않던 사소한 것들이 문제로 보이기 시작한다. 그 자체가 이미 내가 인격적으로 더 성숙해졌다는 증거다.

비잉의 가장 좋은 재료는 고통이다. 사람은 고통스럽지 않은 한 스스로를 성찰하고 간절하게 묻지 않는다. 비교로 인한 열등감이 내 안에 잠들어 있던 꿈의 씨앗을 꺼내게 해주고, 건강을 잃은 아픔이 '인생에서 정말 중요한 것은 무엇인가?' 라는 본질적인 질문을 하게 해준다.

스트레스와 괴로움이야말로 내 안의 철학자를 발견하고 키워주는 가장 좋은 연료다. 그래서 아픔이 기회인 것이다. 오늘 아침을 크고 작은 고민과 걱정으로 시작했다면 주저 말고 비잉을 시작하자. 당신의 고통이 원하는 인생을 만드는 원동력으로 바뀌는 기적을 만나게 될 것이다.

7 Being
Questions & Answers

반성 | 어제 내가 한 일, 말, 행동 중 잘못한 일은 무엇이 있었나요?
그것에 대해 반성하고 새로운 결심을 해 보세요.

배움 | 어제 내가 만난 사람, 사건들로부터 배운 것,
깨달은 것은 무엇이 있었나요?
그것을 정리하고 내 삶에 적용시켜 보세요.

위로 | 어제 내가 받은 마음의 상처나 시련은 무엇이 있었나요?
그것들을 적어 보고, 내면을 정리하고 치유하세요.

사랑 | 내가 만일 앞으로 6개월 정도만 살 수 있다면,
누구와 시간을 보내고 싶나요? 그걸 오늘 하세요.

소망 | 내가 만일 앞으로 6개월 정도만 살 수 있다면,
어떤 일을 완성해 놓고 싶은가요?
그걸 오늘 시작하세요.

습관 | 내가 간절히 원하는 꿈이지만 미루어 왔던 일은 무엇인가요?
그 게으름을 깨고 오늘 배치하세요.

성취 | 어제 성취한 Doing을 리뷰하면서 부족했던 점은 무엇인가요?
오늘 그것을 수정하고 채워 보세요.

마흔이 넘었다면
내가 나를 위로해주고
공감하고 치유할 수 있어야 한다.

내 인생의 빅 퀘스천은
오직 나만이 풀 수 있다.

매일 성취하는
하루를 기획하는 법,

오거나이징

B.O.D는 마치 내 안에 3명을 두는 것과 같다. 비잉이 철학자의 모습이라면 오거나이징은 전략적인 사고를 하는 기획자에 가깝다. 마지막으로 두잉은 기획자가 준 하루의 미션을 기필코 완수하는 집행자라고 할 수 있다. 이런 든든한 아군 3명이 있는 사람과 없는 사람은 시간이 지날수록 당연히 차이가 날 수밖에 없다.

오거나이징은 하루 24시간을 어떻게 쓸 것인지를 꼼꼼하게 기획하고 준비하는 시간이다. 때문에 비잉도 그렇지만 오거나이징은 반드시 '다이어리'라는 준비물이 필요하다. 시간대별로 구체적인 스케줄과 두잉 리스트를 작성해야 하기 때문이다. 머릿속으로 대충 생각하는 것과 꼼꼼하게 오거나이징하는 것은 천지 차이다. 시간의 효율성은 물론, 삶의 질 자체가 달라진다. 마치 '작업지시서'처럼 하루에 대한 일정과 계획을 꼼꼼하게 잘 세워놓으면 두잉을 통해 실행하는 데만 집중하면 된다.

오거나이징이 제대로 작동하기 시작하면 얻게 되는 가장 큰 선물이 있다. 바로 삶의 '주도성'이다. 생계와 가족에 대한 책임감으로 일상에 치이다보면 생각하며 사는 게 아니라 '사는 대로 생각하는' 나를 발견하게 된다. 일터에서는 회사가 정해준 매출과 목표에 따라 미친 듯이 뛰다가 집에 들어오면 가족을 챙기느라 정신이 없다. 이렇게 주어진 상황과 책임으로 나의 24시간을 다 쓰다보면 똑같은 하루가 '무한 반복'된다. 다람쥐 쳇바퀴 돌 듯 하는 일은 조금씩 다르지만 어제가 오늘 같고, 오늘이 어제 같다. 내 의지로 할 수 있는 게 별로 없는 하루, 내가 빠진 하루가 되풀이되는 것이다. 그러다 보면 저절로 일상은 매너리즘에 빠지고 무기력해지거나 우울증이 온다.

그러나 나의 내일을 오거나이징하는 순간, 영원할 것 같던 무한 반복의 하루에 균열이 생기기 시작한다. 아무런 스케줄도 쓰여 있지 않던 아침 시간에 일어나 따뜻한 물 한 잔을 마시라고 쓰고, 10분 동안 스트레칭을 하라고 쓴다. 이번 달에 읽고 싶은 책의 리스트를 적고 30분간 집중해서 책을 읽으라고 다이어리에 쓴다.

공란으로 비워져 있던 점심시간도 건강을 위해 도시락을 먹고, 회사 근처를 걷자고 기획한다. 퇴근 후 TV나 스마트폰을 보던 시간을 줄이고 그 시간에 나와 대화하는 비잉의 시간을 배치한다. 주로 소파에 누워있던 주말에는 평소에 관심 있던 민화 클래스에 가 보자고 쓴다. 그렇게 내가 오거나이징한 것의 절반 이상만 실행해도 무기력한 하루가 바뀐다. 내가 내 삶을 확실히 끌고 간다는 자기 주도성이 회복되는 것이다. 정신과 전문의 양재웅 원장은 자기 주도성의 중요성에 대해 이렇게 말했다.

"자존감의 핵심은 '자율성'입니다. 타인에 의해 끌려가는 느낌이 누적되면 누구나 자존감이 낮아지고 우울증이 올 수밖에 없어요. 하루를 내가 주도적으로 끌고 간다는 느낌이 정말 중요합니다."

억지로 하는 시간은 10배의 가치가 있다

우리의 하루를 살펴보면 대부분 생계의 시간으로 쓰고 있다. 직장인은 하루 평균 8시간을 일하는데 쓴다. 자영업자나 프리랜서도 각자의 차이는 있겠지만 하루의 3분의 1, 혹은 그 이상을 생계의 시간으로 쓸 것이다. 나머지 3분의 1은 수면, 나머지 3분의 1은 출퇴근 준비나 통근 시간, 혹은 짧은 휴식이나 가정을 돌보는데 할애된다. 사실상 생계의 시간을 축으로 하루가 돌아가고 있는 것이다.

오거나이징에서 가장 중요한 것은 이런 관성을 깨고 '다른 시간'을 배치하는 것이다. 물론 생계는 매우 중요한 하루의 축이지만 이것 외에 2가지 축이 더 있다. 비잉의 시간과 미라클의 시간, 이 2가지 시간을 하루 안에 반드시 배치해야 한다.

비잉의 시간은 하루의 뿌리와 같다. 뿌리가 없으면 가지는 물론 열매가 맺힐 수 없다. 아무리 바쁜 일상이라도 최소 30분에서 1시간 이상은 오늘을 리뷰하고, 삶의 방향을 점검할 수 있는 비잉의 시간을 가져야 한다. 나 자신과의 충분한 대화와 성찰을 통해 앞으로 내가 어떻게 살고 싶은지에 대한 그림을 그리는 것이다. 그러면 작은 단서 같은 씨앗이 나온다. 그 씨앗이 바로 소망의 씨앗이다.

마지막 3번째 축인 미라클의 시간은 '미라클 리스트'를 통해 이 씨앗을 심고 가꾸는 시간이다. 이 시간을 하루 중에 반드시 배치해야 한다. 앞서 비잉에서 말했듯이 사람마다 퀘스천은 다 다를 것이다. 어떤 사람은 가족과 관계를 회복하는 것이 빅 퀘스천일 수 있고, 어떤 이는 망가진 건강을 회복하는 것이 가장 빅 퀘스천일 수 있다. 또 어떤 이는 퇴사하고 창업을 준비하는 것일 수 있다. 이런 소망을 현실로 만드는 것이 바로 미라클의 시간이다.

그렇다면 이 시간은 하루에 얼마나 배치해야 할까? 그것은 퀘스천의 사이즈와 이루고 싶은 기간에 따라 당연히 '견적'이 달라진다. 1년 안에 자격증을 따서 이직하는 것이 퀘스천이라면 끌어 모을 수 있는 모든 시간을 투자해야 할 것이다. 당뇨 같은 난치병에 걸려 다시 건강해지는 것이 퀘스천이라면 체력을 키우고 식단 관리하고 운동하는데 상당한 시간을 써야 한다. 5년 안에 경제적 자유를 이루는 게 소망이라면 그 목표의 크기와 절실함에 따라 하루에 투자하는 시간이

원하는 인생을 만드는 333
최고의 방법

달라진다.

그런데 대부분의 사람들이 부러움이 낳은 가짜 소망을 세팅하고, 이마저도 견적조차 가늠하지 못한다. 살다 보면 부러운 사람은 천지고, 해보면 좋을 것 같은 일들도 널렸다. 자기와 충분히 대화하지 않은 충동적인 소망은 당연히 유효기간이 짧다. 게다가 그 일을 하려면 어느 정도 몸을 써야 하는지도 감을 못 잡는다. 특히 경쟁이 치열하고 돈을 버는 일들은 쌓아야 할 학습과 경험의 절대량이 있다. 그래서 '소망도 아니지만 부럽긴 하고 아무것도 안 하자니 불안한 액션'을 조금 해보다가 고생스러우면 금방 포기한다. 그런 사람들일수록 불평도 많고 질문도 많다.

시간 중에 가장 귀한 시간이 '억지로' 하는 시간이다. 하기 싫은데 억지로 하는 운동, 하기 싫은데 억지로 하는 공부의 시간은 같은 시간이라도 가격이 10배다. 소망은 마음속의 믿음을 실체로 그리는 것이다. 나는 잘될 거라는 믿음으로 눈에 보이지 않는 소망에 현실적 시간과 돈을 들여서 투자하는 것이다. 그러니 얼마나 이 시간의 가치가 비싸겠나.

그런데 그 시간은 비싼 만큼 꼭 값어치를 한다. 미라클 리스트라는 소망을 실체로 만드는 사람과 그렇지 않은 사람은 5년, 10년 후 엄청난 차이를 만들어낸다. 사람의 진정한 격차는 바로 여기서 나온다. 소망이라는 눈에 보이지 않는 형상을 실체로 만들어내는 것. 그러기 위해 비잉의 시간을 통해 끊임없이 대화하며 나와 미래에 대한 믿음을 지켜나가는 것. 이것은 일종의 수행과도 같다. 그래서 100명 중에 1명도 이루지 못한다. 머리, 학력 등 겉으로 보이는 스펙과는 아무 상관이 없다. 가장 평범한 사람도 할 수 있지만 누구나 할 수는 없는 것. 그것을 사람들은 '미라클' 또는 꿈을 이뤘다고 말한다.

꿈꾸던 삶을 현실로 만드는 다섯 가지

5년 후, 10년 후 뭔가 이루고 싶은 빅 퀘스천이 있다면 반드시 제대로 된 '견적'을 내고 오거나이징의 시간에 비잉과 함께 미라클 리스트를 최우선으로 배치해야 한다. 그래야 내가 원하고 꿈꾸던 삶을 현실로 만들 수 있다.

똑같은 24시간인데 내가 늘 써왔던 생계의 시간에 더해 비잉과 미라클의 시간을 배치해야 한다면 어떤 생각이 들까? 당연히 '시간 없다'는 말부터 나온다. 가뜩이나 생계를 유지하는 것조차 바쁜데 어떻게 시간을 내야 할지 막막하다. 여기서 꼼꼼한 기획자의 역량이 제대로 발휘돼야 한다.

첫째, 일단 나의 하루 일상을 취침부터 기상까지 30분 내지 1시간 단위로 최대한 잘게 쪼갠다. 그렇게 촘촘하게 써봐야 내가 평소에 어떤 일에 얼마나 쓰고 있는지, 얼마나 시간을 아낄 수 있는지, 낭비하는 시간은 없는지, 언제 여유가 생기는지 알 수 있다. 한국 성인의 하루 평균 유튜브 이용 시간이 2시간 47분이다. 휴식을 핑계로 SNS나 미디어를 보는 시간이 너무 길지는 않은지 체크해 봐야 한다.

오거나이징의 기본 단위는 30분 또는 1시간이다. 하루를 기획할 때도 이 기본 단위에 맞게 촘촘하게 짜야 한다. 오늘 다이어리에 스케줄 서너 개만 큼지막하게 적어서는 아무 소용이 없다.

촘촘하게 시간별 태스크를 써야 시간을 아끼고 효율적으로 쓸 수 있다. 예를 들면 오늘 하루 중 죽어있는 시간을 찾아 살릴 수 있다. 이동 시간에 차 안에서 할 수 있는 거래처 통화나 문자 발송 같은 것을 배치할 수 있다. 점심 먹고 남는 시간 10분을 활용해 회사 근처를 한 바퀴 돌면서 걷기 운동을 할 수도 있다. 나는 이렇게 되도록 1시간 안에 두세 가지 일을 한꺼번에 처리하는 2 in 1 혹은 3 in 1을 할 때가 많다. 막상 해보면 30분 안에 할 수 있는 일들이 얼마나 많은지 실감하게 될 것이다. 그리고 점점 시간을 아껴 쓰는 스킬도 늘게 된다. (다이어리를 쓰는 구체적인 방법은 뒤에서 다시 자세히 설명하겠다.)

둘째, 급한 것보다 중요한 것을 먼저 배치하자. 이것은 저축의 원리와도 비슷하다. 돈은 아껴서 모으려면 평생 못 모은다. 일단 먼저 뚝 잘라서 저축부터 해놓고 나머지 돈으로 생활을 해야 돈이 모인다. 시간도 똑같다. 시간을 아껴서 남은 시간에 뭔가 하려고 하면 죽어도 시간이 안 난다. 무조건 중요한 걸 먼저 배치해놓으면 나머지 시간을 아껴서 어떻게든 해결하게 된다. 하루 중 꼭 필요한 생계의 시간을 제외한 나머지 시간에 앞서 말한 비잉의 시간과 미라클의 시간을 우선적으로 배치하자. 성취하는 사람들의 공통점이 급한 것부터 바로 하는 게 아니라 중요한 것부터 했다는 점이다. 급한 것만 처리하다 보면 인생이 급해지고 미래가 없는 현재만 남게 된다.

셋째, 수면 시간은 반드시 7시간 이상 배치하자. B.O.D가 지속가능한 루틴이 되려면 잠자는 시간을 희생해서는 안 된다. 2022년 영국 케임브리지대와 중국 푸단대 연구진이 영국의 38~78살 성인 50만 명의 데이터를 분석한 결과, 중년 이후 최적의 수면 시간은 7시간으로 나타났다고 국제학술지 《네이처 노화》에 발표했다. 하루 7시간 수면이 뇌의 인지 능력과 정신 건강에 가장 효과적이며 이보다 길거나 짧게 잠을 자면 불안이나 우울증 위험이 높아진다고 한다. 실제로 7시간을 자는 사람들이 뇌의 정보처리 속도나 시각적 집중력, 기억력, 문제해결능력 같은 인지능력시험에서 가장 우수한 점수를 냈다고 한다. 나 역시 아무리 바빠도 하루에 꼭 7시간은 자려고 노력한다. 잠을 줄여가며 애쓰는 건 마흔 살 이전에나 가능한 얘기다.

넷째, 이 모든 것이 가능하려면 단호하게 선을 그을 줄 알아야 한다. 유튜브에서 아무리 재미있는 콘텐츠가 나와도 11시를 취침 시간으로 정했으면 지켜야 한다. 친구와의 약속도 되도록 초저녁으로 일찍 잡고 늦어도 9시에는 집에 들어와야 한다. 아이들에게도 매일 이 시간은 엄마가 공부해야 하니까 엄마를 찾지 말라고 분명히 말해야 한다. 특히 내 시간을 함부로 여기고 아무 때나 침범하려고 하는 사람들에 대해서는 단호하게 '노No'라고 말할 줄 알아야 한다. 그래야

남은 시간에 뭔가 하려고 하면
도무지 시간이 안 난다.

급한 것이 아니라 중요한 것부터
하는 사람이 미래를 만든다.

내가 원하는 대로 나의 하루를 오거나이징할 수 있다.

　마지막으로 내가 직접 해보니 오거나이징은 비잉의 시간 직후에 함께 묶어서 하는 것이 가장 효율적이다. 비잉을 통해 하루를 리뷰하면서 다음날 이를 보완할 수 있는 새로운 미라클 리스트들을 배치할 수 있기 때문이다. 비잉을 하기에 가장 적합한 최적의 시간대는 조용하고 집중할 수 있는 시간이면 된다. 나는 새벽 시간을 좋아하지만 각자의 상황에 따라 저녁 시간이나 낮 시간을 이용해도 좋다.

　오거나이징을 처음 하다 보면 이렇게 꼼꼼하게 자투리 시간까지 체크하고 기획해야 한다는 게 숨이 막힐 수도 있다. 그러나 평생 누적된 내 관성은 생각보다 엄청나게 크고 무겁다. 그걸 깨기 위해서는 집요한 기획의 시간이 반드시 필요하다. 그리고 반복하다 보면 어떤 미라클 리스트들은 루틴으로 정착해 훨씬 쉬워질 것이다. 한 가지 확실한 것은 이런 하루의 노력들이 쌓이고 쌓여, 내가 그토록 원했던 소망이 현실이 되고 꿈꾸던 삶을 살게 되리라는 것이다.

B.O.D를
완성하는

우직한 집행자,
두잉

B.O.D를 실체로 만드는 것은 두잉의 시간이다. 비잉과 오거나이징, 두잉의 시간을 비율로 나누면 1:1:8 정도 된다. 하루 중 수면을 제외한 활동 시간의 80% 이상을 '실행'하는데 쓰게 되는 것이다. 두잉은 기획자가 만든 하루의 작업지시서를 수행하는 '집행자'와도 같다.

아무리 똑똑하게 하루를 기획해도 두잉이라는 집행자가 받쳐주지 않으면 B.O.D라는 미라클 루틴은 절대 돌아가지 않는다. 반면 두잉이 강한 사람들은 그것 하나만으로도 저절로 똑똑해지고 많은 것들을 성취해간다. 대표적인 사람이 우리 엄마, 홍순희 여사다.

지금도 잊지 못하는 엄마의 말이 있다. 대학 입학을 위해 증평에서 서울로 올라가기 전, 엄마는 나를 앉혀 놓고 이렇게 말했다.

"미경아, 앞으로 서울 가면 돈 때문에 힘든 일이 많을 거다. 그런데 엄마가 살면서 터득한 거는 그럴수록 반드시 일어나야 된다는 거여. 내가 보니까 사람들이 걱정이 많으면 다 이불 말고 자더라. 그럴 때 일어나는 사람이 1000명 중에 1명도 안 되는 겨. 세상이 그렇게 허술하다. 그러니까 너도 힘들면 누워 있지 말고 새벽같이 일어나. 네가 하고 싶은 거 뭐든 할 수 있을 거여."

실제로 엄마는 당신이 평생 말씀하신 대로 사셨다. 그 덕에 양장점이 안되도, 아버지 사업이 망해도 우리 오 남매는 무사히 대학 공부를 마칠 수 있었다. 어릴 때부터 그런 엄마를 보며 큰 나도 어느새 엄마처럼 살고 있었다. 삶의 크고 작은 어려움이 닥칠 때마다 새벽에 일어나 끊임없이 뭔가를 하려고 애썼다.

그 과정에서 나는 한 가지 사실을 깨달았다. 뭔가 실행하고 나면 어제보다 똑똑해진 몸이 반드시 '새로운 질문'을 한다는 것이다. 더 잘하려면 어떻게 해야 될까? 무엇을 더 해야 할까? 질문이 많아진다. 그러면 내 안의 기획자가 다음에 어떤 실행을 하면 되는지, 언제까지 해야 하는지, 누구를 만나야 하는지를 알려주었다. 이 일을 어떻게 하면 잘 할 수 있는지에 대한 좋은 아이디어와 실행계획을 끊임없이 내놓기 시작한다. 오거나이징의 레벨이 점점 높아지는 것이다.

또한 몸은 내가 왜 멈추지 않고 이 일을 해야 되는지도 알려준다. 우리는 실행을 할 때 육체의 힘만 가져다 쓰는 것이 아니라 마음의 힘도 가져다 쓴다. 그런데 마음이 똑똑해지지 않으면 육체가 해야 할 이유를 못 찾는다. 특히 B.O.D 초보일 때는 마음이 늘 '반란'을 일으킨다. '이까짓 거 해봐야 무슨 소용이냐'는 비관적인 질문도 자주 던진다. 마음은 늘 영악해서 몸이 하려는 걸 못 하게 막는다. 사실 그게 자연의 이치인지도 모른다. 사람은 누구나 게으르다. 서 있으면 앉고 싶고, 앉으면 눕고 싶은 법이다. 그런데 두잉을 성실하게 하다 보면 '자신감'이라는 연료가 비잉에 공급된다. 하지 않아도 될 수많은 이유를 뚫고 해냈다는 자신감, 나와의 약속을 지켰다는 자신감이라는 연료는 비잉에 엄청난 에너지를 공급한다. 그러면 당연히 자존감도 커지고 존재의 사이즈 자체가 달라진다. 존재가 커질수록 내가 왜 루틴을 계속해야 하는지 분명하게 알려주고 지혜롭게 설득할 수 있다.

이렇게 두잉은 오거나이징에 아이디어를 주고, 비잉에 에너지를 공급하는 엔진과도 같다. 이 셋의 손발이 맞아 떨어지면서 결국 내가 나에게 박수칠 수 있는 B.O.D 시스템이 완성된다. '내가 나에게 박수치는 삶.' 그 원동력은 바로 두잉에서 나온다.

두잉을 안 하면 자기가 누군지 모른다

또한 우리는 두잉을 통해서만 스스로를 가장 정확하게 파악할 수 있다. 인간관계 경험이 풍부한 전문가들이 늘 하는 말이 있다.

"저는 상대방이 하는 '말'을 그대로 믿지 않아요. 그가 하는 '행동'

을 보면 그 사람이 어떤 사람인지, 어떤 의도를 가졌는지를 정확히 알 수 있어요."

그것은 나 자신에게도 적용되는 말이다. 두잉에 집중하다 보면 허세 없는 민낯의 나를 만나게 된다. 아무리 오거나이징에 거창한 계획을 써봐야 소용없다. 직접 몸으로 부딪쳐야만 내가 어떤 사람인지, 내가 어떤 강점과 약점을 갖고 있는지, 내가 뭘 좋아하고 싫어하는지에 대한 촘촘한 데이터가 나온다.

'내가 초반 추진력은 좋은데 지구력은 엄청 떨어지는 사람이구나.'

'내가 이 정도로 몰입을 못하는 사람이었나? 집중력이 10분을 못 가네.'

'마지막 디테일에서 완성도가 떨어지니까 전반적인 일의 퀄리티가 낮아지는구나.'

많은 사람들이 나의 추진력에 대해서 묻곤 한다. 맨날 쉬지 않고 새로운 것을 하고 있으니 신기해보였나 보다. 나는 타고난 성향이 즉흥적인 사람이다. 그래서 일단 뭐든지 착수는 빠르게 하는데 지구력과 마무리하는 힘이 늘 부족했다. 그걸 바꿔준 게 바로 다이어리다. 30년간 꾸준히 다이어리를 쓰면서 일단 큰소리치고 보는 나의 '허세 본능'을 정확히 알게 됐고 의식적으로 고치게 됐다.

이렇게 자신의 강점과 약점을 알게 되면 약점을 보완할 방법도 찾게 된다. 내가 아는 후배는 성격이 우유부단해서 늘 결심만 하고 실행을 못했다. 반면 책임감이 강하고 남에게 민폐 끼치는 것을 가장

원하는 인생을 만드는
최고의 방법

싫어했다. 그래서 그 후배가 찾은 방법은 책임감을 강제로 세팅하는 것이었다. 자신의 책을 쓰는 게 꿈이었지만 차일피일 미루기만 하던 후배는 글쓰기 모임을 만들었다. 모임의 룰은 2주에 한 번씩 원고를 제출하는 것이었다. 책임감 때문에 1년 가까이 모임을 성실하게 운영했던 후배는 곧 책 출간을 앞두고 있다. 자기 자신의 강점과 약점을 정확하게 파악했기에 자신의 오랜 소망을 이룰 수 있는 방법도 찾을 수 있었다.

두잉을 많이 안 해본 사람은 솔직히 말해서 자기가 누군지 모른다. 그래서 자신과 대화하는 비잉의 시간에도 별로 할 말이 없다. 내가 누군지 모르는데 나 자신과 대화가 잘될 리가 있나.

오랜만에 친구랑 통화하면 반갑긴 한데 할 말이 없다. 그 친구가 뭘 하면서 어떻게 살았는지 잘 모르니까 대화를 오래하기가 어렵다. '잘 지냈어? 요새 뭐하고 지내? 그래~ 건강해야지!' 이게 끝이다.

그런데 나와 대화하는 비잉의 시간도 똑같다. '잘 있었니 김미경? 뭐… 별일 없고? 그래 건강하고 행복해야지!' 이게 나한테 할 말인가? 그런데 많은 사람들이 자신과 이런 식으로 대화한다. 아마 많은 사람들이 처음 비잉의 시간에 겪게 될 일들이기도 하다. 그만큼 나를 속속들이 파악하고 섬세하게 안다는 건 쉬운 일이 아니다.

반면 매일 두잉을 성실하게 해 나가면 나 자신과 할 얘기가 점점 많아진다. 나에게 위로해줄 일들, 칭찬하고 피드백 해줄 일들이 점점 늘어나기 때문이다.

'영어는 아무래도 장소를 바꿔서 공부해야겠어.'

'계획한대로 어제 책 한 권을 다 읽었네. 정말 대단하다!'

'당장 결과가 안 나와도 좌절하지 말고 조금만 더 해보자. 지금 잘하고 있어!'

두잉을 통해서만 우리는 나 자신을 선명한 해상도로 볼 수 있게 된다. 그게 허세 없는 진짜 나다. 우리는 오랫동안 말만 앞세우고 큰 소리치는 스스로에게 질리도록 속아봤다. 그래서 실망도 많이 했다. 허세를 오래 부리면 속이 텅텅 비고 자존감이 무너진다. 평소에는 괜찮다가도 잘난 사람만 보면 훅 떨어진다. 마흔이면 그런 가짜 말고, 두잉으로 단단하게 쌓아올린 진짜 나를 만들어가야 할 때다.

'두잉' 하나만 잘해도 새로운 기회가 생긴다

마지막으로 두잉은 내 문제뿐만 아니라 타인의 문제까지 풀 수 있다. 두잉을 잘하는 사람들은 공통적으로 '문제해결의 선수들'이다. 부지런히 실행하면서 실패도 남들보다 더 빨리, 많이 하다 보니 반드시 문제해결의 방법을 찾아낸다. 이렇게 문제해결력이 높아지면 내 문제뿐만 아니라 남의 문제도 해결해줄 수 있게 된다. 그리고 바로 여기서 새로운 비즈니스가 시작된다.

슬립테크 스타트업 삼분의일 전주훈 대표는 본인의 불면증을 해결하기 위해 고군분투하다가 슬립테크 스타트업을 만들었다. 이전에 창업했던 회사가 실패하고 이를 정리하는 과정에서 심각한 불면증을 얻게 된 것이다. 부채를 갚기 위해 스트레스 상황에서 밤낮없이 일하다 보니 생긴 병이었다. 3달 동안 매일 2시간 밖에 못 자는 상황을 경험해보니 불면증이 얼마나 큰 고통인지를 실감했다고 한다. 그리고 자신처럼 불면증으로 일상생활이 힘든 사람들이 얼마나 많은지도 알게 됐다.

전주훈 대표는 자신의 불면증을 해결하기 위해 안 해본 일이 없다. 수면에 관한 논문을 빼놓지 않고 찾아보았고 아침마다 러닝을 시작했다. 암막커튼을 설치하고 집안의 조명도 바꿨다. 술은 거의 먹지 않았고 저녁 약속도 꼭 필요한 경우가 아니면 잡지 않았다. 이렇게 자신에게 최적화된 루틴을 만들고 실행하면서 그는 불면증에서 벗어났다. 그리고 그 과정에서 '작은 문제를 해결하면 작은 비즈니스가 되고 큰 문제를 해결하면 큰 비즈니스가 될 수 있다는 확신'을 갖게 됐다고 한다.

이후 삼분의일은 대형 가구회사 사이에서 가성비 좋은 매트리스를 만들어 성공했고 얼마 전에는 슬립큐브라는 스마트 매트리스를 출시해 슬립테크 회사로 자리 잡았다.

새로운 비즈니스 가치를 만들어내고 그것이 직업이 되고 돈을 버는 사람들은 모두 자신의 문제를 푼 사람들이다. 자신의 문제를 풀었다는 건, 결국 두잉에서 성공했다는 얘기다. 두잉 하나만 잘해도 새로운 커리어, 새로운 기회가 생긴다.

미라클 리스트를 성공적으로 실행하는 방법

두잉을 하다 보면 어쩔 수 없이 만나게 되는 거대한 장벽이 있다. 바로 '게으름'이다. 내가 결심하고 내가 지키지 못하는 작심삼일의 저주는 누구나 예외가 아니다. 물론 우리가 아무 때나 게으른 것은 아니다. 아무리 게으른 사람도 생계 스케줄은 지켜나간다. 함부로 회사에 지각을 하거나 거래처 미팅에 늦지 않는다. 문제는 비잉의 시간을 거쳐서 나온 미라클 리스트들이다. 미라클 리스트야말로 내가 풀고 싶어 하는 인생의 숙원이자, 원하는 인생을 주도적으로 만들어가기 위해 필요한 핵심 스케줄이다. 혹은 정말 지금 안 하면 큰일나는 시급한 일일 수 있다. 이렇게 내가 원하고 있고, 하면 너무 좋다는 것을 알지만 결국은 '안 한다.' 미라클 리스트는 당장 오늘 먹고 사는데 지장이 없기 때문이다.

그 정도로 게으름은 상상 이상으로 강력하다. 어찌 보면 신이 인간사회의 공평함을 위해 만든 최소한의 장치인지도 모르겠다. 아무리 머리가 좋고 집에 돈이 많아도 게으름이라는 장벽에 걸리면 누구나 넘어질 수 있기 때문이다. 반면 아무것도 가진 것 없는 이가 격차를 벌릴 수 있는 기회는 남들이 다 넘어지는 장벽을 뛰어넘었을 때

부지런히 실행하고
더 빨리 실패하자.
문제해결력이 높아지면
새로운 가치를 만들어낼 수 있다.

온다. 어려운 만큼 그 장벽을 넘어서면 상상 이상의 기적 같은 일들이 벌어지는 것이다.

반드시 실행해야 하는 미라클 리스트를 게으름 때문에 포기하지 않으려면 어떻게 해야 할까. 리스트를 다이어리에 아무리 적어도 번번이 실패한다면?

첫째, 계속 실패하는 미라클 리스트를 들고 다시 비잉에게 물어야 한다. 정말 이게 원하는 일이 맞나? 옆 사람이 부러워서 충동적으로 가져온 리스트 아닌가? 정직하게 묻고 정직하게 답해야 한다. 아무리 나에게 시켜도 안 하는 데는 그만한 이유가 있을 수 있다. 진짜 문제가 게으름이 아닐 수 있다는 것이다.

또한 꼭 필요한 일인가도 물어야 한다. 예를 들어 몸이 아파서 하루에 1시간 운동을 하라고 의사가 말했는데 게으름 때문에 안 한다면 심각한 문제다. 내가 왜 운동을 해야 하는지 스스로 10가지 이유를 생각해내야 한다.

마지막으로 정말 시급한 일인지도 따져봐야 한다. 나중에 해도 되는 일이면 차라리 안 하는 게 낫다. 내가 나와 약속을 해놓고 지키지 않으면 스스로에게 신용 없는 사람, 이상한 사람이 된다. 정말 원하지도 않고 급하지도 않은 일로 무기력을 조장할 이유가 없다.

둘째, 다시 생각해도 반드시 해내야 하는 미라클 리스트가 맞다면 게으름과 전면전을 벌여야 한다. 그러기 위해 먼저 분명히 해 둘 것이 있다. 자신이 간절히 원했지만, 꼭 필요한 일임에도 불구하고 못한 이유가 자신의 '게으름' 때문이란 것을 '자백'하는 시간이다. 이 전제가 확실히 되지 않으면 끊임없이 우리는 핑곗거리를 찾아 헤매느라 문제의 본질을 보지 못한다. 가슴에 손을 얹고 정직하게 자신의 문제를 직면해야 한다. '이건 게으름 때문이야'라고 정직하게 말해야 평생 못한 숙제를 풀 수 있다. 게으름을 인정했다면 죽을 각오로 덤벼야 한다. 수많은 행동과학자들과 심리학자들이 임상에서 검증한 최고의 방법은 '인공 배수진' 전략이다.

인간의 의지를 믿지 말고, 일부러 막다른 골목에 밀어 넣어 안 하고는 못 배기게 만드는 것이다. 서른까지는 사회가 알아서 배수진을 쳐준다. 온갖 시험과 취업이라는 시스템을 만들어 안 뛰고는 못 배기게 만든다. 그런데 마흔이 넘으면 배수진이 사라지고 자유의지만 남는다. 그래서 내가 나한테 인공 배수진을 쳐야 한다.

나는 내년 1월에 미국 강연을 잡았다. 그리고 사람들에게 날짜까지 선언해버렸다. 데드라인을 잡고 선언까지 해버렸으니 영락없이 나는 독 안에 든 쥐다. 덕분에 요즘 매일 1시간 이상 영어에 매달리고 있다. 이렇게 내가 반드시 실행할 수밖에 없는 환경을 일부러 세팅해야 한다. 어차피 해도 스트레스 안 해도 스트레스라면, 하면서 스트레스 받는 편이 훨씬 낫다.

셋째, 그럼에도 불구하고 우리는 종종 게으름에 질 것이다. 매일 똑같이 100%의 강도로 열심히 해나가는 건 불가능한 일이다. 슬럼프가 찾아올 수도 있다. 그럴 때는 올라올 수 있을 만큼만 게을러져야 한다. 중요한 것은 완전히 놓아버려서는 안 된다는 것이다. 강도가 10이라면 최소한 1만큼이라도 유지해야 한다. 그래야 다시 올라올 수 있다. 완전히 0까지 내려가 버리면 동력이 사라져서 다시 힘을 내기가 몇 배나 힘들어진다. 게으름에 일방적으로 당하는 게 아니라 게으름을 주도적으로 다루는 방법을 알아야 한다.

두잉은 성실한 집행자다. 매일 기획자가 제시한 하루의 스케줄대로 무조건 실행하는 사람이다. 물론 중간에 안 해도 될 수많은 이유들이 생길 것이다. '이걸 한다고 뭐가 될까' 하는 의심이 실시간으로 유혹할 것이다. 그래도 다이어리에 적었으면 일단 내 안의 똑똑한 기획자를 믿고 가자. 집행자가 자꾸 딴지를 걸면 기획자가 무력화 되어 자신을 위한 어떤 일도 꿈꾸지 않는 대형사고가 터진다. 우리는 그것을 '포기'라고 부른다.

우직한 집행자답게 기획자를 믿고 가자. 그리고 하나하나 태스크를 지워나가며 자신감을 쌓아나가자. 일주일만 성공해도 스스로에게 진심으로 박수치는 나, 어제보다 훨씬 더 믿음직한 나를 만나게 될 것이다.

다이어리는

생산성이 아니라
주도성이다

나는 가끔 옛날 다이어리를 들춰본다. 사람은 망각의 동물이라 기록이 없으면 내가 얼마나 성장했는지 알 수가 없다. 6개월 전의 일도, 일주일 전의 일도 기억이 거의 안 난다. 다이어리에 쓰여져 있는 후회, 반성, 불안, 때로는 텅 빈 공란을 통해서만 그때의 나를 유추하고 변화를 가늠할 수 있을 뿐이다.

내 다이어리에는 늘 '숫자'가 등장한다. 주로 '오늘 강의해서 얼마 벌었나'가 빼곡히 쓰여 있다. 이번 달 나가야 할 돈도 늘 빠지지 않는다. 깨알 같은 숫자의 변천사를 보고 있으면 가끔 애잔하고 종종 기특하다.

얼마 전에는 1997년 다이어리를 펼쳤는데 몇 페이지가 찢어져 투

명 테이프로 붙여져 있었다. 그걸 보자마자 생각났다. 초등학생이었던 큰애가 강의 가지 말라며 다이어리를 찢었던 흔적임을. 아마 아이가 놀아달라고 할 때마다 다이어리의 스케줄을 보여주며 안 된다고 했던 모양이다. 어느 날 집에 돌아와 보니 다이어리가 왕창 찢겨져 있었다. 아이의 눈에 그 다이어리는 엄마를 뺏어가는 괴물 같은 존재였던 것이다.

그걸 보고 있는데 갑자기 눈물이 났다. 찢을 수밖에 없었던 아이의 마음과 찢긴 스케줄을 테이프로 꾸역꾸역 붙였던 그때의 내가 떠올라서다. 오래된 다이어리에는 봄 여름 가을 겨울, 인생의 계절이 묻어있다. 노트를 만지면 당시의 감성이 선명하게 떠오른다. 그 시절 얼마나 춥고 쓸쓸했는지, 얼마나 뜨겁고 치열했는지. 글씨가 얼마나 삐뚤빼뚤한지만 봐도 그때의 흔들렸던 마음이 떠오른다.

그래서 나는 지금도 종이 다이어리를 고집한다. 요새 노션이나 에버노트처럼 다이어리로 쓸 수 있는 좋은 툴들이 나오고 있지만 나는 여전히 아날로그가 좋다. 거기에는 찢겨진 흔적이나 삐뚤빼뚤한 글씨가 없으니까. 텍스트는 남지만 추억이 사라지는 기분이다.

물론, 몇 년간 나도 회사에서 디지털 툴을 몇 가지 써본 적이 있다. 그런데 내가 쓰던 툴 중의 하나가 최근 없어져 버렸다. 또 다른 툴은 시간이 지나 안 쓰게 되니까 열어 볼 일이 없다. 그걸 다 옮기는 것은 생각만 해도 막막하다. 그 뒤부터 나는 나만의 히스토리가 담긴 가장 소중한 기록이 디지털에서 흩어질까 봐 불안해지기 시작했다. 역시 내 서재 책꽂이가 세상에서 가장 안전해 보인다. 어쩔 수 없이 나는 '옛날 사람'인 것이다.

결정적으로 디지털 다이어리는 손이 자유롭지 않다. 나는 다이어리를 쓰면서 머릿속에 있는 것들을 꺼내 다이어그램이나 도형, 도표 등을 자주 그리는 편이다. 그래야 머릿속에서 새로운 생각이 떠오르고 합쳐지고 실체가 그려지기 시작한다. 상상력의 엔진이 돌아가는 느낌이랄까. 그런데 디지털 다이어리는 그 점이 상당히 불편하다. 동기부여 하는 것도 그래서 어렵다. 어떤 결심은 큼지막하게 쓰고 색연필로 밑줄을 긋고 별표를 두 개 달아야 한다. 중요한 메시지일수록 그렇게 손으로 시각화하고 눈으로 읽는 과정 자체가 중요하다. 그런 면에서 디지털이 아날로그를 따라오지 못하는 면이 분명히 있다.

우리가 써야 할 진짜 다이어리

다이어리를 검색하면 늘 따라오는 단어가 있다. '생산성.' 우리는 그동안 다이어리를 생산성을 높이는 도구라고 생각해왔다. 스케줄과 투 두 리스트로 시간을 효율적으로 관리해 결과적으로 성과를 높이는 툴. 매 순간 게을러지는 나를 컨트롤하고 결심한 것을 반드시 이루게 만드는 '독한 매니저'로 대한다. 그런데 바로 그것 때문에 우리는 다이어리 쓰기에 번번이 실패한다. 연말이 되면 온갖 문구 사이트를 돌아다니며 정성스럽게 다이어리를 고른다. 그리고 다이어리를 받은 그날, 설레는 마음으로 결심한다.

'내년에는 반드시 매일 다이어리를 쓰면서 달라질 거야!'

그러면서 첫 페이지에 새해 목표를 적고 영어 공부와 다이어트 계획도 구체적으로 써본다. 그런데 결과는? 영어 공부 그만두는 속도보다 다이어리 그만 쓰는 속도가 더 빠르다. 다이어리에 매번 영어 공부를 하겠다고 쓰지만 안 하는 자신에게 실망하며 손을 놓아버리는 것이다. 비싼 다이어리일수록 볼 때마다 속만 더 쓰리다. 다이어리가 생산성만 있으면 결국 영어, 다이어트와 똑같아진다. 중도 포기가 불 보듯 뻔하다.

사람은 누구나 끈기 있게 자신의 생산성을 유지하기가 쉽지 않다. 매일 변수가 생기고 바쁜 일상과 스트레스에 지치는 날도 많다. 그런데 그런 '내'가 빠진 채 생산성만 들이대는 다이어리는 부담스럽고 피하고 싶은 존재일 수밖에 없다.

또한 이런 다이어리는 꾸준히 써도 문제다. 내 생산성을 높이기 위해 다이어리라는 도구를 썼지만 거꾸로 내가 생산성의 도구가 되어버릴 수 있다. 다이어리에 빼곡히 스케줄을 적고 투 두 리스트를 쳐내면서 하루를 열심히 살았는데 밤이 되면 공허하고 남는 게 없는 느낌, 번아웃 되는 느낌이 든다면 바로 이 때문이다.

비잉이 빠진 다이어리는 주도성 없이 남이 시키는 일만 하는 '노동자 다이어리'에 다름 아니다. 오히려 다이어리가 나를 인생의 주인이 아니라 생계의 도구, 회사의 도구, 책임의 도구로 만들어버리는 것이다.

그러나 B.O.D를 온전히 담는 순간 다이어리는 생산성의 도구가 아닌 '주도성'을 높이는 도구가 된다. 한정된 시간 안에 최대한 많은 일을 '쳐내기' 위한 툴이 아니라 내 생명의 시간을 나답게 잘 쓰고 있는지 성찰하고 더 나은 방향으로 이끌기 위한 기록. 더 이상 끌려 다니는 삶을 거부하고 주도적으로 내가 원하는 삶을 만들어나가는 도구. 그것이 바로 우리가 써야 할 '진짜' 다이어리다.

퀘스천의 끝은 미라클 리스트가 되어야 한다

나의 하루는 새벽 6시쯤 시작된다. 일어나자마자 따뜻한 물을 한 잔 마시고 책상에 앉는다. 그리고 다이어리와 만년필 케이스를 꺼낸다. 오늘은 어떤 만년필로 쓸지 고르는 게 너무나 즐거운 나만의 '리추얼Ritual'이다. 오늘 기분에 맞는 컬러의 만년필을 3개 정도 꺼내고 좋아하는 스티커도 골라본다. 그렇게 사전 준비가 끝나면 드디어 다이어리를 펼친다.

내가 쓰는 B.O.D 다이어리는 두 개의 노트로 구성돼 있다. 플래너와 로그북이다. 플래너는 주간 스케줄 위주로 되어 있어 페이지를 펼치면 한눈에 주간 일정을 볼 수 있다. 또한 각각의 하루는 시간대별로 나뉘어져 있다. 플래너의 용도는 매일의 스케줄을 확인하고 조율하기 위해서다. 강연, 촬영, 미팅 등 매일 새롭게 들어오는 일정을 시간대별로 적으면서 체력과 마음의 안배를 한다. 앞뒤로 1~2주를 넘겨보면서 촬영이 몰린 날은 다른 날로 옮기기도 하고, 지방 강연이 많은 주에는 휴식을 위해 주말 스케줄을 완전히 비우는 식이다. 플래너는 스케줄이 확정되는 대로 그때그때 기록한다. 여기까지는 일반적인 다이어리와 다를 것이 없다.

B.O.D의 핵심은 로그북이다. 로그북의 형태는 생각보다 단순하다. 줄이 있는 일반적인 노트인데 딱 하나 다른 것이 있다. 맨 앞에 있는 '인덱스' 페이지다. 로그북에 매일 글을 쓰다보면 언제 무슨 내용을 썼는지 나중에 찾아보기 힘들다. 그래서 '아날로그 검색기능'을 붙인 것이다. 인덱스는 항목과 날짜 페이지수를 기록하게 돼 있어서 나중에 그것만 보면 금방 원하는 내용을 찾을 수 있다. (뒤에 설명하겠지만 이게 바로 '신의 한 수'다.)

나는 다이어리를 쓸 때 로그북을 제일 먼저 펼친다. 그때부터 내가 하루 중 가장 사랑하는 비잉의 시간이 펼쳐진다. 요즘 내가 주로 풀고 있는 빅 퀘스천을 쓰고 떠오르는 생각들을 적어본다. 지난 한 달 간 나의 빅 퀘스천은 사람을 대하는 나의 태도에 관한 것이었다. 가까운 사람과 오래도록 좋은 인간관계를 만들어 가려면 어떻게 해야 할까. 내가 고치고 반성해야 할 점은 무엇일까.

그 질문을 하자마자 한 사람의 얼굴이 떠올랐다. 나와 3년째 일하고 있는 이 팀장이다. 최근 중요한 프로젝트를 맡고 있는데 그 친구의 실수로 문제가 생겼다. 그걸 해결하기 위해 어제 긴급회의가 열렸다. 회의 내내 주눅 들어 있는 이 팀장의 모습이 자꾸 마음에 걸린다. 어제는 화가 나서 몇 마디 했는데 오늘 새벽에는 후회가 밀려왔다. 바쁘다는 핑계로 옆에서 도와주지 못하고 빨리 성과를 내라고 압박만 했던 내 모습도 보이기 시작했다.

'이번 건은 이 팀장이 맡고 있는 일이 워낙 많아 언제든지 생길 수 있는 사고였어. 일할 수 있는 환경을 만들어주지 않고 성과만 내라고 한 내 잘못이다. 일할 때는 목표 하나만 보고 사람을 무섭게 몰아치는 본래의 기질이 또 튀어나왔구나. 일만 보지 말고 함께 일하는 사람을 보자.'

이렇게 로그북에 써 내려가다 보면 내 시야를 가리던 감정이 걷히고 문제의 본질이 보이기 시작한다. 대표로서의 부족함에 대한 반성도 하고, 나의 오래된 인간적 약점에 대해서도 다시 한번 깊게 성찰한다. 그리고 지금 내가 할 수 있는 최선의 미라클 리스트를 적는다.

'이번 주 안으로 이 팀장과 만나 지금 맡고 있는 업무의 양과 범위가 적절한지에 대해 마음을 열고 대화할 것.'

'프로젝트의 콘텐츠 기획 부분은 함께 아이디어 회의를 하면서 도와줄 것.'

퀘스천의 끝은 언제나 구체적인 두잉이어야 한다. 말뿐인 반성과 성찰로만 끝나서는 삶이 바뀌지 않는다. 반드시 아주 작은 두잉이라도 실행해야 해결의 실마리를 찾을 수 있고 나의 의지대로 끌고 갈 수 있게 된다. 빅 퀘스천 외에 건강, 돈 문제 등 그때그때 풀어야 할 스몰 퀘스천에 대해서도 성찰하고 마지막에 미라클 리스트를 도출한다. 그러다 보면 보통 1시간 정도는 훌쩍 지난다.

——————————— **내 인생을 담은 책, 다이어리**

다음으로는 본격적인 오거나이징의 시간이다. 이제는 옆에 플래너도 같이 펼쳐 놓고 아까 적은 로그북의 다음 페이지에 1시간 단위로 오늘의 스케줄을 다시 정리한다. 첫 번째로는 플래너에 있던 촬영, 강연, 미팅 등을 먼저 적는다. 당장 나의 일상과 회사를 유지하기 위해 꼭 필요한 생계의 시간들이다.

두 번째는 조금 전, 비잉의 시간에 도출한 미라클 리스트를 하루 안에 넣는다. 그것이 바로 내가 원하는 대로 주도적으로 삶을 만들어 가는 소망의 시간이다. 가능하면 우선순위로 삼아야 할 일들이다. 미라클 리스트를 꼼꼼하게 다 넣고도 남는 시간은 전체적인 하루의 흐름을 보면서 조율한다. 하루가 너무 숨 막히게 바쁠 것 같으면 1시간 휴식 시간을 주고, 지방강연으로 이동 시간이 길 때는 차 안에서 할 일들을 미리 적어놓는다.

세 번째로는 매일 반복되는 루틴도 빼놓지 않는다. 매일 아침마다 하는 30분 스트레칭, 일어나자마자 따뜻한 물 마시기 등도 적는다. 무엇보다 아무리 바빠도 비잉의 시간은 반드시 최소 2시간은 미리 빼놓는다. 그리고 취침 시간은 11시를 넘기지 않는다. 이렇게 꼼꼼하게 하루를 설계하다 보면 내가 쓸 수 있는 시간이 생각보다 많았다는 것을 알게 된다. 그러면 일할 때 제대로 집중하고 쉴 때 쉴 수 있게 된다. 다이어리가 촘촘할수록 일상은 오히려 여유로워지는 것이다.

밑에 남는 여백에는 오늘 해야 할 작지만 놓쳐서는 안 될 투 두 리스트를 만든다. 이를테면 은행에 돈 보내기, 문자 보내기, 약속 잡기 같은 일들을 쓰고 옆에 체크박스를 만들어 완료했는지 안 했는지를 체크한다. 그러면 오늘 두잉이 집행해줄 하루의 작업지시서가 완성된다.

주간 플래너가 있는데 왜 로그북에 하루 일정을 수고스럽게 다시 정리해야 할까. 써본 사람은 알겠지만 주간 플래너는 지면의 한계가 있다. 위에 말한 하루의 디테일한 작업지시서를 담기에는 턱없이 부족하다. 예전에 다이어리를 쓸 때마다 불만스러웠던 것도 바로 이 점이었다.

날짜가 미리 써있으니 주간 플래너는 한 칸을 넘어가면 안 되고 일간 플래너는 한 장을 넘어가면 안 된다. 쓸게 많아 다음 날짜까지 침범하자니 내키지가 않는다. 그런데 로그북은 내 마음대로 몇 장이라도 쓸 수 있으니 숨통이 트인다. 플래너의 작은 칸에 얽매일 필요가 전혀 없다. 플래너에는 매일매일 새롭게 채워지는 스케줄을 적으며 나의 일주일이 어떤 흐름으로 가고 있는지 조망하고 조율하는 역할만 해도 충분하다.

또한 이렇게 하루 일정을 로그북에 정리하다 보면 비잉과 오거나 이징의 기록이 바로 연결되기 때문에 내가 매일 어떤 생각을 하고 어떤 실행을 하면서 성장하고 있는지 명확하게 보인다. 나는 빅 퀘스천을 풀기 위해 공부한 것도 로그북에 적는다. 때로 어떤 문제는 나 혼자만의 사색과 성찰로 잘 안 풀릴 때가 있다. 타인의 지혜와 지식으로 내 머리를 한 바퀴 돌려주는 게 큰 도움이 된다. 그래서 영상이나 책에서 본 구절을 쓰며 새롭게 얻은 생각들도 함께 적는다.

이뿐만 아니라 나는 영어 공부를 할 때도, 사업에 대한 고민들과 아이디어도 전부 로그북에 적는다. 예전에는 영어, 사업 아이디어, 독서 등 카테고리별로 나눠서 한꺼번에 몇 권의 노트를 썼다. 그런데 종류가 많아질수록 어떤 노트는 사라지고, 어떤 노트는 소홀해지면서 결국 하나도 제대로 쓰지 못하곤 했다. 이건 다이어리를 많이 써본 사람들만 아는 공감 포인트다. 결국 나는 30년 만에 명확한 결론을 냈다.

'머리가 하나면 노트도 하나여야 한다'

머릿속의 생각이 꼬리에 꼬리를 물고 유기적으로 돌아가듯이 노트도 그렇게 쓰면 된다. 억지로 분리하려고 깔끔 떨면 이도저도 못 쓴다. 대신 앞에서 말한 인덱스 기능을 잘 활용하면 된다. 그것만 기록을 잘해 놓으면 나중에 힘들이지 않고 원하는 기록을 쉽게 찾을

'머리가 하나면 노트도 하나여야 한다'

머릿속의 생각이 꼬리에 꼬리를 물고
유기적으로 돌아가듯이
노트도 그렇게 쓰면 된다.

수 있다. 촘촘하게 인덱스된 로그북을 보고 있으면 다이어리야 말로 '내 인생을 담은 책'이라는 생각이 든다. 내 인생의 모든 고난, 성찰, 배움, 소망이 담긴 성장의 기록. 나에게 만큼은 그 무엇과도 바꿀 수 없는 세상에서 가장 귀한 책이다.

나는 운이 좋게도 플래너와 로그북이 하나의 세트로 구성된 다이어리를 발견해 지속적으로 쓰고 있다. 쓰면 쓸수록 B.O.D에 최적화된 다이어리임에 감사한다. 그러나 꼭 내가 쓰고 있는 다이어리가 아니더라도 기존의 플래너와 노트를 활용해 얼마든지 나만의 B.O.D 다이어리를 만들 수 있다.

B.O.D 다이어리가 만든 놀라운 변화

매주 월요일 미라클 모닝을 함께 하는 사람들 5000명을 '미모리안 mimorian'이라 부른다. 몇 개월 전부터 이들과 함께 B.O.D에 최적화된 다이어리를 함께 쓰고 있다. 그들은 이 다이어리를 'B.O.D 다이어리'라고 부른다. 같은 다이어리를 쓰면서 서로 아이디어도 공유하고, 잘 쓴 이들을 칭찬해 주기도 한다. 많은 미모리안들이 다이어리를 쓰면서 정체되었던 하루가 살아나고, 방향을 잃었던 인생이 제대로 갈 길을 찾아가고 있다고 말하곤 한다.

B.O.D 다이어리를 쓰면서 내 일상에서도 많은 변화가 일어났다.

평생 나와 대화하고 스케줄 관리하고 하루하루 열심히 뛰었지만, B.O.D를 통해 하나로 유기적으로 연결하고 통합하니 확실히 시너지가 나는 느낌이다. 오랫동안 창고 속에 숙제로만 쌓아두었던 문제들이 풀려나가면서 정서적으로 안정되고 사람들을 대할 때도 여유가 생겼다. 무엇보다 아침에 눈뜨자마자 엄습하던 두려움과 불안감도 많이 사라졌다. 문제는 아직 그대로이지만 문제를 대하는 내가 달라졌기 때문이다. 그런 나를 발견하는 매일 새벽, 다이어리를 쓰는 시간이 나는 하루 중 가장 행복하다.

나는 가끔 30년간의 다이어리를 읽어보곤 한다. 30년의 노트에서 참으로 다양한 김미경을 만난다. 어느 날은 실패에 지쳐 쓰러져 있었고, 어느 날엔 오기로 힘겹게 일어나기도 했다. 또 어느 날 밤엔 다음 날 강의에 대한 부담으로 두려워 밤을 지새우기도 했고, 성공적인 강의 피드백을 받고 신이나 춤을 춘 날도 있었다. 30년간 다이어리에 등장한 주인공은 나였다. 버겁고 힘든 날들이었지만 그곳에는 늘 '괜찮다. 넌 해낼 거야', '잘하고 있어'라고 말해주는 내가 있었다.

나 혼자 산 줄 알았는데 다이어리 속에 또 다른 한 명의 김미경이 살고 있었다. 때로 나보다 더 현명하고 지혜로우며 나를 위로해 주는 한 사람, 실제로 온몸으로 살아내고 몸으로 하루를 토해 내는 사람, 그래서 누구보다 나를 잘 알고 나를 올바른 길로 안내해 주는 사람이 그 속에 있었다. 지금의 나는 그 다이어리 속의 김미경이 원한 사람이 되어 있다.

하루를 살아내는 것이 얼마나 힘든지 나는 안다. 진정한 승리는 하루를 살아내는 것이다. 조금 망쳐도 된다. 조금 기어가도 된다. 포기하지 않고 하루하루 살아가는 사람을 나는 '작은 거인'이라 부른다. 내 30년 다이어리에는 하루를 살아내고 숨을 돌리며 나 자신을 치유하고 용기를 주는 '작은 거인 김미경'이 있었다.

이 작은 거인이 당신이다. 하루를 살아낸 엄청난 힘을 가진 그의 소리를 놓치지 말자. 그의 충고가 진짜다. 그의 위로가 진짜다. 당신 안의 '작은 거인'의 호흡을 놓치지 말자. 그의 호흡을 느끼고 듣고 기록하며 스스로를 키워가다 보면 제일 믿을 만한 친구 하나를 얻을 것이다. 독자 여러분도 B.O.D 다이어리를 통해 내 안의 '작은 거인'을 만나기를 진심으로 바란다.

당신의 마흔이
나의 마흔보다 빛나길

지금 나는 뉴욕 출장을 마치고 돌아가는 비행기 안에 있다. 올 연말, 나는 미국에서 첫 번째 강의를 시작한다. 처음부터 끝까지 온전히 영어로만 하는 강의다. 60의 나는 영미권에서 강의하는 새로운 도전을 시작한다. 그 도전의 출발점인 이번 출장에서 강연할 장소를 사전 답사했고, 나를 도와주겠다는 고마운 분들도 많이 만났다. 무대에 서서 영어로 강의하는 모습을 상상해본다. 무척이나 떨리겠지만 눈물이 나올 만큼 가슴이 벅차오를 것 같다. 드디어 내 오랜 꿈이 이루어지는 순간이니까.

스무 살 무렵, 내 꿈은 해외로 나가 공부하고 살아보는 것이었다. 하지만 그때는 돈이 없어 포기해야 했다. 30년이 지나 50대에 접어

들면서 해외에서 강의하고 싶다는 꿈을 본격적으로 꾸기 시작했다. 그러나 그때도 미룰 수밖에 없었다. 당장 챙겨야 할 아이들과 대표로서 책임져야 할 직원들이 있었기 때문이다.

마침내 40년 만에 오랫동안 미뤄뒀던 나의 모든 꿈이 이뤄지고 있다. 이제 해외에서 강의할 수 있을 만큼 커리어를 쌓았고, 세 아이를 다 키웠고, 나 없이도 돌아갈 정도로 회사도 안정됐기 때문이다. 드디어 오롯이 내 꿈을 향해 성큼성큼 걸어갈 시간이 왔다.

...

지금 이 순간, 가장 고마운 사람이 한 명 있다. 마흔의 김미경이다. 그 힘든 세월을 꿋꿋하게 버텨준 내가 진심으로 고맙다. 40대에 힘든 인생 숙제를 풀지 못했다면 나는 오늘을 결코 맞이하지 못했을 것이다. 지금의 나보다 한참 미숙하고, 부족하고, 초라했던 마흔의 김미경. 그 어린 나이에 숱한 인생 숙제를 어떻게 감당했을까.

40대로 돌아가 하루를 단면으로 쪼개어 보면 멀쩡한 날이 하루도 없었다. 예상한 대로 돈을 벌고, 커리어를 쌓고, 아이들이 자라줬으면 좋으련만 늘 인생은 한 치 앞을 내다볼 수 없었다. 힘들게 열 개를 만들어놓으면 여덟 개가 사라지고 두 개만 쌓였다. 아이에게 10만큼 노력해도 2만 남고, 돈을 벌려고 10만큼 노력해도 손에 쥐는 것은 2가 전부였다. 그래도 내가 만든 내 판이고 돌아갈 곳도 없으니, 그저 하루하루 버텼다.

　문제는 너무 힘든 '그날'이다. 악으로 깡으로 그럭저럭 살아내는 듯하다가도, 갑자기 훅 무너져내리는 날. 모든 것을 포기하고 주저앉고 싶었던 그날의 한가운데에 있는 마흔의 나에게 꼭 이 이야기를 들려주고 싶다.

　'지금 네가 힘들다는 것은 그만큼 정말 대단한 일을 하고 있다는 뜻이야. 크고 많은 인생 숙제를 감당하고 있다는 뜻이니까, 너 자신을 칭찬해줘도 돼. 잘하고 있어! 원래 마흔의 숙제는 한 번에 풀리지 않아. 조급하게 생각하지 말고, 걱정하지도 말고 천천히 가도 돼. 지금 너의 마흔은 힘든 만큼 매일 괜찮아지는 중이야.'

　펑펑 눈물을 쏟았던 마흔의 그날, 나에게 필요한 것은 조언과 충고가 아니었다. 옆에서 따뜻하게 등을 두드리면서 '지금 잘하고 있고, 지금처럼만 하면 되니 걱정 말라'는 위로였다. 먼저 인생을 살아본 믿을 만한 선배가 주는 용기였다.

　그때 못 했던 그 말을 마흔의 나에게, 그리고 이 책을 읽는 당신에게 꼭 해주고 싶다. 그래야 흔들리는 마음을 붙잡을 수 있으니까.

···

　40대를 살다 보면 반드시 아슬아슬한 위기의 순간이 수시로 닥친다. 열심히 잘 살고 싶은데 현실이 따라주지 못하니 매일 마음이 상한다. 수많은 불행이 한꺼번에 닥칠 수도 있다. 그럴 때 누구나 마음이 비뚤어지기 쉽다. 자꾸 마음에 분노가 생겨 남을 원망하거나 스스로의 자존감을 무너뜨린다. 비뚤어진 마음은 매일 비뚤어진 선택을 만들고 인생의 방향을 나쁜 쪽으로 몰아간다.

내가 마흔에 가장 힘들었던 것도 수없이 비뚤어지려는 마음의 방향을 붙잡는 일이었다. 가장 좋은 선택을 하기보다, 최악의 선택을 피하려고 애를 썼다. 그러기 위해 나는 그 어느 때보다 나의 마흔을 뜨겁게 사랑했다. 매일 아침 나와 대화하며 나를 설득하고 응원하고 격려했다. 조타수처럼 그렇게 매일 조금씩 방향을 잡아나간 덕분에 지금 나는 두 번째 꿈을 이뤄가는 중이다. 결국 나를 향한 뜨거운 사랑이 올바른 선택을 하게 만들어준 것이다.

주변에서 당신에 대해 뭐라고 해도, 남과 비교하는 마음으로 괴로워도, 부모로서 자식으로서 부족한 것 같아 마음이 아파도 나는 당신을 믿는다. 당신의 마흔이 매일 괜찮아지고 있다고 진심으로 믿는다. 이 책을 읽는 당신도 스스로에게 이 말을 꼭 해주었으면 좋겠다.

'지금 잘하고 있으니 걱정하지 말자. 나의 마흔은 매일 괜찮아지고 있으니까.'

마흔의 당신이 스스로를 뜨겁게 사랑하기를, 그리고 언젠가 지금의 당신에게 진심으로 고마워하기를 바란다.

이미 늦었다고 생각하는 당신을 위한
김미경의 마흔 수업 확장판

초판 1쇄 발행 2023년 12월 1일
1판 5쇄 발행 2024년 1월 22일

지은이 김미경
발행인 김미경
출판사업팀장 이승아 **기획** 서유상
디자인 데시그

발행처 ㈜엠케이유니버스
출판신고 2022년 6월 29일 제2022-000183호
주소 서울시 마포구 와우산로 23길 8
문의전화 070-8806-5941
이메일 awakebooks@mkcreative.co.kr
인스타그램 @awakebooks

ⓒ 김미경, 2023
ISBN 979-11-980130-6-4 (03320)

- 어웨이크북스는 (주)엠케이유니버스의 출판 브랜드입니다.
- 이 책은 저작권법에 의해 보호를 받는 저작물이므로 무단 전재와 복제를 금합니다.
- 이 책 내용의 전부 또는 일부를 이용하려면 반드시 저작권자와 (주)엠케이유니버스의 서면 동의를 받아야 합니다.
- 책값은 뒤표지에 있습니다.
- 파본은 구입하신 서점에서 교환해드립니다.